本书撰写人员名单

主　　编：杜玉华　文　军

撰写人员：杜玉华　文　军　罗　阳　何锡辉

　　　　　陈倩雯　吕洁琼　刘雨婷　刘雨航

　　　　　王亚东　付颖静　王昭阳

新时代中国县域脱贫攻坚案例 研究丛书

崆峒

社区为本的反贫困模式

全国扶贫宣传教育中心／组织编写

人民出版社

目 录
CONTENTS

第一章

社区为本的反贫困理论概述

　　人类对贫困的理解经历了认识贫困、解释贫困和治理贫困的过程。从认识贫困来看，贫困的内涵从单一的经济维度拓展到权利、能力、社会排斥以及脆弱性等维度，贫困的内涵逐步呈现出多维度的状态；就贫困的本质来讲，贫困既可以被理解为一种"亚文化"，也可以看作是社会制度和社会结构不合理的产物，还可以被视为是权利与能力的剥夺，多种贫困的解释能够帮助我们从不同角度理解贫困，深化对贫困的认识；就反贫困的实践而言，贫困的多种解释给反贫困提供了多种治理路径，滕尼斯意义上的"社区"的回归被视为当前反贫困的可行路径。本章在梳理以往贫困和反贫困理论的基础上，结合当前的反贫困实践，提出"社区为本的反贫困模式"，并对该模式的理念、实践过程、形成与发展进行了详细的介绍，希望能够给予读者一定的启发。

第一节　反贫困的传统理论及发展脉络

　　从传统的慈善实践到贫困救济政策和社会福利制度的建立，人类近几百年来一直在与贫困作斗争。作为人类长期以来面临的重要社会问题之一，贫困问题的解决首先需要了解：究竟什么是贫困？贫困的本质是什么？

一、贫困与反贫困的内涵

目前，贫困的定义尚未统一。朗特里是最早研究贫困的学者，他在 1899 年至 1901 年对英国约克市的贫困状况进行了调查，并于 1901 年出版了《贫困：城镇生活研究》（*Poverty：A Study of Town Life*）一书。[①] 朗特里在书中从物质基础层面定义了贫困："如果一个家庭的总收入不足以支付维持家庭成员生产所需要的最少生活必需品的费用，那么这个家庭就基本陷入了贫困之中。"[②] 该书引发了人们对贫困问题越来越多的关注。随着社会进步和人类思想观念的变化，贫困单一的经济含义受到了越来越多的质疑，贫困的内涵从收入拓展到能力、权利。其中最具代表性的是阿马蒂亚·森（Amartya Sen）从权利和能力剥夺方面对贫困进行的解释。[③] 事实上，从 20 世纪 90 年代开始，贫困的概念逐步深化，除了权利因素，政治、社会、文化等制度因素也被纳入贫困的概念之中，具体地说，贫困不仅仅体现在收入、教育、健康等方面的不良状况，还表现在脆弱性、社会排斥、无发言权等方面。2000 年联合国开发计划署（United Nations Development Programme，UNDP）颁布的《全球贫困问题报告》中明确地指出："人类贫困是指缺乏人类发展最基本的机会和选择——长寿、健康和体面的生活、自由、社会地位、自尊和他人尊重。"这一定义强调了贫困所具有的多元化性质，包括收入水平以及人类和社会发展的基本状况，如教育和卫生条件、社会地位和福利、全体公民参

---

① 闫坤、刘轶芳等：《中国特色的反贫困理论与实践研究》，中国社会科学出版社 2016 年版，第 3 页。
② 朱信凯、彭超等：《中国反贫困：人类历史的伟大壮举》，中国人民大学出版社 2018 年版，第 3 页。
③ 具体参见［印］阿马蒂亚·森：《以自由看待发展》，任赜、于真译，中国人民大学出版社 2002 年版；［印］阿马蒂亚·森：《贫困与饥荒：论权利与剥夺》，王宇、王文玉译，商务印书馆 2001 年版。

与发展过程的能力。[①] 此外，世界银行从"社会排斥"的角度对贫困进行了界定，认为贫困是由于贫困者资源有限，以致他们被排除在所在国可以接受的最低限度的生活方式之外。[②] 可见，贫困的内涵并非一成不变的，而是随着社会的发展与进步不断拓展。总的来说，贫困的概念经历了由单一维度的收入贫困向权利、能力、社会排斥等多维度的演变发展过程。贫困概念的动态变化实质上也反映着贫困理解的内在联系：贫困直接表现在物质和精神生活的匮乏，而权利和能力的剥夺是导致贫困发生的深层原因，进一步来说，正是由于能力低引发资源缺乏才使得贫困群体被社会排斥，[③] 从而也使贫困群体表现出明显的脆弱性。换句话说，贫困的本质是权利与能力的匮乏。

"反贫困"一词出现的比贫困要晚一些。20 世纪 60 年代末，瑞典经济学家冈纳·缪尔达尔在其著作《世界贫困的挑战——世界反贫困大纲》一书中，首次将"反贫困"作为学术研究提出，[④] "反贫困"一词进入大众的视野。当前国内外对于反贫困概念的表述大概有四种：（1）Poverty Reduction，指减少贫困，强调反贫困的过程性；（2）Poverty Alleviation，指减轻、缓和贫困的手段；（3）Support Poverty，指扶持贫困，简称"扶贫"，主要是从政策实践的角度研究和落实政府或民间的反贫困计划与项目，该表述在中国解决农村贫困问题的工作中得到广泛运用；（4）Poverty Eradication，指根除、消灭贫困，强调反贫困的目的性。一般来说，反贫困的概念与扶贫或减贫概念有着本质区别，扶贫和减贫都是从国家和社会的角度出发，此时国家和

---

① 闫坤、刘轶芳等：《中国特色的反贫困理论与实践研究》，中国社会科学出版社 2016 年版，第 4—5 页。

② 世界银行：《2000/2001 年世界发展报告：与贫困作斗争》，中国财政经济出版社 2001 年版。

③ 李瑞华：《贫困与反贫困的经济学研究：以内蒙古为例》，中央编译出版社 2014 年版，第 15—16 页。

④ 黄承伟、刘欣、周晶：《鉴往知来——十八世纪以来国际贫困与反贫困理论评述》，广西人民出版社 2017 年版，第 4—5 页。

社会是反贫困的主体，贫困地区和贫困群体处于被动接受的地位；与之不同，反贫困的表述虽然也重视国家和社会在解决贫困问题中的作用，但这样的表述更加注重贫困地区和贫困群体在反贫困过程中的主体地位，重视对反贫困能力的培养与提升[①]。

综合上述观点，本书强调贫困是权利与能力匮乏的结果和表现，因而在反贫困的过程中要注重对贫困群体的能力建设，倡导对贫困群体的增能、还权。

二、反贫困的传统理论及其发展

18世纪工业革命给人类的生产和生活方式带来了翻天覆地的变化，但也进一步加剧了贫富差距和阶级分化。这些社会现实促使人类逐步思考贫困问题，推动了贫困相关的理论研究。贫困和反贫困的理论研究最早始于经济学，18世纪以后扩展到社会学领域，并围绕着个体与结构、微观与宏观的视角展开了激烈的讨论。贫困研究出现不同的理论争论，且集中体现为自由主义与福利主义之争。[②] 自由主义主张自由竞争，在贫困理论方面，无论是古典自由主义还是新自由主义，两者都认为贫困与个人的懒惰有关，个人应该承担贫困的责任，尤其是新自由主义极大地强调以自由放任的市场行为来解决贫困和社会保障问题。福利主义则主张通过社会财富的再次分配来满足公民的基本社会福利需求，特别强调对社会弱势群体生存和发展的最低社会福利需求的满足。福利主义认为政府对个人的生存和发展负有责任，因而政府应当通过为贫困群体提供社会福利来缓解或避免贫困的发生。自由主义与福利主义争论的实质回到了对社会学基本问题的探讨，即个人与社会的关系。从20世纪以来，社会学领域有关贫困的

---

① 李瑞华：《贫困与反贫困的经济学研究：以内蒙古为例》，中央编译出版社2014年版，第6—7页。

② 向德平、黄承伟主编：《减贫与发展》，社会科学文献出版社2016年版，第54页。

理论众多，如贫困文化理论、贫困的代际传递理论、社会情境理论、社会排斥理论、边缘化理论、社会资本理论、参与式发展理论、赋权理论等。本书从众多理论中抽丝剥茧，从文化、结构以及权利与能力的角度对贫困理论进行简要阐述。

（一）贫困的文化解释

20 世纪 60 年代，一批经典的论及贫困文化的书籍相继问世，其中，刘易斯（O. Lewis）的《贫困文化：墨西哥五个家庭实录》、班费尔德（E. Banfield）的《一个落后社会的伦理基础》、哈瑞顿（M. Harrington）的《另类美国》，通过来自墨西哥、意大利和美国等不同社会的经验资料，共同构筑起贫困文化的概念架构。①

刘易斯在《贫困文化：墨西哥五个家庭实录》一书中，首次提出"贫困文化"的概念。他认为受限于贫困的条件，贫困群体在独特的环境中形成了特有的生活方式，并由此产生了共同的价值观、态度和行为方式，形成了共同的贫困文化。即使环境发生改变，贫困群体会因其内在的价值观而抗拒求变，仍采用符合贫困文化的行为，这使得他们往往很难适应新的环境与机遇。他从社会、社区、家庭和个人角度对贫困文化做了进一步的解读。首先，贫困文化表现在贫困群体处于自我封闭与孤立的状态，脱离了社会生活的主流，难以与社会现实融为一体；其次，贫困文化通常以一些特殊形态的物质载体表现出来，如脏乱、拥挤的贫民窟，这些形态更加导致贫困家庭的生活方式、价值观念相互影响，进而扩大了贫困文化的影响；最后，贫困文化往往表现为特定的家庭关系与家庭结构，如松散、紧张的家庭中常伴有暴力、虐待等现象，弱化了家庭成员之间的责任感。这样看来，贫困文化是从社区、家庭、个人乃至社会都分割开来的自我维系的封闭系统。班费尔德也认为贫困群体受限于已经内化的价值观念，难以

---

① 周怡：《贫困研究：结构解释与文化解释的对垒》，《社会学研究》2002 年第 3 期。

依靠自身的力量运用机会来摆脱贫困，如要改变贫困，也只能取决于外部群体的力量。[1] 在贫困文化理论的解释中，贫困文化一经形成，便具有相对独立性，并且可以代际传递。哈瑞顿的贫困文化阐释就含有严重的"贫困代际传递"思想。[2] 在认同贫困文化的学者这里，贫困群体往往相信"宿命论"，表现出消极颓废，缺乏责任感和上进心，并且具有及时行乐和自暴自弃的倾向。

学界对于贫困文化主要有三种代表性观点：其一，贫困文化是一种亚文化，是贫困人群所形成的一套得以维持和繁衍的特定文化系统；其二，贫困文化是贫困人群特有的生活方式，具体指长期生活在贫困中的人群的行为方式、习俗、生活态度、价值观念等非物质形式；其三，贫困文化是直接根源于贫困经济的文化，也是直接促使经济贫困的文化，贫困经济与贫困文化互为因果、互相转化。[3] 前两种观念从非物质文化来理解贫困文化，实质上表明贫困文化是贫困群体一种内化的无形的文化压迫，不适的贫穷文化束缚了贫困群体的价值观念，蒙蔽了他们试图上进改变的心；后一种观念则从贫困文化的原因和结果层面，表明经济生活与贫困文化的相互影响的关系。三种不同的观念都揭示了贫困文化某一方面的特性。概言之，贫困的文化解释从文化视角阐述了贫困群体贫困状态的成因，揭示了价值观念、生活方式、习惯风俗对贫困人群的深远影响。

然而，不可忽视的是，上述这些有关贫困的文化解释将贫困的责任归咎于个人，忽视了情境的改变有可能终止贫困的现实，尚未能揭示贫困的本质。社会情境理论的出现是对贫困文化解释的补充，是有关转型期贫困群体的文化解释。社会情境理论在对"永久性贫困文化"的观点进行批判的基础上，将贫困置于社会转型背景的情境适

[1] Edward C.Banfield, *The Moral Basis of a Backward Society*, New York: The Free Press, 1958.
[2] 周怡：《贫困研究：结构解释与文化解释的对垒》，《社会学研究》2002 年第 3 期。
[3] 黄承伟、刘欣、周晶：《鉴往知来——十八世纪以来国际贫困与反贫困理论评述》，广西人民出版社 2017 年版，第 107 页。

应过程中来讨论，并且认为贫困是社会转型的产物，贫困群体是情境适应过程中的弱势者和被排斥者。如甘斯的"期待与现实的堕距"、布尔迪厄的"文化资本"、威尔逊的"社会孤立"等若干中层理论都从社会规范的发生、衰微，从社会态度，从穷人本身文化资源的欠缺等多方面，推论出一个"责任"首先归因于社会及其转型、然后检讨穷人偏差的适应能力的逻辑，也即"社会"与"穷人"应该共同分担"责任"。①

（二）贫困的结构解释

马克·罗伯特·兰克在其《国富民穷：美国贫困何以影响我们每一个人》一书中提到，"在国家层面上存在着大量贫困的事实，只有通过对美国社会结构性原因的分析才能理解"②。从结构层面理解贫困具有十分重要的意义。贫困的结构解释普遍认为应该从当前的社会制度、社会结构中来探究贫困产生的原因。马克思主义理论认为，制度结构的阻碍造成了机会的不平等与冲突以及资产阶级对穷人的长期压迫，而这种失调行为是贫困的根本原因。③ 社会政策导致的不平等亦是制造贫困的元凶，政策制定本身、政策的失误或不当的政策导向，都将引起不平等进而导致贫困。具体来说，一方面政策可以确定"穷人"标签的指向，即"谁是穷人，谁将成为穷人"；另一方面政策可能再造贫困。④ 在对贫困结构解释的理解中，除了上述对制度和政策的阐述之外，也可以从功能主义的贫困观和冲突主义的贫困观来进一步认识贫困。

功能主义的贫困观虽认为存在社会不平等的现象，但却没有明确

---

① 周怡：《社会情境理论：贫困现象的另一种解释》，《社会科学》2007 年第 10 期。
② ［美］马克·罗伯特·兰克：《国富民穷：美国贫困何以影响我们每一个人》，屈腾龙、朱丹译，重庆大学出版社 2014 年版，第 66 页。
③ 冯希莹：《社会福利政策范式新走向：实施以资产为本的社会福利政策——对谢若登的〈资产与穷人：一项新的美国福利政策〉的解读》，《社会学研究》2009 年第 2 期。
④ 周怡：《贫困研究：结构解释与文化解释的对垒》，《社会学研究》2002 年第 3 期。

提出要消除贫困的意愿。在他们看来，贫困的存在具有一定的社会功能，能够满足社会某方面的需要，贫困群体和贫困阶级的存在具有合理性。赫伯斯·甘斯（Herbert J. Gans）认为社会的不平等由社会发展的目标和功能需要共同决定。这种理论假定社会中各种职位在实现社会价值目标中的重要程度是不同的，也假定个人的天赋和努力同样是不同的，社会为了有效达到其主要的价值目标，就需要不同的人担当不同的角色。[①] 甘斯还提出贫困和贫困阶层在美国社会所具有的十项功能[②]：（1）保证有人去承担社会中"肮脏的工作"；（2）穷人的低收入为社会的富裕提供了廉价的劳动力；（3）穷人购买一些其他人不愿意购买的商品；（4）穷人常常被看成受到惩罚的"典型"，从而提醒另一些人更勤劳节俭；（5）穷人使非穷人能够维持其社会地位；（6）穷人的存在可以使他们中一些稍微好的人从穷人身上获利，从而达到向上流动；（7）穷人可以成为社会变迁和经济增长的代价；（8）穷人的政治功能在于，使社会的政治制度始终保持穷人处于低下的地位而不接受人人平等的"社会主义制度"；（9）社会变迁的顺利进行总是需要有人付出一些代价成为牺牲者，在这个队伍里首当其冲的就是穷人；（10）穷人通常对选举政治参与不感兴趣，这使得极权主义政治领导人在决策时更为方便，可以将穷人忽略不计。这十项功能为贫困和贫困群体的存在提供了合理性的解释。总之，功能主义的贫困观是一种偏向维护贫困的理论导向，[③] 贫困和贫困群体的存在成为社会结构自身的需要。

冲突学派将贫困视为社会各阶层权利和利益斗争的结果，他们认为权利结构的不平等、不合理是迫使贫困群体陷入贫困或长期陷于贫困的根源。美国社会学家格尔哈斯·伦斯基（G. E. Lenski）在其

---

① 周怡：《贫困研究：结构解释与文化解释的对垒》，《社会学研究》2002 年第 3 期。
② ［美］赫伯斯·甘斯：《贫困的正功能》，《美国社会学》1972 年第 78 期。
③ 黄承伟、刘欣、周晶：《鉴往知来——十八世纪以来国际贫困与反贫困理论评述》，广西人民出版社 2017 年版，第 118 页。

《权力与特权：社会分层》一书中指出，贫困群体所拥有的资源较少是导致他们陷入贫困的原因。[①] 他认为贫困群体的贫困是多方面的，在经济领域表现为缺乏资本和技术等生产要素，难以获得较多的经济收入；在政治领域体现在缺乏参与政治活动的能力和机会，无法对决策、投票等产生实际的影响；在社会生活中则因受到社会歧视和社会排斥，无法对教育、传媒和社区组织产生影响。在冲突学派看来，权力结构的不平等致使部分社会成员处于弱势地位而引发贫困，甚至是社会排斥。冲突学派的大多数认为必须通过对社会结构和社会制度进行改革，否则贫困问题将难以解决。

功能主义和冲突主义从结构的角度探讨贫困产生的原因，将贫困问题与社会分层和社会流动相联系。不同的是，前者将贫困看作是社会结构的合理存在，后者把贫困归因于社会结构或社会制度的不合理、不平等，两者形成了对立的贫困观。

（三）贫困的权利与能力解释

20世纪七八十年代，有关贫困问题的研究更加趋于综合化和具体化。阿马蒂亚·森在其一系列著作中提出了贫困的权利分析法以及基于能力、权利和福利的能力贫困观，进一步丰富和拓展了贫困的概念。

阿马蒂亚·森在反思食物供给下降（food availability decline, FAD）的饥荒解释方法的基础上，提出研究饥饿与饥荒的权利方法（entitlement approach）。他认为对食物的所有权是人民最基本的权利之一，而个体遭遇饥饿往往是其权利失败的结果。具体地说，饥荒是由饥饿造成的大量死亡的恶性现象，而饥饿是饥荒中的核心问题。饥饿是指一些人未能得到足够的食物，而非现实世界中不存在足够的食

---

① G.E.Lenski, *Power and Privilege: A Theory of Social Stratification*, New York: McGraw Hill, 1966.

物，进一步讲，饥饿仅是引发饥荒的众多可能的原因之一。① 在《贫困与饥荒：论权利与剥夺》一书中，他将饥饿现象理解为对人类关于食物所有权的反应，因而要理解饥饿，必须首先理解权利体系，并把饥饿问题放在权利体系中加以分析。② 阿马蒂亚·森的权利分析方法关注人类通过社会现有的合法手段③支配食物的能力，这种能力表现为社会权利关系，同时这种社会权利关系受限于法律、经济、政治等因素。如果权利体制不合理或者失败则会导致贫困和饥荒，或当一个人的交易市场权利减弱或被剥夺时，也会发生贫困。概括地说，一个人发生贫困不完全是因为其缺乏商品，更重要的是缺乏获得商品的权利和能力。

不同于以往收入和消费的主流贫困观点，在阿马蒂亚·森看来，贫困意味着贫困群体缺少获取和享有正常生活的能力，或者说贫困的真正含义是贫困群体创造收入能力和机会的贫困。阿马蒂亚·森解释了收入低的现象与能力的关系：贫困群体的贫困表现出收入低的现象，而贫困群体获取收入的能力受到剥夺以及机会的丧失是产生这一现象的根本原因。当然，贫困群体的低收入也是导致他们获取收入能力丧失的一个重要因素，但并非全部因素。④ 养老、医疗、住房、教育等方面的社会保障制度不完善，社会歧视与排斥，公共资源分配不公平等因素都可能造成贫困群体收入能力的丧失。此外，在发展问题的研究上，阿马蒂亚·森通过"实质自由"（substantive freedom）和"可行能力"（capability）的概念进一步拓展贫困的能力解释。他在《以自由看待发展》一书中对"实质自由"和"可行能力"进行了

① ［印］阿马蒂亚·森：《贫困与饥荒：论权利与剥夺》，王宇、王文玉译，商务印书馆2001年版，第5页。
② ［印］阿马蒂亚·森：《贫困与饥荒：论权利与剥夺》，王宇、王文玉译，商务印书馆2001年版，第12页。
③ 包括生产机会、交易机会、国家富裕的权利以及其他获得食物的方法。
④ 黄承伟、刘欣、周晶：《鉴往知来——十八世纪以来国际贫困与反贫困理论评述》，广西人民出版社2017年版，第149页。

阐释。个人的实质自由指的是一个人做自己认为有价值的事的可行能力，而一个人的可行能力指的是这个人有可能实现的、各种可能的功能性活动组合。因此，可行能力是一种自由，是一个人选择自己生活方式的自由，包括免受困苦的基本可行能力以及能够接受教育、享受政治参与等的自由。[①]

阿马蒂亚·森将贫困的概念内涵由收入消费贫困扩展到能力和权利贫困层面，把对收入的关注引向对目的和自由的追寻，使得社会对贫困本质的认识更加贴近追求社会的公平正义。此外，阿马蒂亚·森对饥荒问题的分析上引入风险和脆弱性，其研究表明饥荒并不会对所有社会成员造成同样的困难，弱势群体比其他群体更容易遭受饥荒的折磨。其后，关于贫困脆弱性的研究也得到了重视和进一步发展。贫困的脆弱性指的是家庭或个人未来面临各种可能导致贫困的风险的可能性，包括从不贫困状态进入贫困状态以及维持贫困状态。[②] 贫困的脆弱性源自贫困群体缺乏应对多种冲击的能力，冲击的形成涉及多方面因素，包括自然灾害及环境因素、个人健康教育以及家庭因素、制度和政策等权益性因素、社会福利性因素以及经济因素等。[③] 因此，提高贫困群体应对冲击的能力以及降低冲击的风险因素是反贫困的关键。

贫困理论的发展伴随着对贫困内涵理解的逐步丰富。理论发展的过程中既有个人和结构的对垒，也有两者的合理结合，不同的理论给予了贫困不同的成因解释。梳理贫困理论的各种解释，从中可以厘清的是：贫困问题的解决是社会和个人共有的责任，但需要格外关注造

[①] ［印］阿马蒂亚·森：《以自由看待发展》，任赜、于真译，中国人民大学出版社 2002 年版，第 30、62—63 页。

[②] World Bank, *World Development Report 2000/2001：Attacking Poverty*, Oxford University Press, 2000.

[③] 檀学文、李成贵：《贫困的经济脆弱性与减贫战略述评》，《中国农村观察》2010 年第 5 期。转引自 E.D.Tesliuc & K.Lindert, *Vulnerability：A Quantitative and Qualitative Assessment, Guatemala Poverty Assessment Program*, World Bank, Working Paper 36209, 2002。

成个人贫困背后的结构因素，如何更好地促进个人与社会的良性互动来应对贫困的风险值得进一步思考和探索。

第二节　当代反贫困理论的社区转向

从关注收入消费到权利能力以及脆弱性、社会排斥的补充，贫困的概念日益丰富。以往的经济视角对贫困概念的理解，忽略了贫困所涉及的多层面的剥夺意义。贫穷是多维的，是生活多个重要层面的剥夺，比如经济、社会、政治、情感和身体等方面，而且贫穷的多个维度是彼此相关并非孤立的，如果基本的物质需求得不到满足，那么心理和社会幸福感也会受到消极影响。[①] 由于贫困问题源于绝对贫困与可感知的相对贫困的叠加，[②] 因而可感知的相对贫困是解决当代贫困问题需要关注的重要因素。当前，贫困和反贫困理论呈现多元化的发展趋势，离不开对可感知的相对贫困的理解。

一、反贫困的多元理论

长期以来，人们虽认为贫穷是对尊严的一种冒犯，却仍将贫困群体的困境归咎于他们个人。事实上，强调对不公正的描述而不是对原因探讨的理论，误导了人们对贫困症状的理解，从而引发了对贫困根本原因的忽视，对此，布雷迪（D. Brady）提出了解释贫困成因的三分类，包括行为理论（behavioral theories）、结构理论（structural the-

---

[①] Cecilia D. Nalagon, *Poverty: Deprivation in Basic Capabilities*. Bowling Green: Bowling Green State University, 2003.

[②] 赵蜜:《儿童贫困表征的年龄与城乡效应》,《社会学研究》2019 年第 34 期。

ories）和政治理论（political theories）。[①] 在他看来，行为理论关注的是受激励和文化驱动的个体行为，结构理论强调导致行为和贫困的人口与劳动力市场环境，政治理论则将权力和制度之下的政策理解为致贫的原因并调节行为与贫困之间的关系。他还提出贫穷研究若要有更大的科学进展，需要有更明确的理论和不同国家跨学科的整合（integration）研究。

近十年来，反贫困的理论和实践框架大致形成了三种表现范式：反贫困的保守范式（the conservative paradigm）、反贫困的结构范式（the structural paradigm）和反贫困的贫困感知范式（poverty-aware approach）。[②] 贫困感知范式是在反思保守范式和结构范式的基础上提出的，它将贫困理解为经济和象征资本的不平等分配。具体来说，保守范式采用文化的视角阐述贫困，把"贫困文化"解释为无法修复的个人特征，因而个人应该对自身或家庭的贫困负责；结构范式认为贫困是社会结构和社会制度不平等的结果，所有的贫困群体都值得通过再分配政策获得援助，来改变使他们陷入贫困以及无法摆脱贫困的结构性障碍；贫困感知范式意识到知识是在不平衡的权力状态下发展出来的，强调通过批判—建构主义视角来理解贫困群体，重视最小化差异性和"我们"的价值（如表1.1）[③]。

---

① D.Brady, "Theories of the Causes of Poverty", *Annual Review of Sociology*, Vol.45, No.1, (April 2019), p.155.

② M.Krumer-Nevo, "Poverty-Aware Social Work: A Paradigm for Social Work Practice with People in Poverty", *British Journal of Social Work*, Vol.46, No.9 (September 2016), pp.1793-1808.

③ 在反贫困的理解中，本体论探讨"贫困是什么以及贫困群体的本质特征"（What is poverty? What are the essential characteristics of service users?），认识论探讨"什么是知识以及我们如何获得知识"（What is knowledge? How do we know?），价值论探讨"对于贫困应该采取怎样的道德立场"（What are the ethical stances that should be taken in regard to poverty?）。表中内容及相关理解详细参见 M.Krumer-Nevo, "Poverty-Aware Social Work: A Paradigm for Social Work Practice with People in Poverty", *British Journal of Social Work*, Vol. 46, No.9 (September 2016), pp.1793-1808。

表1.1 反贫困的三种范式

	保守范式	结构范式	贫困感知范式
本体论 （ontology）	贫困是一种文化，渗透在贫困群体的心理、家庭和社区之中，并表现出特殊行为问题。	贫困是社会结构和社会制度不平等的结果，是机会有限结构下的结果，尤其对妇女、老人等某些群体的限制。①	贫穷是对权力的侵犯。贫困群体是在经济和社会资本严重匮乏的条件下抵御贫困的主体。
认识论 （epistemology）	实证主义、专业知识作为一种客观真实。	实证主义、专业知识作为一种客观真实。	批判—建构主义，知识通过与贫困群体的关系获得。
价值论 （axiology）	贫困群体偏离了社会道德和规范秩序。	贫困与公正的社会是不相容的。所有贫困群体都值得通过再分配得到援助。	重视团结的道德和最小化差异性，扩展"我们"群体。
实践 （practice）	通过监督、再教育来改变问题行为。	通过社区赋权、政策改变来解决贫困问题。	采用积极调解和宣传的方式解决消极的贫困感知。②

　　贫困的内涵超越了贫困的经济维度（如家庭收入），将包括资源不足、权利缺失等在内的其他维度也纳入其中，关系贫困理论（relational poverty theory）伴随着贫困多维度概念的出现而产生。③ 关系贫困理论认为，贫困是通过种族、性别、阶级和移民身份等交叉的权力关系产生的。贫困的关系分析与贫困的结构性解释有许多共同之处，它们都表明人们的选择和生活环境受到其所处的社会结构的制约，这些结构是解释人们为什么贫穷的主要因素，并提醒人们需要进行哪些改变来解决贫穷问题。换句话说，贫困的关系分析可以被看作是解决贫困的结构性方法中的一个关键环节。不同之处在于贫困的关系分析通过将贫困问题政治化，并将贫困群体和有权有势者之间复杂的人际

---

① 表现在暂时不稳定的工作、不安全的住房、低水平的教育质量、缺乏健康服务和社会福利等。

② 贫困感知范式的实践中，与贫困群体的关系是知识和干预的基础，因而要注意支持贫困群体，并识别和处理微攻击（micro aggressions）以及使用特权（privilege）。

③ R.Lister, *Poverty*, Cambridge：Polity Press, 2004.

关系网络置于争议点的中心，从而在有关贫困的学术和公共辩论中开辟了新的领域。①

自 20 世纪 90 年代以来，随着对贫困认识的深化，贫困理论逐步多元化，产生了主观贫困、信息贫困以及空间贫困理论的拓展和家庭经济的反贫困理论的创新。② 反贫困理论关注贫困的主观和客观双重维度，尤其是主观贫困（subjective poverty）。这是因为，贫困作为"污名"并不仅仅被感知为经济匮乏在物质上的体现，单纯依靠改变贫困群体的经济状况并不能消除他们的贫困污名，难以有效提升他们在社会交往中的地位和向上阶层流动的可能性，贫困的主观认定甚至是导致群际分化和排斥的根源，这种排斥会促使个体进入贫困和贫困再生产。③ 因而，反贫困的过程中要重视贫困群体的主观贫困感知，尽量避免因贫困福利而被贴上污名的标签。可以看到，贫困作为一个多层次（multi-layered）、复杂的社会问题，需要采取全面的、综合的策略加以应对。必须承认的是，社区层面在应对贫困问题上发挥着重要的作用。④

二、社区作为贫困福利干预的落脚点

20 世纪 80 年代，人们逐渐认识到贫困不是简单的某一个因素的结果，而是一系列问题导致的，需要在社区层面上进行全面的解决和协调，特别需要通过穷人本身的参与以改善社区环境，培育有真正生

① G.Feldman，"Towards a Relational Approach to Poverty in Social Work：Research and Practice Considerations"，*British Journal of Social Work*，Vol.49，No.7，（October 2019），pp.1705–1722.
② 黄承伟、刘欣、周晶：《鉴往知来——十八世纪以来国际贫困与反贫困理论评述》，广西人民出版社 2017 年版，第 9 页。
③ 赵蜜：《儿童贫困表征的年龄与城乡效应》，《社会学研究》2019 年第 34 期。
④ D.S.Gardner，E.Tuchman & H.Robert，"A Cross-Curricular，Problem-Based Project to Promote Understanding of Poverty in Urban Communities"，*Journal of Social Work Education*，Vol.46，No.1，（2010），pp.147–156.

命力的社区。① 由此，美国的多个城市开展社区建设的大项目。如凯西基金会旨在促进广泛的社区合作和福特基金会针对反贫困行动的"家庭邻里改革"计划，以及纽约把社团、志愿者和社区居民联系在一起的社区全面复兴计划。这些社区建设项目重视广泛的社区参与，注重社区关系网络的构建以及社区居民自我完善、自我发展的能力，试图激发社区的活力。20 世纪 90 年代以来，"社区主导的发展与减贫"成为理论界的重要关切，社群的团结、凝聚、动员能力对于反贫困的有效开展是非常必要的，尤其在涉及一些公共物品的供给方面更是如此。② "社区"的回归来源于具有保守主义倾向的社群主义（communitarianism）的兴起，基本特征是融合自由主义和保守主义思想，试图创造超越自由主义和保守主义思想的"第三条道路"，通过重构社区基础来平衡极端的个人主义和强权国家之间的张力。③

吉登斯提出"社区这一主题是新兴政治的根本所在"。随着全球一体化的加速，发达资本主义国家的社会问题日益严重，公民素质的衰落体现在社会的各个方面，它表现为乡村社区和城市街道社区团结感的弱化、公民间的社会交往结构受到破坏、居高不下的犯罪率以及婚姻和家庭的解体。由于"市场失灵"和"政府失灵"的广泛存在，新自由主义的市场经济模式和福利国家模式都面临着各自的困境。因此，吉登斯认为，像老左派主张那样过于依赖国家是不可行的，因为国家为了在全球资本主义时代保持竞争力，不可能大规模地增加公民福利，但是也不能如新自由主义那样完全依赖于市场，因为自由市场经济不可能照顾到弱势群体，只会导致贫富差距加大。只有社区建设才能解决这一问题，因为社区建设"不仅意味着重新找回已经失去的地方团结形式，它还是一种促进街道、城镇和更大规模的地方区域的

---

① 袁德：《社区文化论》，中国社会出版社 2010 年版，第 32 页。
② 向德平、黄承伟主编：《减贫与发展》，社会科学文献出版社 2016 年版，第 15 页。
③ 文军、吴越菲：《社区为本的反贫困社会工作研究》，华东理工大学出版社 2020 年版，第 347 页。

社会和物质复苏的可行办法"。这就是著名的"第三条道路"。随后，"第三条道路"风靡全球，成为吸引各国政府的亮点。吉登斯的观点代表了当代西方理论界的一种普遍思潮，即单纯地依靠政府或市场很难适应现代化社会的发展，必须从政府和市场之外寻求第三种力量来推动社会的发展，这就是社会本身，因此，公民社会不可避免地在西方世界复苏了。然而，公民社会更倾向于抽象的范畴，作为实际政治的需要，社区承担起了实际载体的功能。换言之，所谓"第三条道路"就是通过社区这一载体来培育公民社会，从而弥补政府和市场的失灵。

随着全球化进程的推进，在改革开放不断深入的基础上，我国也大力推行社区建设。1991 年 5 月，民政部借鉴国外社区建设实践，明确提出了"社区建设"的概念。1998 年，国务院机构改革方案确定民政部在原基层政权建设司的基础上设立基层政权和社区建设司，进一步推动了社区建设在全国的发展。1999 年，民政部分两批确定了 26 个城区为全国城市社区建设实验区，各实验区的首要任务就是推进社区管理组织的重构，并于 8 月在杭州召开了全国城市社区建设实验区工作座谈会。2000 年底，中共中央办公厅、国务院办公厅转发了民政部《关于在全国推进城市社区建设的意见》，开始全面推进城市社区建设。2017 年中共中央、国务院发布《关于加强和完善城乡社区治理的意见》，指出要完善城乡社区治理体制，努力把城乡社区建设成为和谐有序、绿色文明、创新包容、共建共享的幸福家园，为实现"两个一百年"奋斗目标和中华民族伟大复兴的中国梦提供可靠保证，同时也强调了要不断提升城乡社区的治理水平，通过增强社区居民参与能力、社区服务供给能力、社区文化引领能力、社区依法办事能力、社区矛盾预防化解能力和社区信息化应用能力等，满足社区居民的多方面需求。从 20 世纪 80 年代末至今，对社区的研究一直是我国学界的热点问题，也形成了大量的研究成果，涉及社区政治民主、社区经济发展、社区文化建设、社区自治管理等多个领域，为我国社区的快速发展提供了积极的指导。社区的重要性很大程度上是因为它提供了一种自治和参与治理的途径，将公民精神和公民意识从社区逐步放大到整个社会，从而能够弥补现代社会发展中的市场和政府的双重失灵。

如今，"社区"已不再是滕尼斯进化论意义上的一种社会存在，而是逐步演化成了一种具有社会性、空间性、文化性、情感性等多重特性交织在一起的复合共同体。社区对理解和应对贫困问题具有重要意义，尤其是对贫困多维度的回应。① 显然，社区概念在贫困争论中处于中心地位，在贫困研究中占有重要地位。值得注意的是，由于"贫困"和"社区"概念的话语本质比较复杂，社区与反贫困战略之间联系的概念化（the conceptualization of the link between communities and anti-poverty strategies）尚未得到充分的处理。② 如何将两者的联系进行概念化（conceptualization），成为当代反贫困理论社区转向的一大难题。

第三节　社区为本的反贫困模式的理论基础

一般来说，社区为本的反贫困模式的理论基础可以分为"基础理论"和"实务理论"。前者涉及对社区和反贫困进行抽象层面的分析，为开展反贫困实践提供理论指导，后者则在实践层面阐述社区开

① D.S.Gardner, E.Tuchman & H.Robert, "A Cross-Curricular, Problem-Based Project to Promote Understanding of Poverty in Urban Communities", *Journal of Social Work Education*, Vol.46, No.1, (2010), pp.147-156.
② "社区"概念的复杂性体现在：1. 社区一词受制于多种定义；2. 根据不同的表述方式构建；3. 受变化中的话语的影响；4. 由相互竞争的社区实践专业传统来解释。"贫困"概念的复杂性表现为：1. 反贫困策略的目标缺乏共识；2. 贫困理论的意识形态性质存在争议。具体参见 R.Strier, "Community Anti-Poverty Strategies: A Conceptual Framework for a Critical Discussion", *British Journal of Social Work*, Vol.39, No.6, (September 2009), pp.1063-1081。

展反贫困的理念、原则和方法，便于社区反贫困实践的顺利开展。

一、理论基础

普遍地说，"社区"的概念源于德国社会学家滕尼斯。1887 年，滕尼斯的著作《社区与社会》（*Gemeinschaft und Gesellschaft*）出版，该书英文名为 *Community and Society*[①]。在书中，滕尼斯用二分法从人类结合的现实中抽出两种理想类型："礼俗社会"（gemeinschaft）和"法理社会"（gesellschaft）。前者是由"本质（自然）意志"（表现为本能、习惯和记忆）推动的，以统一和团结为特征的社会联系和组织方式，它以血缘（家庭）、地缘（村庄）和精神共同体（友谊或信仰团体）为基本形式；后者则是由"选择（理性）意志"（表现为深思熟虑、决定和概念）所推动的，有明确目的并以利益和契约为基础的社会联系和组织方式，如现代政府、政党、军队和企业等。[②] 到了 20 世纪二三十年代，以帕克（Robert E. Park）为首的芝加哥学派的都市生态学将"社区"由一种类型学的概念发展为一个实地研究的单位和一种研究方法，甚至逐渐成为一门新的社会学分支——社区研究，而社区的地域性特征也由此得以凸显。[③] 社区的内涵、结构和形态伴随着社会的进步而日益丰富和多样化。1981 年，美籍华裔教授、社会学家杨庆堃统计发现，有关社区的定义已经增加到 140 多种，这些界定社区的角度各不相同，如社会系统、社会功

---

① "社区"（community）是有着共同价值观、人口同质性较强的社会共同体，人与人之间形成了一种亲密无间、守望相助、服从权威的关系，且他们具有共同的信仰和风俗习惯，比如传统的社区；与之不同，"社会"（society）总是和劳动分工以及理性契约联系在一起，人们表现出理智和工于心计，形成冷漠、疏离、缺乏感情交流的人际关系，例如具有明显人口异质性以及价值取向多元化的城市社会群体。

② 肖林：《"'社区'研究"与"社区研究"——近年来我国城市社区研究述评》，《社会学研究》2011 年第 4 期。

③ 黄锐、文军：《走出社区的迷思：当前中国社区建设的两难抉择》，《社会科学》2013 年第 2 期。

能、价值观、生活方式、归属感、认同感、社区参与以及地理区划等各种角度①。可见，不同的国家和文化背景下的社区并非一成不变，而是在多元发展。

传统社区研究中形成了三种主要的理论取向：规范取向、空间取向以及实践取向。② 规范取向的社区研究强调社区的规范本质，把"社区"建构为一种理想的社会关系，且社区表现出熟悉感、情感联系、社会团结和高度整合的特征；空间取向的社区研究强调社区的空间本质，突出社区的地域属性，认为社区有机体的形成与运作受到文化传统、社会建构以及意义维持的影响；实践取向的社区理论强调社区的实践本质，把"社区"视为领域性的社会文化系统，通过社区生活来理解社会共同性，尤其关注社会网络、互动结构、正式或非正式制度等。当代社区研究不同于传统社区的认识，在理论上重新强调社会关联的开放性、变动性以及建构性，回到社会关系本身，尝试过程性地了解集体互动的内在进程，并以新的视角发现多重社区现实。③ 当前，对社区的研究大致可以分为两大类，一种是本体论意义上的"社区"研究，将社区当作具有积极意义、客观存在的实体或实体性概念，其核心问题是"共同体"意义上的社区在现代城市社会是否可能；另一种是方法论意义上的社区研究，将社区作为一种研究方法和研究范式，试图以"社区"来透视"社会"观察国家与社会之间的复杂互动，实现见微知著的透视功能④。我们认为本书中所涉及的社区主要指的是本体论意义上的社区，社区为本的反贫困模式

---

① 徐永祥主编：《社区工作》，高等教育出版社 2004 年版，第 7 页。
② 吴越菲：《从"社区问题"到"问题社区"：当代社区研究的理论困境及其反思》，《社会科学》2019 年第 3 期。
③ 这些新的视角包括：情境视角、行动视角、情感—心理视角以及流动性视角。具体参见吴越菲：《从"社区问题"到"问题社区"：当代社区研究的理论困境及其反思》，《社会科学》2019 年第 3 期。
④ 肖林：《"'社区'研究"与"社区研究"——近年来我国城市社区研究述评》，《社会学研究》2011 年第 4 期。

试图回归滕尼斯所说的社区，培养社区居民互助自助的精神，营造社区友爱、和善的氛围，而本书所提的"社区为本的反贫困模式"指的是强调在反贫困的过程中突出把"社区及其发展"作为整体，将社区视为反贫困实践的落脚点，关注贫困社区的整体性、系统性和贫困群体的主体性、能动性，重视贫困群体的还权增能，增强贫困群体的能力建设和贫困社区的可持续发展。

社区为本的反贫困模式注重运用整合的专业方法，强调以社区为核心，整合社区原有的资源，包括价值、方法、个体、社会组织、人才队伍、工作机制等，来激发社区的内在力量，促进贫困社区及其贫困群体生活水平和整体效能的提升。因此，社区为本的反贫困模式在有关社区理论的基础上，吸纳了贫困剥夺理论、增能理论、社会资本理论和参与式发展理论，这些理论共同构成社区为本的反贫困模式的理论基础。

（一）贫困剥夺理论

印度经济学家阿马蒂亚·森把贫困与能力剥夺的概念引入到贫困问题的分析之中。他认为贫困是可行能力被剥夺的状态，而权利的匮乏是加剧贫困与饥饿、导致大面积饥荒的主要原因。他通过"实质自由"和"可行能力"的概念进一步拓展了能力的贫困观。[1] 在他看来，贫困可以理解为是基本可行能力的被剥夺。对此，他提出了提高"可行能力"的途径，即五种基本的工具性自由：政治自由、经济条件、社会机会、透明性保证、防护性保障。[2] 具体来说，（1）政治自由包括人们监督并批评当局、政治表达和出版言论的自由、选择不同政党的自由等可能性，是人们拥有的确定应该由什么人执政且按照什

---

[1] 第一节贫困的权利与能力的解释中已对阿马蒂亚·森的思想进行过详细的介绍，"实质自由"和"可行能力"均已阐述过，这里不再做过多解释。

[2] ［印］阿马蒂亚·森：《以自由看待发展》，任赜、于真译，中国人民大学出版社 2002 年版，第 8—13 页。

么原则来执政的机会。（2）经济条件指的是个人分别享有的以生产、交换、消费为目的而运用经济资源的机会，个人所具有的经济权益将取决于可以运用的资源和交换条件。（3）社会机会指的是在社会教育、医疗保健等方面的安排，这些安排将直接影响个人去选择更好的生活方式和实质自由的机会程度。（4）透明性保证能保证在信息公开和明确的条件下自由地交易，满足人们对信息公开性的需求。信誉为市场的正常运转提供了有效的支持，也为人们提供了一种约束公共权力运行、防止权力腐败的工具性约束。（5）防护性保障是指为人们提供一个社会安全网，以防止人们遭受不幸的悲惨遭遇，承受沉重的痛苦甚至陷入绝境。[①] 这五个工具性自由互相补充，是直接提高人们可行能力的整体系统。社区为本反贫困模式汲取贫困剥夺理论关于权利和能力剥夺的论述，注重从宏观结构层面反思贫困的成因和解决路径。

（二）增能理论

增能理论（empowerment theory）始于 20 世纪 60 年代，80 年代后盛行起来，该理论旨在提高弱势群体的权利和社会参与。增能理论涉及无权、去权、增权、权力等核心概念。增权是一个过程，可以促进个体提升正向的自我认知和自我概念，增加自信，从而获得更多的政治及社会资源。Zimmerman、Perkins 等学者认为增权涵盖个人、组织和社区三个层次：首先，个人层面的增权涉及参与行为、施加控制的动机、效能和控制感；其次，组织层面的增权包括共同领导、发展技巧的机会、扩展、有效的社区影响；最后，社区层面的增权则包括受到增权的组织、公民参与社区决策的机会、容许在冲突期间公平地考虑多种观点等。[②] 具体到实践中，弱势群体的增权可以划分为个

---

① ［印］阿马蒂亚·森：《以自由看待发展》，任赜、于真译，中国人民大学出版社 2002 年版，第 8—13 页。

② 陈树强：《增权：社会工作理论与实践的新视角》，《社会学研究》2003 年第 5 期。

体、人际关系和社会参与三个层次：（1）个体增权是指个体得以控制自身的生活能力以及对所处环境的融合与影响能力，包括实际控制能力和心理控制能力两个方面；（2）人际关系的增权通过人与人之间积极的相互影响，达到相互间的自我权利和能力的提升过程；（3）社会参与的增权大多直接以群体的整体性活动出现，目标指向对社会决策的影响。[①] 增权有两方面手段，即教育增权和信息增权，通过保障信息的对称以及借助教育批判性的增权，能够激发弱势群体的内在潜能，进而通过行动实现改变。增能理论的核心超越了经济层面，从权利层面为贫困群体赋权，一方面通过制度安排保障贫困群体平等享受资源的机会；另一方面通过个体能力的提升，增强抵御贫困风险的能力。

（三）社会资本理论

社会资本理论兴起于 20 世纪六七十年代，社会资本尚未有统一的界定。虽然不同学者对社会资本有着不同的理解，但社会资本可归纳为两方面共同点：其一，社会资本是一种分析问题的新的概念工具，这个概念工具具有积极功效；其二，承认社会资本有多种表现形式，包括关系网络、信任、规范以及社会声望等。[②] 乌沙·乔治指出，世界银行的研究发现了不同观点之下的有关社会资本的共同命题：互助、信任、社会准则、共享、参与以及关系网络。[③] 社区社会资本可以从微观、中观和宏观三个层次来做考量：其一，微观层面上，社区社会资本指的是社区居民个体所拥有的社会关系网络以及通过这种网络动员获取资源的能力，包括信任、亲情、信仰、参与、互惠等，也

[①] 黄承伟、刘欣、周晶：《鉴往知来——十八世纪以来国际贫困与反贫困理论评述》，广西人民出版社 2017 年版，第 136 页。

[②] 王思斌主编：《社会工作概论》（第三版），高等教育出版社 2014 年版，第 311—312 页。

[③] 殷妙仲、高鉴国主编：《社区社会工作：中外视野中的交流》，中国社会科学出版社 2006 年版，第 107 页。

可以称之为个人社会资本；其二，中观层面上指社区社会网络形成中的作用，即社区组织的关系网和动员能力，包括规则、参与、信任以及以组织名义发生的各种联系，也即组织社会资本；其三，宏观层面是指社区整体所拥有的社会资本，也就是将社区视为一个整体，在嵌入社会系统时所依赖的法律、制度、规则以及网络等，这一层次上的社会资本具有相当明显的公共产品性质，也可称之为群体社会资本；这三个层次相互交叉、相互影响、相互依赖。[①] 社区为本的反贫困模式注重社区内社会网络，重视发掘关系网络之下潜在的互惠、信任、参与、联系等资源，强调贫困群体之间的互助、信任和互惠。因而，要在反贫困的过程中注重贫困群体之间关系网络的构建，培养自助、互助的志愿精神。

（四）参与式发展理论

参与式发展理论源于 20 世纪 70 年代快速收集农村信息资料的方法，是对传统发展观念和发展实践的一种反思，质疑发展的主体以及真正的发展是什么。该理论强调目标群体全面参与项目和发展活动的规划、实施、监测和评估的过程，主张将目标群体置于主体地位，关注当地人的经验与智慧，重视赋权和参与多方的信息共享与共同受益。[②] 参与是参与式发展理论的核心词汇。世界银行曾将参与定义为：参与是项目利益相关群体能够通过它影响、共同控制涉及他们的发展介入、发展决策和相关资源的过程。[③] 该定义强调了利益相关群体的主动性和自主性，将利益相关群体归位于主体地位。Oakley 和 Marsden 把参与归纳为四个方面：（1）参与是人们对国家发展中一些公众项目的自愿贡献，但不参加项目的总体设计、不批评项目本身；

---

① 殷妙仲、高鉴国主编：《社区社会工作：中外视野中的交流》，中国社会科学出版社 2006 年版，第 109 页。

② 王思斌主编：《社会工作概论》（第三版），高等教育出版社 2014 年版，第 337 页。

③ World Bank, *The World Bank and Participation*, 1994.

（2）对农村发展来说，参与包括人们在决策过程、项目实施、利益分享以及项目评估中的介入；（3）参与涉及那些被排除在对资源及管理部门控制之外的人们在既定的社会环境和背景下，有计划、有组织地对资源及管理部门施加控制和影响；（4）社区参与是受益人为改善其生活条件而主动影响发展项目的实施及方向的过程。[1] 因此，社区为本的反贫困模式在反贫困过程中挖掘贫困群体的自主性，充分赋权，强调通过逐步的深度参与过程激发主体意识，帮助贫困群体树立积极主动的生活观念，培养自立自强的品质，冲破贫困的束缚。

二、基本理念

社区为本的反贫困模式以社区为基础，从社区本身的资源出发，重视贫困群体的优势挖掘和能力提升，强调通过贫困群体主体的参与，实现贫困地区的自我脱贫和可持续发展。其基本理念围绕"社区优势、社区能力建设、社区参与、社区可持续发展"四个核心词汇展开。

其一，社区优势指的是反贫困过程中注重对社区及其所在的个体优势的关注，强调对优势资源的激发与运用。不同于传统反贫困的"问题视角"，社区为本的反贫困模式从"修补问题"转向"能力与资源的发挥"的实践思路，关注社区的社会资本和社会网络。在实践中，优势理念强调个人与环境中潜在的资源与优势，相信个人及其所处环境中蕴含着未被发现的优势与资源，充分尊重并强调个体的自决性，[2] 因此，社区优势的发挥可以从两个层面来理解：第一，社区作为主体的优势。不同的地理环境、气候特征和人文环境造就了各个

---

[1] P.Oakley & D.Marsden,"Approaches to Participation in Rural Development",*Annals of the Entomological Society of America*,Vol.88,No.88（1984）,pp.234-239.

[2] 孟洁：《社会工作优势视角理论内涵探究》，《华东理工大学学报（社会科学版）》2019年第1期。

社区的特殊性，也给社区的发展带来了契机，社区通过挖掘和整合内外的资源，发展社区的特色资源，以此来推动社区的整体发展进步。第二，发挥社区中个体的优势。反贫困的过程中注重将社区发展的主动权交还给贫困群体个人，鼓励和支持贫困群体，激发他们的内生潜能和优势资源，通过肯定贫困群体的个人价值和尊重他们的尊严，帮助贫困群体树立自信与希望，增强他们克服困难、解决问题的能力。优势理念在社区为本的反贫困模式中的运用，不仅能够降低贫困的负面标签效应，使贫困群体获得应有的尊严，而且能够帮助贫困群体有效发挥自身的主体性，避免被"客体化"①。

其二，社区能力建设指的是通过提升社区内贫困群体个体的自我发展能力，提升个体应对贫困风险的能力，从而促进整个社区抵御贫困的能力。应对贫困的有效途径是培养和提升应对致贫风险的能力，② 为了更有效地开展反贫困实践，社区为本的反贫困模式重视反贫困过程中贫困群体和整个社区的能力建设。社区能力建设强调社区赋权和基层参与的重要性，主张利用政府、组织和社区的合作伙伴关系，通过网络建构和人力资本投资来加强社区组织和群体的能力，创造平等的参与机会，促进地区发展和个人福祉。③ 它一方面指的是给予贫困群体获得享受某种权利的机会，另一方面指的是提升贫困群体个体应对风险的能力。在开展社区能力建设时，既关注发展能力在时间、群体和内容维度上的扩展，④ 使贫困群体拥有机会和真正提升能力的条件，同时又重视贫困群体脱贫致富的主观能力，转变贫困群体

---

① 高梅书、季甜甜：《优势视角下农村精准扶贫模式创新路径探索》，《理论导刊》2018年第3期。
② 方黎明、张秀兰：《中国农村扶贫的政策效应分析——基于能力贫困理论的考察》，《财经研究》2007年第12期。
③ 徐延辉、黄云凌：《社区能力建设与反贫困实践——以英国"社区复兴运动"为例》，《社会科学战线》2013年第4期。
④ 方珂、蒋卓余：《生计风险、可行能力与贫困群体的能力建设——基于农业扶贫的三个案例》，《社会保障研究》2019年第1期。

"等、要、靠"的思想观念，通过意识提升、教育培训、就业技能指导等激发贫困群体的潜能，增强贫困群体的能力，从而实现贫困个体的自我发展和整个贫困地区的可持续发展。

其三，社区参与强调贫困人口的能动和自决，鼓励和支持贫困群体自己提出解决问题的方案。参与不仅体现了对贫困群体主体性的尊重，同时也是培养贫困群体回归主人翁精神的有效方式。在社区为本的反贫困模式中，工作人员注重对地方性知识和贫困群体意见的尊重，引导贫困群体从自身的需求出发，分析和找出亟待解决的问题，并根据当地的资源和条件，协助贫困群体整合多方资源，在参与的过程中逐步发展他们自我解决问题的能力。社区参与既是反贫困的手段也是目的，一方面它实现了人们的各种基本要求；另一方面，作为最终的目标，参与使处于结构弱势的贫困群体在发展的过程中提高了其社会和经济地位，[①] 增强了抵御贫困风险的能力。

其四，社区可持续发展是应对贫困复杂性的一种策略，强调反贫困的持续性、长久性。贫困是社会政策不合理导致的资源分配不均衡的结果，或者说贫困是资源匮乏在不同社会阶层之间的分布，具体到政治、经济、文化层面，贫困既是少数人没有共享社会发展成果，与政治体制不和谐的表现；又是个体在市场竞争中失败或者处于不利地位的结果；还是一种生活方式，即处于贫困中的人经过长时间的社会化之后会内化为一种偏离主流文化并不断被继承的"贫困亚文化"[②]。可见，贫困的原因和结果是多层面的、复杂的。为了更有效地从根本上解决贫困问题、防止返贫现象的发生，反贫困过程应注重帮助贫困群体挖掘当地的优势资源，发展当地的特色产业，通过对社区资源的整合与运用，联结贫困地区的社会资本，促进贫困地区经济发展和社会发展相协调。值得注意的是，反贫困实践不仅注重社区贫困居民能

① 沈红：《穷人主体建构与社区性制度创新》，《社会学研究》2002 年第 1 期。
② 潘泽泉、许新：《贫困的社会建构、再生产及应对：中国农村发展 30 年》，《学术研究》2009 年第 11 期。

力的提升和社区参与，也注重培育社区组织和发展社区的互助体系，建立社会支持网络，促进个人、经济与社区层面的发展及相互之间的良性互动，共同促进贫困地区的社会发展。[1]

社区为本的反贫困模式聚焦于整个社区的发展，强调社区社会网络、规范和信任发挥作用，鼓励和支持贫困群体以主人翁的身份参与到反贫困实践中，发挥贫困群体的自主性和能动性，激发贫困群体的潜能，通过贫困群体的参与提升个体的自我发展能力，培养自助互助的精神，从而促进社区团结，共同推动社区的可持续发展和整体进步。

三、处置原则和实践过程

社区为本的反贫困模式具有系统的实践逻辑，反贫困实践遵循一定的原则和过程，这些规则或规范由实践和理论提炼而来，遵循这些原则将有助于推动反贫困实践的顺利进行。

结合以往的反贫困经验和当前社区反贫困的现实，我们认为社区为本的反贫困模式应遵循以下几个基本原则：一是社区整体发展的原则。社区的脱贫不仅仅体现在经济价值的提升，而是社区政治、经济、文化、社会和生态建设的综合提升。社区各方面的综合提升能够有效应对贫困的再生或返贫现象，同时也能够满足社区贫困群体多维度的贫困需求。社区的整体发展是对贫困多种成因和贫困多维内涵的直接回应。二是满足需求原则。贫困表现在多个维度，包括收入的不平等、政治权利的剥夺、处于"贫困文化"的劣势地位、难以享受社会福利、居住环境差等，因而应根据贫困群体的实际需求，分清轻重缓急，从最迫切的需求出发，帮助贫困群体解决问题。三是坚持自上而下和自下而上相结合的原则。自上而下指的是反贫困过程中坚持

---

[1] 吴骏：《发展性社区社会工作实务模式探析》，《社会工作与管理》2016 年第 1 期。

党和政府的引导作用，充分、合理、有效地运用政府提供的福利资源；自下而上强调贫困群体参与到反贫困的过程中，并通过参与过程提高个人和家庭应对贫困风险的能力。自上而下和自下而上的结合，可以盘活社区资源，激发社区活力，从而有规划、有步骤地推动反贫困实践的开展。四是全面统筹原则。社区反贫困是一个由各个子系统组成的有机系统，它既包括政府、企业、社会组织等各个实体，也涉及内部和外部帮扶系统，同时社区反贫困也考虑社区的长远发展和综合规划。因而，社区为本的反贫困强调各个子系统团结起来，发挥各自有效的作用，实现整个社区全面、协调可持续的发展目标。

不同的社区在地域、文化、社会网络等方面存在着差异，因而要考虑社区的情境因素，[1] 根据社区的实际状况和资源特色开展反贫困实践。但一般来说，社区为本的反贫困实践大致可以分为四个基本阶段（见图1.1）：首先，社区调查与评估。从社区的历史传统、文化背景以及现实状况出发，在收集社区基本资料（包括社区的人口、历史、规模、设施、资源分配状况以及社区存在的问题等）的基础上，评估社区的特色与优势资源。这一过程中，鼓励社区贫困群体参与社区评估的过程，精准把握社区的问题与需要，为反贫困方案的制定和实施奠定基础。其次，制定反贫困方案。根据社区及其问题制定整体方案和具体方案。整体方案是社区反贫困工作现在和将来的全局性方案，具体方案则针对社区中最迫切的问题制订工作计划。方案的制订要遵循实际、可行、具体、弹性和整体的原则，在反贫困的过程中灵活把握，根据实际情形及时修正。再次，实施反贫困计划。实施计划是整个反贫困过程中最重要的一环。在这一阶段开展的工作包括会议、教育与宣传、人事、财务、组织协调五方面内容。通过开展这五方面的工作确保人员、资金的有效投入，使反贫困方案能够顺利实

---

① J.Hentschel, "Rural Poverty in Ecuador: Assessing Local Realities for the Development of Anti-poverty Programs", *World Development*, Vol.30, No.1, (January 2000), pp.233-47.

施。最后，评估实践效果。效果评估包括过程评估和结果评估①。评估实践效果的目的在于通过肯定以往反贫困的成效，鼓励社区贫困群体树立自信，激发他们的内在动力，同时透过反思和回顾，能够对下一步反贫困工作进行修正和引导，进一步了解社区存在的问题与变化。

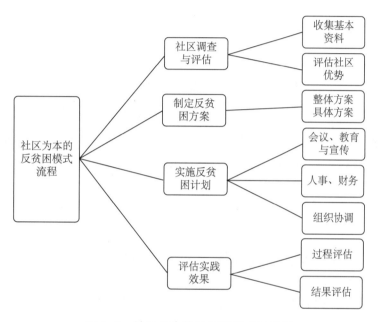

图 1.1　社区为本的反贫困模式过程图

社区为本的反贫困模式的过程阶段层层递进。调查和评估是整个过程的基础，为后续反贫困工作的展开提供基础数据。反贫困方案的制定具有承上启下的作用，既要对前期调查的社区问题和需求进行有效回应，同时又要为下一步方案的实施做好充足的准备。反贫困计划的实施是整个反贫困工作的核心，计划能否顺利实施关系到社区贫困问题能否有效解决，以及贫困群体的需求可否得到满足。评估实践效

---

① 过程评估重视反贫困过程中工作的完成情况、贫困群体的参与状况以及贫困群体自身发展能力的提升状况等方面；结果评估强调目标的达成状况以及反贫困的效果状况等方面。

果是对整个反贫困实践过程的总结和回顾，有助于经验的总结和日后工作的顺利开展。

第四节　社区为本的反贫困实践的形成与发展

在国内经典的社区研究中，学者们常常把"社区"理解为一种地域性社会，希望将"小社区"确立为勾连"大社会"的方法论和认识论单位。① 显然，这种观点在很大程度上建立在传统社区相对封闭、独立以及多重边界高度重合的现实基础上。在社区为本的反贫困实践中，"社区"也常常作为多重边界重合，被运用到反贫困的工作实践之中。

一、社区为本的反贫困实践的形成

"社区"作为中观层面的载体，超越了极端个人主义和强权国家的对立，缓解了二者之间的张力。可以说，社区是有效衔接宏观社会与微观个体的桥梁。滕尼斯所说的"社区（共同体）"（gemeinschaft）的复兴被认为是当今许多最紧迫的社会问题的解药。② 作为共同体取向的这种"社区"实际上是特定空间范围内的关系联结体，我们可以通过对社区内部展开"解剖麻雀"式的研究来揭示更加宏观层面上的社会现象，尤其是通过对社区内部自发秩序的揭示，将人的行动策

---

① 早期的中国社区研究吸收了人类学的功能主义观点和整体主义方法，对一个地域性的社会单位展开"解剖麻雀"式的研究。比如，费孝通就认为：社区分析的初步工作是在一个具体的时空坐落中去描绘地方人民赖以生存的社会结构；第二步是比较研究，即比较不同社区的社会结构。

② John W. Murphy, *Community-Based Interventions: Philosophy and Action*, New York: Springer, 2014, p. 2.

略、情感—心理要素等重新囊括进时空之中，从而架通个体、家庭与社会的桥梁。社区为本的反贫困实践也需要重新回归"社区共同体"的打造，在解决贫困问题过程中，构建互助、友爱、和谐的社区精神，提高社区凝聚力和社区归属感。

社区为本（community-centered）的反贫困实践的形成大体经过了社区发展（community development）、社区导向（community-based）的福利干预才得以成形。广义上的社区发展①从 15—16 世纪的社区救助、17—18 世纪的社区组织到 19—20 世纪的社区发展运动，已经走过了几百年的历程。严格意义上的社区发展始于第二次世界大战之后。第二次世界大战后，为了解决新城区和农村所出现的失业、贫困、犯罪、疾病和颓废等社会问题，社区福利组织活动——社区发展兴起。社区发展强调社区居民在政府和社会机构的支持下，依靠自己的力量，改善社区经济、社会和文化状况，提高社区居民生活，促进社区社会进步的过程。②关于社区发展的具体内涵众说纷纭。社区发展既是全体社区居民通过积极参与，充分发挥其创造力，推动社区经济、社会进步的过程；也是借助组织和教育社区居民积极参与改善社区生活的活动，从而促进社区进步的方法；还是开展一项具体的活动或者某种实务（如卫生、农业、福利等）的方案；同时也是促进各国社会进步与经济发展的一种运动。③

从当前的理论与实践经验来看，把社区发展理解为一种过程和方法比较恰当。以人为本和自下而上是社区发展的两种重要途径④。两

---

① 广义上的社区发展指的是在一定区域范围内所居住的一定数量的人口，将他们组织起来以解决该范围内所出现的问题，并促进该地区的发展和进步。参见文军主编：《社会工作模式：理论与应用》，高等教育出版社 2010 年版，第 284 页。
② 袁德：《社区文化论》，中国社会出版社 2010 年版，第 33 页。
③ 文军主编：《社会工作模式：理论与应用》，高等教育出版社 2010 年版，第 286—287 页。
④ J.Kang, "Understanding Non-Governmental Organizations in Community Development：Strengths, Limitations and Suggestions", *International Social Work*, Vol.54, No.2, (March 2011), pp.223-237.

者的区别在于以人为本的社区发展注重地方控制和自我效能；自下而上的社区发展源于公民，基于当地资源和地方的视角，使社区能够根据自己的愿景和价值观来制订计划。[①] 20 世纪 70 年代后，美国将社区发展工作的重心转移到有特殊需要的社会弱势群体（如少数民族、妇女、老人、精神病患者等），以改善贫困群体的居住条件、服务素质以及就业状况等。英国也推行了社区发展计划来改善城市贫民区内的社会问题，目的是为了加强和协调贫穷地区内的社会服务，鼓励社区居民间的互助精神。目前，全世界有 100 多个国家都在推行社区发展模式。

自上而下（top-down）的社区干预主要由政治精英、技术官僚或其他专家来主导，[②] 但这样的干预方式往往针对性不强，有时甚至会产生消极影响，如使社区变得依赖，难以发展社区的能力[③]。社区的现实（the reality of a community）是通过参与（participation）来实现和维持的，基于对自上而下的社区干预模式的反思，社区导向的干预模式渐渐被提出。[④] 社区导向的干预模式被广泛应用于福利干预。20世纪 90 年代末，为了降低贫困的发生率，美国出现了一种新的以社区为导向（community-based）的反贫困战略。[⑤] 然而，在社区导向的模式中，理论上社区仅仅成为一种工具或路径而存在，实践中该模式面临一系列服务有效性的问题，诸如无法真正解决社会排斥和权力资

---

① Mauldin & L.Rebecca，"Local Currency for Community Development：Policy Barriers and Support"，*Journal of Community Practice*，Vol.23，No.3-4，(2015)，pp.462-476.

② M.Gray，"Developmental Social Work：A 'Strengths' Praxis for Social Development"，*Social Development Issues*，Vol.21，No.1，(2002)，pp.4-14.

③ J.Midgley，*Professional Imperialism*，London：Heinemann，1981.

④ John W. Murphy，*Community-Based Interventions：Philosophy and Action*，New York：Springer，2014，p.28.

⑤ M.A.Shobe & A.Suzanne Boyd，"Relationships Between Assets and Perceived Economic Strain：Findings from an Anti-poverty Policy Demonstration"，*Journal of Community Practice*，Vol.13，No.2，(2005)，pp.21-44.

源的不平等,难以满足多向度、多层次的服务需求等。[①] 因此,社区为本的反贫困实践开始出现。

社区为本的反贫困模式把社区本身作为具有多面性的关系主体而置于服务模式的中心,使社区成为重新连接"个体化社会"和"社会个体构成"双重关系的中观行动载体,以聚焦于社区各层面关系的重建,而不仅仅是以社会网络、社会资本的重建为服务目标。同时"社区为本"强调自上而下的国家权力与自下而上的社区自治共同发挥作用。可以说,社区为本的反贫困模式对当前中国脱贫工作的开展具有重要意义。

二、社区为本的反贫困实践的发展

今天,伴随着工业化、城市化、信息化、全球化的进程,中国社会正在由相对封闭转向日益开放,使得当下社区共同体所要处理的空间性与社会性的关系问题变得越来越复杂。毫无疑问,随着社会流动和新的利益关联的不断增加,传统的社区为本,无论是理论上还是实践上都面临着越来越多的新挑战,这也给社区为本的反贫困实践的未来发展增加了许多新的变量。

当前,"社区"内涵及其实践至少在三重意义上在延展着传统的学术脉络,并由此形塑了"社区为本"的三重面向:

第一重是作为社会共同体的"社区"。即将"社区"本身作为研究对象,以"向内"的研究取向关注到社区内部的治理结构、社会关系、社会规范、社会互动、利益关联、情感认同等方面的现状与变化。在第一重意义上,"社区为本"集中展现了社区的地方性和特殊性。

---

① 吴越菲、文军:《从社区导向到社区为本:重构灾害社会工作服务模式》,《华东师范大学学报》(哲学社会科学版) 2016 年第 6 期。

　　第二重是作为情境设置的"社区"①。即以"向外"的研究取向将"社区"作为探查基层社会转型、各类社会关系变动与宏观社会结构的重要棱镜。在第二重意义上，社区为本研究将认识抽象的结构性关系锁定于特定的情境之中，从而能够在社会转型的大背景下，通过相对中微观层面的"社区"分析来投射宏观的社会结构变迁。

　　第三重是作为社会行动的"社区"。即将"社区"视为有助于目标达成的资源以及蕴含公共性和现代性的价值精神。在第三重意义上，社区研究聚焦于不合理的经济社会结构、社区问题以及权力不平等，致力于通过集体行动来促成改变。从这一意义上来说，对"社区的探寻"（the quest for community）也是一种积极的反思性行动实践。

　　"社区为本"的反贫困实践，正是在上述三重不同的"社区"内涵中重构新的实践大纲，不仅在理论上吸取共同体取向和结构取向的社区研究，而且在实践层面越来越强调社区为本的行动取向。这种行动取向实际上是一种以"实践为中心"（practice-centred）的研究。它主要包括两个层面的内涵：第一层内涵是通过反思性思考和行动促进来彰显社区的价值维度。社区为本的反贫困实践在根本价值上认为社区贫困问题的根源来自更大层面的结构性力量的影响，强调通过集体行动来改善资源与权力的分配，从而实现社会秩序的变更和人民的生活富裕。另外一层内涵是将"社区"本身视为一种解决贫困问题、整合社会秩序的手段和方法。社区为本的反贫困实践相信社区所具有的"社会性"及其对于解决贫困问题的积极意义。因此，作为一种"社会行动"的社区为本的反贫困实践也是一个通往意识觉醒、需要满足、参与、自决、合作、价值追求以及权力再分配的过程。

　　因此，社区为本的反贫困实践内含了某种价值导向和理想追求，

---

① 比如，费孝通的《江村经济》一书，从某种程度上来讲，其之所以能够成为 20 世纪上半叶中国乡村社会研究的典范，就依赖于社区研究方法在社会学研究中的成功运用。

其主要目标就是借助于集体力量来促进积极有效的社区参与，整合社区多元利益和文化，培养社区成员的能力，以多样的行动策略来解决社区贫困问题，促进社区抗逆力的提升和社区的可持续发展。如果将社区建设视为一个行动的过程，那么它至少包括两个方面：国家化的社区为本的反贫困实践行动（国家权力驱动下的社区空间重建）和社会化的社区为本的反贫困实践行动（社会力量驱动下的社区空间重建）。近年来，行动研究方法被引入到社区反贫困研究之中，从而使"社区"能够在开放时代成为提供有效的服务、团结社区居民、协调多元利益主体的平台。

总之，如今，"社区—社会"已经不是以进化谱系而存在，而是成为融合社会性、空间性、文化性、情感性等多重特性的复杂体。在当代社会，"社区"的重要性并未减弱。① "社区为本"作为一种观念、符号和情感不仅被重新找回，而且在多重话语中被重新确立了现代价值，并重返理论与实践的中心。社区为本的反贫困实践的发展，不仅在理论上持续地对"麦当劳化"和技术化的社会学研究发起抵抗，而且还将在实践层面一如既往地维持着中观社会关系、地方性知识以及情境（context）在整个反贫困社会实践的重要性。

---

① 文军、吴越菲：《国内社区研究的最新进展及其反思》，载中国社会科学院社会学研究所编：《中国社会学年鉴（2015—2017）》，中国社会科学出版社 2018 年版，第 104—116 页。

第二章

崆峒区贫困的历史回顾与成因

　　新中国成立后，特别是自 20 世纪 70 年代末改革开放政策实施以来，中国在致力于经济和社会全面发展的过程中，把反贫困作为国家一往无前、不懈追求的目标。20 世纪 80 年代中期伊始，全国范围内展开了大规模的开发式扶贫。党的十八大时期，精准扶贫、精准脱贫基本方略的提出，将我国的扶贫开发推进了一个全新的阶段。党的十九大后，党中央把打好精准脱贫攻坚战作为全面建成小康社会的三大攻坚战之一。从扶贫开发到精准扶贫、精准脱贫，当前中国的反贫困工作已经取得了瞩目的成果，不仅增加了我国反贫困的经验和理论，同时也丰富了世界大规模扶贫的经验，在一定程度上发展了国际反贫困的理论。

　　甘肃省贫困人口多，贫困地区广，贫困程度深，是全国脱贫攻坚的主战场之一。近年来，甘肃省的脱贫工作取得了显著的成效。结合甘肃省崆峒区的反贫困实践，本书提出"社区为本的反贫困模式"，即强调在反贫困过程中突出把"社区及其发展"作为整体，将社区视为反贫困实践的落脚点，关注贫困社区的整体性、系统性和贫困群体的主体性、能动性，重视贫困群体的还权增能，增强贫困群体的能力建设和贫困社区的可持续发展。

第一节　中国反贫困政策的演变

　　联合国开发计划署（UNDP）在《2005 年人类发展报告中》指

出，"按照每天 1 美元的贫困标准，中国的贫困发生率自 1990 年以来已经下降了一半，提前完成了千年发展目标"。无论是采用 1978 年的标准还是 2008 年或 2010 年的标准，中国的农村贫困发生率在过去都呈现出极其迅速的下降趋势。[①] 自 1978 年以来，中国的反贫困实践取得了瞩目的成果，这与中国的反贫困规划和政策脱不了关系，中国反贫困政策的演变大致可分为四个阶段。

一、1978 年至 1985 年：体制改革推动扶贫

在 1978 年党的十一届三中全会上，党中央正式宣布在全国开始全面推行改革开放战略，强调了发展生产力对反贫困和经济发展的重要性。因此这一阶段主要是通过体制改革来实现经济发展，开展一系列的反贫困政策和实践从而缓解贫困。

（一）农村体制改革

十一届三中全会上确立了以家庭联产承包责任制改革为核心的体制创新。家庭联产承包责任制将集体经营的土地承包到户，"分田到户，包产到户，自负盈亏"，即农村获得土地经营权，由各家各户自主经营。家庭联产承包责任制的推行激发了农民生产的积极性，农村的生产效率得到了大幅提高，农村的生产力得以释放。

（二）农贸市场改革

在农产品产量大幅度提高，农产品交易逐步激发市场活力的同时，政府鼓励开发和解放市场的自由度，放宽和调整对农产品的价格约束，以市场化为取向的农产品交易制度改革开始进行。此外，我国

[①] 潘慧、章元等：《中国战胜农村贫困——从理论到实践》，北京大学出版社 2017 年版，第 8 页。

乡镇企业的异军突起打破了农村单一的投资和就业格局，农民从单一的收入来源向多样化收入来源发展。农村经济体制改革，不仅大幅降低了贫困人口，同时也为中国经济的全面体制改革和高速发展奠定了坚实的物质基础和社会基础。

（三）专项扶贫政策

专项扶贫政策主要以救济式扶贫为主，主要有：以工代赈计划、"三西"农业建设以及确定 18 个连片贫困地区。

以工代赈计划从 20 世纪 80 年代开始实施，以修建道路、水利工程、农田等基础设施建设为主。主要方式是利用贫困地区的剩余劳动力进行基础设施建设，一方面可以改善贫困地区的基础设施，为脱贫提供硬件支撑；另一方面，贫困人口可以通过获得劳动报酬来增加收入。扶贫物资来源主要由三部分构成，一是国家无偿提供的实物和资金，二是地方政府提供的一定比例的配套资金，三是农户提供的部分无偿劳动。整个以工代赈计划分为两期，第一阶段是 1984 年到 1987 年，国务院利用库存粮食 50 亿公斤、棉花 1 亿公斤和棉布 5 亿米（粮棉布折价 27 亿元），对全国 18 个集中连片的贫困地区实施代赈计划。[①] 第二阶段是 1989 年到 1990 年，国家分别展开了粮食、江河治理和国营贫困农牧场的代赈计划。

中国政府在 1982 年实施了为期 10 年的"三西"（甘肃定西、河西和宁夏西海固地区）农业建设计划，帮助极贫地区治理生态、改善环境和发展农业生产。在 10 年的时间里，每年划拨转向资金 2 亿元。"三西"农业建设开启了中国区域性扶贫的先河，这一计划在第一个 10 年后得到延长。1993 年，国务院确定"三西"农业建设专项资金不变；2009 年国务院再次延长资金使用期限，并增加到每年 3 亿元。

---

① 朱信凯、彭超等：《中国反贫困：人类历史的伟大壮举》，中国人民大学出版社 2018 年版，第 57 页。

1986 年中国政府把人均年纯收入低于 206 元以下的地区划分为连片特困地区。20 世纪 80 年代，全国共识别出 18 个连片特困区，分别是：沂蒙山区、努鲁儿虎山区、吕梁山区、太行山区、秦岭大巴山区、武陵山区、大别山区、定西干旱山区、西海固地区、陕北地区、井冈山区和赣南地区、西藏地区、滇东地区、横断山区、乌蒙山区、桂西北地区、九万大山地区、闽西南闽东北地区。这些地区因其贫困特征又被称为"老、少、边、穷"地区。1984 年国务院发布的《关于帮助贫困地区尽快改变面貌的通知》制定了对贫困地区在税收、统购统派、商品流通等方面的优惠措施。具体包括：减免农业税、免交贫困地区开办开发性企业的所得税等。

1978 年到 1985 年间，中国政府通过体制改革和一系列的专项扶贫政策使农村经济得到了快速增长，贫困人口大量减少。根据统计，1978 年到 1985 年间，农村人均粮食产量增加了 14%，棉花增长了 73.9%，油料增长了 176.4%，肉类增长了 84.8%。[1] 从农民增收和减贫的效果来看，全国农村居民人均年纯收入从 160.7 元提高到 397.6 元，增加了 2.5 倍。扣除价格上涨因素的影响，实际增长了 87.23%，年均增长率为 11.02%。在 8 年的高速经济增长中，全国贫困人口减少到了 1.25 亿，消除了一半的贫困人口。[2] 这些数据表明，这一时期的体制改革和政策是颇有成效的。

二、1986 年至 2000 年：大规模开发式扶贫

1986 年被认为是中国当代扶贫工作上的转折点和关键点，因为 1986 年之后，中国政府的扶贫性质发生了根本性转变，从救济式扶

---

[1] 闫坤、刘轶芳等：《中国特色的反贫困理论与实践研究》，中国社会科学出版社 2016 年版，第 36 页。

[2] 国家统计局农村社会经济调查司编：《中国农村贫困监测报告：2005》，中国统计出版社 2006 年版。

贫转向开发式扶贫。这一时期的开发式扶贫又具体可以分为两个阶段：第一阶段是 1986 年到 1993 年的区域开发式扶贫，第二阶段是 1994 年到 2000 年的综合性扶贫攻坚。

（一）1986 年至 1993 年：区域开发式扶贫

中国的贫困具有区域性特征，因此国家扶贫工作的重点是确定国家级贫困县，采用县级聚焦的方式集中力量，重点突破。1986 年国务院成立了贫困地区经济开发领导小组，其主要任务是"组织有关贫困地区的调查研究；制定贫困地区发展的方针、政策和规划；协调解决有关贫困发展的重大问题；监督检查有关工作；总结交流经验"[①]。

区域开发式扶贫的最大特点是有针对性的区域集中，以区域开发带动扶贫，利用贫困地区的资源，通过开发性生产建设，逐步带动贫困人口实现自我积累和发展。从 1986 年到 1993 年，平均每年减少绝对贫困人口约 640 万人。[②] 这项政策取得了一定的成效，但是由于在政策执行过程中，大部分贫困地区的地方政府选择了工业相对集中的区域进行开发，导致反贫困战略实际演变成了工业化项目投资的扶贫开发战略，扶贫项目与真正的贫困村和贫困户关联较少，进一步加剧了城市和农村居民之间的收入差距。

1993 年年底，全国农村没有解决温饱的贫困人口由 1.25 亿人减少到 8000 万人，平均每年减少 640 万人，贫困发生率由 14.8% 下降到 8.7%。农村绝对贫困人口年均递减 6.2%，与 1979 年至 1985 年间 9.4% 的水平相比，速度有所下降。

---

① 国务院贫困地区经济开发领导小组办公室：《中国贫困地区经济开发概要》，农业出版社 1989 年版，第 14 页。
② 吴海涛、丁士军：《贫困动态性：理论与实证》，武汉大学出版社 2013 年版，第 71 页。

（二）1994 年至 2000 年：综合性扶贫攻坚

1994 年 3 月，《国家八七扶贫攻坚计划（1994—2000 年）》的颁布，标志着综合性扶贫攻坚战略的展开。其目标是通过 7 年扶贫工作，基本解决农村 8000 万贫困人口的温饱问题，扶贫方法是坚持开发式扶贫。[①] 主要实施内容包括：第一，在 1994 年后，我国的扶贫项目投入落实到户，实行农村目标瞄准型减贫战略，优先解决群众的温饱问题。第二，不断加大资金的投入，规范扶贫资金的使用渠道和管理模式，确保钱用在实处和明处。第三，鼓励形成区域特色产业，加大和推动贫困地区和发达地区的合作。第四，加强社会福利政策保障，适当放宽贫困户的信贷基金、贷款条件和数额等。第五，提高贫困地区的教育、医疗、科学文化建设的投入，严格执行义务教育、兴建希望工程等。

总的来说，经过 7 年扎实的扶贫工作，2000 年基本完成了《国家八七扶贫攻坚计划（1994—2000 年）》的既定目标，解决了贫困人口的温饱问题。各地区的扶贫发展也逐步走上了可持续发展的道路，贫困问题由一个全国范围的、区域性的普遍问题变成了点状分布的相对问题。

三、2001 年至 2012 年：村级扶贫推进阶段

21 世纪以来，我国进入全面建设小康社会，加速推进社会主义现代化的新发展阶段。国民经济和社会发展都取得了巨大的成就，经济运行质量和效益提高，财政收入呈现较快的增长态势，综合国力进一步增强，全方位对外开放格局基本形成，开放性经济迅速发展。这些都为扶贫工作打下了坚实的基础。与此同时，我国的扶贫工作也进

---

① 中共中央文献研究室编：《十四大以来重要文献选编》（上），人民出版社 1996 年版，第 774 页。

入了新的阶段。2000 年年底全国农村没有解决温饱问题的人口数量是 3000 万人，低收入人口 6000 多万人，这 9000 多万农村贫困人口成为新阶段我国农村扶贫的基本对象。从剩余人口的特点来看，其分布更加分散，居住地自然条件恶劣，社会、经济、文化条件落后，且已经解决温饱的贫困人口的脆弱性显著，极易返贫。国家贫困监测调查结果显示，贫困地区低收入人口每年返贫率在 30% 左右。① 此外，在西部地区的贫困人口越来越分散于贫困村而不是贫困县。

面对新的扶贫形势，2001 年国务院印发《中国农村扶贫开发纲要（2001—2010 年)》，其目标是到 2010 年除生活在恶劣生态环境中的特困人群和残疾贫困群体外，其他农村贫困人口基本实现温饱。扶贫方式是在坚持开发式扶贫为中心的前提下，提出产业扶贫、科技扶贫、劳动力转移扶贫、易地扶贫搬迁、东西部协作、定点扶贫、西部大开发等扶贫模式。同时开启了"一体两翼"的扶贫模式。一体是指，以整村推进作为主体。这一改变意味着贫困人群的瞄准范围缩小。1986 年到 2000 年间，中国扶贫工作的重心都是贫困县，但随着扶贫工作的推进，以县作为单元的大面积贫困问题已经得到了较好的解决，全国的贫困人口大量分散在非贫困县中。为了更加精准地定位贫困人口，《中国农村扶贫开发纲要（2001—2010 年)》提出，将扶贫重点从贫困县转向贫困村，以整村推进作为扶贫工作的对象，贫困户可以全程参与项目的实施和管理过程，开展以村为单位、以增加农民的收入为核心、以文化全面发展为目标的综合性扶贫开发工程。国家在把扶贫瞄准贫困村的同时，允许县级政府自己识别贫困乡。两翼是指，以产业扶贫和劳动力转移培训为途径，促进贫困地区社会经济发展。2003 年发布的《国务院关于进一步加强农村教育工作的决定》中明确指出："要大力发展农村职业教育，重点开展以农民培训为重点的农村

① 闫坤、刘轶芳等：《中国特色的反贫困理论与实践研究》，中国社会科学出版社 2016 年版，第 36 页。

成人教育。普遍开展农业实用技术培训，每年培训 2000 万人次以上，使他们初步掌握在城镇和非农业产业就业必需的技能。"① 与此同时，"雨露计划"也在进一步完善，计划以农村贫困户中的青壮年劳动力为主要对象，以提高素质、增强就业和创业能力为宗旨，开展建筑、电子装配、餐饮、家政服务等技能培训，促进贫困人口的稳定就业。

《中国农村扶贫开发纲要（2001—2010 年）》实施以来，反贫困实践在多方面取得了成效。在减少贫困人口方面，我国农村贫困人口从 2000 年的 9423 万人减少到 2009 年的 3597 万人，贫困人口减少 61.8%，成为首个实现联合国千年发展目标中贫困人口比例减半的国家。2001 年到 2010 年的 10 年中，共有 6714 万人实现脱贫，贫困发生率下降到 2.8%。在促进增收方面，国家扶贫开发工作重点县地区生产总值和人均地方财政一般预算收入年均增速双双超过 17%。重点县农民人均纯收入实际增长 7.6%，略高于全国农村平均水平。此外，贫困地区也加速了人口转型，中西部地区"两基"（基本普及九年义务教育、基本扫除青壮年文盲）攻坚计划的实施，普遍提高了贫困地区劳动力的基本素质。新型农村合作医疗制度和医疗救助制度有力地解决了贫困人口"看病难""看病贵"的问题。村村通公路、村村通广播电视等工程提高了贫困人口的生活质量。② 总的来说，这一阶段贫困地区的各项基础设施、社会福利和社会服务都得到了全面加强，并且县域经济也取得了较快的发展。

四、2013 年至今：精准扶贫阶段

2013 年习近平总书记在湖南考察时作出了"扶贫要实事求是，

---

① 《国务院关于进一步加强农村教育工作的决定》，2008 年 3 月 28 日，见 http://www.gov.cn/zhengce/content/2008-03/28/content_5747.html。

② 闫坤、刘轶芳等：《中国特色的反贫困理论与实践研究》，中国社会科学出版社 2016 年版，第 43 页。

因地制宜。要精准扶贫，切记喊口号，也不要定好高骛远的目标"的重要指示，提出了"精准扶贫"这一概念。随后出台了一系列政策，从多角度、多方面保障精准扶贫工作的顺利进行。国务院印发的《建立精准扶贫工作机制实施方案》中指出了精准扶贫的重点工作内容，包括：建档立卡与信息化建设、干部驻村帮扶、培养扶贫开发品牌项目、提高扶贫工作的精准性和有效性、建立精准扶贫考核机制等。

2015 年 10 月，党的十八届五中全会从实现全面小康社会的奋斗目标出发，把"扶贫攻坚"改为"脱贫攻坚"，提出"实施脱贫攻坚工程，实施精准扶贫、精准脱贫"，在 2020 年以前，"中国现行标准下农村贫困人口实现脱贫，贫困县全部摘帽，解决区域性整体贫困"。"脱贫攻坚"的提出表明了中国全面脱贫的决心。随后中共中央、国务院印发《关于打赢脱贫攻坚战的决定》，全面部署了"十三五"期间中国的脱贫攻坚工作，提出"六个精准"和"五个一批"。"六个精准"是：扶持对象精准、项目安排精准、资金使用精准、措施到户精准、因村派人精准、脱贫成效精准。"五个一批"是：发展生产脱贫一批、易地搬迁脱贫一批、生态补偿脱贫一批、发展教育脱贫一批、社会保障兜底一批。

在组织领导方面，延续前期的省负总责的安排，确定了市县落实的治理模式和脱贫攻坚责任制。在对象瞄准方面，确定了贫困户、贫困村和贫困县建档立卡的标准，并将其都纳入全国扶贫信息网络统一管理。在扶贫开发方面，制定了易地搬迁计划，确定"十三五"期间，通过"挪穷窝、换穷业、拔穷根"解决 1000 万建档立卡贫困人口的稳定脱贫问题。[①] 鼓励劳动就业，加强经济发达地区与欠发达地区的劳务协作，加强贫困劳动力的职业技能培训，促进劳动力稳定就

---

① 《全国"十三五"易地扶贫搬迁规划》，2016 年 9 月 20 日，见 http://www.ndrc.gov.cn/fzgggz/fzgh/ghwb/gjjgh/201705/t20170516_847590.html。

业等一系列措施，带动贫困人口脱贫。[①]

2013 年以来，中国根据脱贫攻坚阶段所面临的宏观经济形势、贫困特点、致贫原因和脱贫任务，依托独特的政治优势和制度优势，确定了精准扶贫、精准脱贫的方略，逐步创新和完善了保证精准扶贫全过程的治理体系和政策体系；初步探索和建立了包括扶贫对象识别、扶贫过程监督和脱贫考核、评估的方法体系；初步探索形成了可以覆盖不同贫困类型的扶贫干预体系；初步摸索和建立了支持脱贫攻坚目标实现的脱贫资源投入和动员体系。中国的不同地区结合自己的情况，摸索出了精准扶贫、精准脱贫的地方经验。甘肃省平凉市崆峒区作为脱贫攻坚的战场之一，在政策的引领和扶贫工作的实践中也总结出了一套反贫困的地方经验。

第二节　崆峒区区情概况

崆峒区地处甘肃省东部、六盘山东麓，陕甘宁三省交汇处，因境内有国家重点风景名胜区、首批 5A 级旅游景区崆峒山而得名。自北周武帝元年（527 年）建县迄今已有 1400 余年，在历史上为丝绸古道西进北上甘凉的第一座关隘重镇，亦为陕甘宁三省交通要塞和陇东传统商品集散地，素有"陇东旱码头"之美誉。现为平凉市政治、经济、文化和交通中心，是一座新兴的工贸旅游城市。

一、地理位置和面积

崆峒区介于东经 106°25′—107°21′、北纬 35°12′—35°45′ 之间。

---

① 朱信凯、彭超等：《中国反贫困：人类历史的伟大壮举》，中国人民大学出版社 2018 年版，第 92 页。

属陇东黄土高原沟壑区，境内西北高峻多山，东南丘陵起伏，中部河谷密布，平均海拔 1540 米。气候属半干旱、半湿润季风型大陆性气候，年平均气温 10.6℃，日照 2455.7 小时，无霜期 180 天。

崆峒区绾三省而连六县，欧亚大陆桥复线宝中铁路纵贯全境，312 国道横穿东西，城乡道路四通八达，六纵九横城市道路形成网络。建成的平定、银武高速公路又添通衢大道，距西安咸阳国际机场 3 小时路程，距兰州中川机场 4 小时路程。全区耕地面积 1039400 亩，林果面积 117000 亩，林地面积 2252100 亩，牧草地面积 513800 亩，水面面积 1680 亩。全区区域面积 1936 平方公里，辖 17 个乡镇、3 个街道，有 252 个行政村、19 个城市社区。贫困村 105 个，其中深度贫困村 3 个。

二、人口情况

崆峒区 2018 年年末户籍人口 52.48 万人，常住人口 53.32 万人，其中常住城镇人口 33.96 万人。有汉、回、满、蒙等 30 多个民族，以回族为主的少数民族 13.88 万人，占总人口的 29.5%。人口密度 264 人/平方公里，人口自然增长率 6.91%。

2013 年开始建档立卡时，崆峒区建档立卡的户数为 12271 户，贫困人口为 48829 人，贫困发生率为 14.90%。到 2018 年年底，贫困发生率降为 1.42%，剩余建档立卡户数为 1382 户，人口数为 4874 人。预计 2019 年年底剩余建档立卡户数为 451 户，人口数为 1511 人，贫困发生率下降至 0.44%（详见表 2.1），到 2020 年年底，实现贫困人口全部脱贫。从 2013 年建档立卡至 2018 年年底，崆峒区建档立卡的贫困户数降低了 88.74%，取得了显著的脱贫成果。

表2.1 平凉市崆峒区贫困人口分布情况

年度	农村总人口		脱贫人口		剩余建档立卡人口		贫困发生率	贫困人口分布					
								一般贫困		低保贫困户		五保贫困户	
	户数（户）	人口（人）	户数（户）	人口（人）	户数（户）	人口（人）		户数（户）	人口（人）	户数（户）	人口（人）	户数（户）	人口（人）
2013年年底	94256	342446	开始建档立卡		12271	48829	9645	14.90%	39177	2493	9368	133	284	
2014年年底	94256	342446	3745	15483	8661	33873	9.89%	6646	26375	1954	7165	118	237
2015年年底	94256	342446	3380	13529	5327	20344	5.94%	4104	16340	1389	5061	75	157
2016年年底	94256	342446	2954	11452	2373	8911	2.60%	1401	5572	1504	5279	44	111
2017年年底	94256	342446	1506	5765	1431	5013	1.46%	537	2173	930	3103	19	37
2018年年底	94256	342446	301	1082	1382	4874	1.42%	417	1652	856	2838	14	27
2019年年底（预计）	94256	342446	929	3309	451	1512	0.44%						

说明：农村总人口数以2014年户籍人口为基准。由于建档立卡进行动态管理，脱贫人口、剩余建档立卡人口之和不一定等于上年度剩余贫困人口。

三、经济情况

2018年崆峒区全区地区生产总值137.64亿元，比上年增长5.3%，人均地区生产总值为25871元，比上年增长4.67%。其中第一产业增加值7.9亿元，下降8.8%；第二产业增加值33.63亿元，增长10.5%；第三产业增加值96.11亿元，增长4.8%，三产业的结构比为5.74：24.43：69.83。公共财政预算收入完成5.42亿元，同比增长14%。社会消费品零售总额76.74亿元，比上年增长6.7%。全年城镇居民人均可支配收入27329.8元，比上年增长8.9%。农村居民人均可支配收入 10389.1 元，比上年增长 8.0%。

在产业方面，崆峒区在扶贫政策的引导下，突出市场导向，坚持牛、果、菜特色优势主导产业不动摇，深入推进"五个百万"增收工程，加快实施"一乡一业"产业对接和"一村一品"产业培育，推进农业标准化示范项目向贫困村覆盖。把帮扶的重点转移到村、户增收上，落实帮助贫困户多栽一亩果、多养一头牛、多种一棚菜、多输转一名劳务、多措办一件实事、多掌握一门技术"六个一"增收措施，持续稳定提高贫困群体收入水平。

第一产业方面，崆峒区的主要种植作物是小麦和玉米，2018 年小麦种植 256094.59 亩，亩产 213.20 公斤，总产量 5.46 万吨，玉米种植 284216.67 亩，亩产 500 公斤，总产量 14 万吨。此外，崆峒区还不断扩大林果蔬菜生产。坚持建管并重，积极转换经营机制，推行标准化生产，扩大出口认证基地规模，提高商品率，做大"平凉金果"品牌。2018 年，崆峒区新植果园 1 万亩，其中矮化密植示范园 2 处 1000 亩。到 2020 年，全区果树经济林可累计达到 25 万亩。崆峒区围绕打造泾汭河川区国家级蔬菜产业园，以高原夏菜种植、设施蔬菜生产和标准化管理为重点，全力实施泾河川设施蔬菜整川推进工程。2018 年，新建拱棚 2200 亩、日光温室 440 亩，全区蔬菜种植面积达到 22 万亩，蔬菜总产量达到 40 万吨。到 2020 年，全区蔬菜面积可达到 22.5 万亩，其中设施蔬菜达到 2.4 万亩。在粮食安全工程方面，发展高产、优质、高效、生态农业，牢牢把握耕地面积、粮播面积、粮食总产"三个不减"的底线要求，大力推广以全膜双垄沟播玉米为重点的农业新技术和粮食作物新品种，规划建设一批马铃薯、优质小杂粮基地，确保粮食安全。扶持设施养殖、中药材种植、油用牡丹等区域性特色产业，持续稳定提高贫困群体收入水平。

第二产业主要是牛羊养殖，2018 年牛存栏 94265 头，年末出栏 93066 头；羊存栏 53801 只，年末出栏 39050 只。崆峒区开展了肉牛提质工程，规模养殖与分户养殖并举，深入推进"万千百十"规模养牛工程，坚持标准化建设、规模化经营、科学化饲养、良种化繁育。2018 年，新建标准化肉牛养殖小区 11 个、良种基础母牛繁育示范点 44 个、"平凉红牛"新类群培育点 5 个、村级冻配改良点 12 个，新增 10 头以上养牛大户 292 户，肉牛饲养量达到 18 万头。预计到 2020 年，全区肉牛饲养量可达到 19.6 万头。

第三产业主要涉及旅游业和商业，崆峒区的悠久历史和文化积淀为旅游产业的发展提供了天然的基础。崆峒区曾是华夏始祖轩辕黄帝最早的生息地，有仰韶、齐家、商周文化遗址 150 多处，名胜古迹百余处。有省级重点文物保护单位 12 个，馆藏文物 2755 件，其中国家一级文物 22 件。崆峒武术名陲西域，与少林、武当、峨眉、昆仑齐名为五大武术流派之一。有风光秀丽、景色清幽的国家重点风景名胜区、国家首批 5A 级旅游景区、国家级自然保护区崆峒山，也有连片集中丹霞地貌的国家地质公园。陇上名园柳湖古柳参天，湖光潋滟，湖柳一色，处处入画。南山生态公园、北山森林公园南北夹城而峙，大明塔、龙隐寺东西遥望。泾河湍流不息，如一条白练依城而过。十万沟、弹筝湖公园、观音殿等风光各异，是探险、避暑、游览最佳去处。崆峒区自古就是商业繁盛之地，近年来先后建成了新世纪商厦等购物中心，柳湖建材市场等专业市场，沙岗巷副食市场等便民市场，广成酒店、陇东明珠等宾馆，功能齐全、聚合辐射力强的甘肃东部区域性商贸中心已初步形成。

第三节　崆峒区的贫困状况和历史原因

崆峒区地处我国西北偏远的半干旱地区，自然环境脆弱，在经济发展过程中形成了天然的障碍。

一、崆峒区的贫困状况

以 2012 年数据为例，贫困状况主要凸显在以下几个方面。

（一）贫困人口规模大。按照国家新的贫困标准——农民人均纯收入低于 2300 元测算，全区共有贫困人口 7.35 万人，贫困发生率 22.5%。贫困人口主要分布在南部阴湿林缘区、北部干旱山塬区及少数民族聚居区三个片带，三个片带的贫困人口占比达到 70%以上。

（二）因灾返贫现象依然突出。崆峒区地理形态各异，山大沟深，生态环境脆弱，干旱、洪涝、冰冻等自然灾害频繁，受地理条件、自然资源等因素限制，导致返贫居高不下，大部分贫困人口温饱问题虽然解决了，但仍处于初级的不稳定状态，因灾、因病极易返贫。特别是 2008 年受汶川特大地震影响，当年返贫 3.24 万人，"十一五"以来减贫成果基本抵消。同时信息闭塞，交通不便，扶贫成本高，脱贫难度大。

（三）基本公共服务和基础设施依然滞后。贫困乡村农村教育整体发展水平落后，职业教育较为薄弱，劳动力素质普遍较低。农村医疗卫生条件较差，地方病、流行病、常见病发病率高。贫困乡村水电路气房等基础设施建设滞后，全区原有 9028 户 38128 人居住窑洞，抗震抗灾能力差。

（四）发展仍然不平衡。虽然各级把扶贫攻坚的重点放在基础设施建设和产业开发等方面，倾斜政策，加大投入，贫困乡村特别是实施过整村推进项目的村面貌变化很大，发展较快，但非重点村和没有实施整村推进项目的村，由于缺少项目支持，发展缓慢。此外，村与村、户与户之间发展差距也在逐步拉大。

二、崆峒区贫困的历史成因

古人说："病有标本"，"知标本者，万举万当；不知标本者，是谓妄行"。习近平总书记在 2017 年深度贫困地区脱贫攻坚座谈会上的讲话强调了总结深度贫困地区贫困成因的重要性："推进深度贫困地区脱贫攻坚，需要找准导致深度贫困的主要原因，采取有针对性的脱贫攻坚举措。深度贫困地区、贫困县、贫困村，致贫原因和贫困现象有许多共同点。"[①] 甘肃省崆峒区贫困的历史成因有以下几点：

一是基础差，生产生活条件恶劣。崆峒区贫困村主要分布在南山北塬沟壑区贫困片带和少数民族贫困片带，这些区域地形复杂、沟壑纵横、土地瘠薄，自然环境恶劣、生产生活条件差。山地占 65% 以上，抵御自然灾害的能力差，属于典型的"靠天吃饭"型农业，产业支撑能力弱。

二是资源匮乏短缺，发展后劲乏力。南北山塬区农业产业结构调整处于起步阶段，产业转换能力弱。种植业受自然、气候和土地等因素的制约，难以形成规模。养殖业以分散式养殖为主，集约化程度低，商品率不高。龙头企业建设与农户结合不紧密，产业链条短，辐射带动能力弱。

三是农民观念陈旧，难找致富门路。贫困人口中，多数农民观念陈旧，小农思想比较严重，对怎样脱贫致富懒思考、怕困难。有些农民想致富，受地理位置、经济条件等因素的制约，又难以找到一条致富的门路。特别是受贫困的影响，农民受教育的面不广，文化水平普遍较低，接受新知识、新技术的能力差。

四是宏观经济环境影响，农民增收乏力。近年来，受价格上涨因素的影响，化肥、农药、籽种、农具等农业生产资料和生活资料价格

---

① 习近平：《在深度贫困地区脱贫攻坚座谈会上的讲话》，《人民日报》2017 年 9 月 1 日。

上涨幅度较大，农业生产的成本增加，农民靠价格因素增收和外出打工增收难度加大。

五是经济实力不强，扶贫投入不足。崆峒区属于典型的"吃饭不足"型财政，用于发展的资金十分有限。虽然近年来国家和省级逐年加大对崆峒区的投入，但增幅不大。就整村推进而言，目前每个村财政扶贫资金投入总量不到120万元，而要达到"基础设施基本到位、产业脱贫"的要求，每村至少需要500万元以上，群众自筹能力有限，致使一些有利于民生改善、有助于经济发展的好项目无力实施。

第四节　崆峒区传统的反贫困实践

2015年，党的十八届五中全会把中国扶贫政策推进到"脱贫攻坚"的新阶段，意味着反贫困政策和实践较之以往既有延续，又有不同。在进入"脱贫攻坚"时期之前，即2011年到2015年的"十二五"时期，崆峒区也积累了一系列的反贫困实践。2011年以来，崆峒区认真贯彻落实中央、省、市扶贫开发工作的重大决策部署，抢抓六盘山特困片区和全省革命老区重点县区政策机遇，按照"区域发展带动扶贫开发，扶贫开发促进区域发展"的基本思路，把集中连片扶贫攻坚和区域合作协同发展有机结合，深入开展"1236"扶贫攻坚行动，[①] 扎实推进精准扶贫、精准脱贫，大力实施产业扶贫、科技扶贫、智力扶贫、社会扶贫、扶贫开发，由"输血型"向"造血型"、由济困式向开发式转变，扶贫攻坚取得阶段性成效，有力地促进了全区经济发展、民族团结、社会和谐。

---

① "1"就是紧扣持续增加收入这一核心；"2"就是做到不愁吃、不愁穿；"3"就是落实义务教育、基本医疗和住房三个保障；"6"就是实现基础设施建设、富民产业培育、易地扶贫搬迁、金融资金支撑、公共服务保障、能力素质提升六大突破。

一、主要工作及特点

"十二五"期间，崆峒区紧密结合区情实际，全面推进"1236"扶贫攻坚行动，着力构建行业扶贫、专业扶贫、社会扶贫"三位一体"大扶贫格局，推动全区扶贫开发工作迈出了新步伐。

（一）明确脱贫目标，强化攻坚措施

"十二五"期间，省、市、区各级领导经常性深入贫困乡村开展扶贫调研，适时召开扶贫开发攻坚会和推进会，研究制定了《崆峒区"1236"扶贫攻坚行动实施方案》、《崆峒区 2011—2020 年扶贫攻坚实施方案》和《"2+20"精准扶贫精准脱贫意见方案》，提出了2016 年基本脱贫、2020 年实现小康的工作目标和"单位精准扶持到村、干部精准扶持到户""扶持政策不变、精准要求不变、奋斗目标不变"的工作部署，建立了"四个一"工作责任制，将各级人力、物力、财力集中向贫困村、贫困户倾斜。同时要求各乡镇和帮扶单位统筹抓好贫困村贫困户的精准脱贫工作，确保政策不变、力度不减。针对城区贫困人口生活困难实际，全面提高城市"四类特困群体"的政府保障标准，充分发挥政府兜底作用，全区上下形成了打赢扶贫攻坚战的浓厚氛围和行动自觉。

（二）精准识别贫困人口，科学制定扶贫规划

"十二五"期间，区委、区政府认真落实省、市相关工作要求，积极开展贫困人口识别和建档立卡工作，按照"12345"贫困人口进出识别程序，由农户、村两委、驻村帮扶工作队、乡镇、县区五级确认，对识别出的贫困村、贫困户进行登记造册，建档立卡，准确录入全国贫困户建档立卡信息系统和全省精准扶贫大数据管理平台，打通了扶贫相关行业部门之间的信息通道，实现了对各乡镇、各部门

"2+20"扶贫政策落实情况和成效全程精准管理。同时，在全面准确把握贫困现状的基础上，先后编制了《崆峒区六盘山区连片特困地区区域发展与扶贫攻坚规划》、《崆峒区小康发展规划》和《崆峒区贫困群众劳动力培训转移专项规划（2011—2020 年)》等，为全区脱贫攻坚指明了方向，明确了目标。

（三）夯实发展基础，增强发展后劲

五年间，全区上下大力推进"6873"交通突破行动和"6363"水利保障行动，大力推进农村电网升级改造、农村危房改造、易地扶贫搬迁、生态宜居建设等工程，不断改善贫困村、户生产生活条件。以"路水电气房"等群众最急需、最盼望的问题入手，整合资源、集中攻坚。建成通乡通村沥青水泥路1051.4公里，实现了乡乡通油路、村村通硬化路目标；解决了农村 23 万人饮水安全问题，安全饮水普及率、自来水入户率分别达到100%和96.4%。实施了一批农村电网改造升级和增压扩容项目，实现了行政村动力电全覆盖。推广户用沼气 17126 户、太阳灶 47426 台、太阳能热水器 3161 台、太阳能路灯 687 台。完成农村危旧房改造 16068 户，新建小康住宅 7576 户。实施整村推进项目 33 个、整乡推进项目 3 个、片区开发项目 1 个，建成集中安置点 37 个，搬迁贫困群众 1956 户 9284 人。

（四）壮大增收产业，增强产业支撑

五年间，崆峒区委、区政府围绕贫困村立地条件、发展基础和贫困群众意愿，大力实施"五个百万"增收工程，按照"塬果川菜全区牛"的产业布局，扩大基地规模、壮大龙头企业、提高产业化水平，做大做强牛果菜优势产业。积极发展中药材、生态育苗、林下养殖以及油用牡丹等区域性特色产业。大力发展观光农业、游园采摘、民俗体验、品牌农家乐等新型旅游业态，挖掘乡村文化旅游、健康养生增收潜力。充分利用"互联网+"发展平台，加快电商扶贫"六大体系"和乡村电子商务"三有一能"目标,不断拓宽贫困群体增收渠道。共建成标准化肉牛养殖小区 77 个,肉牛饲养量达到 18 万头;发展设施蔬菜 1.97 万亩,蔬菜种植面积达到 20 万亩;新植果树经济林 9 万亩,挂果园达到 3.2 万亩;年均推广旱作农业 26.2 万亩,特色产业收入占到贫困户人均可支配收入的 36%以上。

(五) 强化技能培训,提升劳务素质

五年间,全区上下持续推进农村劳动力技能培训工程,整合全区职业学校、龙头企业、产业协会和社会培训机构等培训资源和"雨露计划"等培训项目,累计举办各类扶贫培训班 378 期,培训贫困乡村农民 1.8 万人次、"两后生" 2900 名,有 8342 人取得了农村实用技术培训合格证、6221 人取得职业资格证、1553 人取得了"两后生"职业教育学历,贫困人口的致富技能、就业创业能力不断增强。培训贫困地区村支部书记、主任和致富带头人 15 期 1160 人次,村级班子带领群众脱贫致富的能力显著提升。加强贫困乡村劳动力转移就业培训,平均每年输转劳动力 7 万人次以上,实现劳务收入 10 亿元以上,其中输转贫困户劳动力 9000 人次,实现劳务收入 1.3 亿元。

(六) 强化金融支撑,破除制约瓶颈

五年间,全区各级各部门积极创新贷款使用模式,最大限度撬动社会和民间资本参与扶贫开发,不断完善投融资机制,金融扶贫资金规模不断扩大,全区新建贫困村互助资金协会 118 个,区级财政配套扶持资金 1220 万元,互助社资金总规模达到 2360 万元。农业银行、农村商业银行、邮储银行在全区 252 个行政村设立便民服务点 300 多个,实现了贫困村金融服务点全覆盖。全面完成 1.43 亿元精准扶贫专项贷款发放任务,扶持 2859 户贫困户发展特色增收产业,涉农贷款余额达到 64.69 亿元,金融对精准扶贫的支撑作用日益凸显。严格

执行《甘肃省财政专项扶贫资金使用管理实施办法》和《甘肃省财政专项扶贫资金县级报账制实施细则》等有关规定，制定了《崆峒区精准扶贫项目资金管理办法》，确保一分一厘扶贫资金都用到贫困群众身上，发挥最大扶贫效益，做到了阳光扶贫、廉洁扶贫。

（七）健全帮扶机制，构建大扶贫格局

五年间，省、市、区、乡109个帮扶单位、4839名帮扶干部，突出目标任务、帮扶力量、资金项目、培训资源"四个融合联动"，在改善基础设施、培育富民产业、发展社会事业、解决急难事等方面倾心帮扶，聚力攻坚。累计进村入户9.21万次，反映民意6717条，化解矛盾纠纷2984起，帮办各类实事1024件，解决各类急难事2619件，协调落实各类惠农贷款4.8亿元。为贫困村、贫困户捐赠和衔接落实各类帮扶物资、项目折合1.8亿元，并广泛动员全区有意愿和能力的私营企业、致富带头人、爱心人士参与贫困村、户结对帮扶，带动社会资本参与扶贫开发，真正使帮扶工作成为机关作风转变的形象提升工程、教育培养干部的能力锻造工程、造福人民群众的德政民心工程。2015年根据甘肃省委要求，崆峒区重新调整充实帮扶力量，105个贫困村实现了县级领导、省市区直单位、驻村帮扶工作队、帮扶企业联系"四个全覆盖"和8665户建档立卡贫困户帮扶责任人全覆盖，全区大扶贫格局不断向纵深拓展。

二、"十二五"期间扶贫工作的成效

"十二五"时期，崆峒区共争取国家财政专项扶贫资金2.1亿元，组织实施了整村推进、易地扶贫搬迁、特色产业培育等247项扶贫开发项目，扶贫攻坚进程不断加快，是全区贫困村面貌变化最大、贫困户获得实惠最多、整体扶贫攻坚进展最快、成效最大的时期。

（一）脱贫攻坚实现了量变向质变的巨大飞跃

2012年，按照国家2300元的贫困标准，全区共识别建档立卡贫困人口7.35万人，贫困发生率22.5%。五年间，全区减少贫困人口5.49万人，贫困发生率下降到5.7%以内，下降16.8个百分点。根据全省贫困村、贫困户减贫退出办法，2015年，全区61个贫困村实现整村脱贫，1.533万贫困人口实现脱贫摘帽。

（二）贫困人口收入大幅增长

五年间，全区坚持扶贫开发与区域发展并举、"输血"与"造血"并重的开发式扶贫方针，着力拓展贫困人口增收脱贫渠道，全区农村居民人均可支配（纯）收入由2011年的4660元增长至2015年的8205元，年均增长11.98%，贫困人口农民人均可支配（纯）收入由2011年的2040元增长至2015年的3930元，年均增长14.01%。

（三）生产生活条件显著改善

坚持精准扶贫与小康建设同步衔接谋划，聚焦贫困乡村发展需求清单，集中投入，补齐水、电、路、房等弱项短板，贫困群体的生产生活条件得到显著改善。贫困村饮水安全、通村道路、幼儿园（学前教育）、动力电和贫困户危房改造实现了全覆盖，贫困村村容村貌发生了巨大变化。

（四）扶贫对象的能力素质明显提升

崆峒区着力于提升群众长期自我发展能力的培养，充分发挥扶贫培训基础的作用，把劳动力转移培训与扶贫开发结合起来，不断提高农民素质，努力使更多的农民成为有文化、懂技术、会经营的新型农民，基本实现了家家都有增收产业，人人都懂实用技术。

第三章

崆峒区脱贫攻坚工作的总体状况

　　新中国成立 70 多年来，中国共产党坚持全心全意为人民服务的根本宗旨，坚持以人民为中心的发展思想，带领全国各族人民不断进行反贫困的斗争，在漫长的反贫困斗争中不断攻坚克难，取得了显著成就，"夫从政者，以庇民也"。党的十八大以来，党中央把脱贫攻坚摆到更加突出的位置，打响脱贫攻坚战，全党全国上下同心、顽强奋战，取得了重大进展。精准扶贫开展以来，中共平凉市崆峒区委、平凉市崆峒区人民政府广大投身于扶贫前线的干部人员深入所帮联的贫困户，了解民情、倾听民声、体察民生、解决民困。随着各项任务的稳妥落实，脱贫攻坚取得了很大成效，2018 年 9 月，甘肃省政府发出通知，正式批准平凉市崆峒区退出贫困区序列。

　　崆峒区为达到 2020 年"确保我国现行标准下农村贫困人口实现脱贫，贫困县全部摘帽，解决区域性整体贫困"的目标，首先明确和解决了"扶持谁""谁来扶""怎么扶""如何退"四个重要问题。为解决好这四个重要问题做了以下工作，首先，了解贫困村与贫困户的基本状况，摸清底数、建档立卡，通过动态调整，不断提高识别准确率以解决好"扶持谁"的问题。其次，充分发挥政府的作用，责任落实到人。从区到村到户，各级党政领导干部分工明确、责任清晰、任务到人、严格评估，各司其职、各尽其责，又协调运转、协同发力解决"谁来扶"的问题。第三，按照贫困地区和贫困人口的具体情况，贯彻落实崆峒区"2+20"扶贫实施意见以达到"两不愁三保障""六个精准""五个一批"的工作要求，以此解决好"怎么扶"的问题。第四，通过建立贫困户脱贫和贫困县摘帽评估机制，明确贫困县、贫困村、贫困人口退出标准和程序，指导各地科学合理制定脱贫攻坚规划和年度计划，对拟退出的贫困县组织第三方进行严格评估，有关政策保持稳定。重点了解贫困人口识别和退出准确率、群众满意度这几个方面，以保障脱贫成效的可持续性，解决"如何退"的问题。

经过长达2个多月反复修订，"2+20"精准扶贫实施意见和方案出台。"2"即《关于扎实推进精准扶贫精准脱贫工作的实施意见》、《关于贯彻落实省市进一步支持革命老区脱贫致富奔小康的意见的实施意见》；"20"即水电路房、科教文卫、易地搬迁、产业培育、金融支撑、电商发展、人才支持等20个专项配套实施方案。聚焦"六个精准"工作要求，围绕实现基本脱贫、2020年全面建成小康社会两大目标，大力实施富民产业培育、城乡互动发展、基础设施改善、公共服务提质、致富能力提升五大工程。多元整合，以社区党建为统领，以社会组织为载体，以专业社工为支撑搭建多方合作的扶贫平台，科学地建立落实识别、规划、责任、配置、联动、引领、监测、激励等八项机制，因村、因户、因人精准施策，开展社区为本的科学有效扶贫工作，实现真扶贫、扶真贫，让贫困群众真正享受发展所带来的成果。

第一节　扶持谁：对社区贫困状况的精准识别

习近平总书记在2015年全国两会上指出，"要把扶贫攻坚抓紧抓准抓到位，坚持精准扶贫"[1]。同年6月，在贵州考察时，习近平总

---

[1] 《习近平李克强张德江俞正声刘云山王岐山张高丽分别参加全国人大会议一些代表团审议》，《人民日报》2015年3月9日。

书记将"精准"置于一个前所未有的高度，认为"扶贫开发贵在精准，重在精准，成败之举在于精准"①。在 2015 年召开的中央扶贫开发工作会议上，习近平总书记强调，要解决好"扶持谁"的问题，确保把真正的贫困人口弄清楚，把贫困人口、贫困程度、致贫原因等搞清楚，以便做到因户施策、因人施策。②

精准扶贫的关键在于扶贫工作中时刻秉持精准的工作理念，强调切实有效地将宝贵且有限的扶贫资源用在解决实际贫困问题上。避免因扶贫目标定位不清晰、扶贫资金使用不到位等原因造成扶贫资源利用率不高的问题，从而让真正贫困的人口得到切实有效的帮扶。所谓精准，是不将扶贫资源浪费在那些并不关键、并不紧迫的次要问题上，而是要精准识别，找准路子，发挥扶贫政策、人员、物资的最大功效。

这种在扶贫过程中要时时刻刻保持"精准"的理念始终贯穿于崆峒区扶贫工作的始终，不论是对扶贫问题的切入，还是分析与解答，"精准"一直被摆在至关重要的地位上。

为了深入贯彻习近平总书记系列重要讲话精神和关于扶贫开发的战略思想，落实甘肃省、平凉市精准扶贫精准脱贫工作会议精神，全面提升崆峒区扶贫开发工作水平，扎实推进精准扶贫精准脱贫，加快全面建成小康社会进程，中共平凉市崆峒区委、平凉市崆峒区人民政府于 2015 年 7 月 9 日颁发了《关于扎实推进精准扶贫精准脱贫工作的实施意见》。《意见》旨在紧盯 2015 年基本脱贫、2020 年全面建成小康社会目标，把扶贫开发作为最大任务，把精准扶贫精准脱贫作为主攻方向，以南部阴湿林缘区、北部干旱山塬区和少数民族聚居区为主战场，抢抓六盘山特困片区和甘肃省革命老区贫困县扶贫开发的政策机

① 《习近平在部分省区市党委主要负责同志座谈会上强调 谋划好"十三五"时期扶贫开发工作 确保农村贫困人口到 2020 年如期脱贫》，《人民日报》2015 年 6 月 20 日。
② 《习近平在中央扶贫开发工作会议上强调 脱贫攻坚战冲锋号已经吹响 全党全国咬定目标苦干实干》，《人民日报》2015 年 11 月 29 日。

遇，深化"1236"扶贫攻坚行动，坚持城乡一体与精准扶贫相融合，区域开发与到村到户扶持相结合，改革创新、分类指导、因地制宜，把扶贫政策、措施、项目和资金与扶贫对象相衔接，优先向贫困村、贫困人口倾斜，因村、因户、因人施策，专项扶贫、行业扶贫、社会扶贫"三位一体"推进，做到对象、目标、内容、方式、考评、保障"六个精准"，扶真贫、真扶贫，让贫困群众真正得到实惠，推动扶贫攻坚取得决战性胜利，确保与甘肃省以及全国同步全面建成小康社会。

一、对象精准

（一）规范建档立卡。对崆峒区建档立卡的 105 个贫困村和 3.38 万贫困人口，统一识别标准、统一数据口径，完善基本信息，实行实名制管理，精准掌握贫困村、贫困户的基本信息，建立精准扶贫大数据库，做到底数清、问题清、任务清、对策清、责任清，数据准确、管理规范。

（二）列出需求清单。坚持问题导向，区别对待，贫困户区分因灾、因病、因学和缺项目、缺资金、缺劳力、缺技术等不同致贫原因，掌握脱贫致富需求；贫困村针对主导产业、基础设施和公共服务等方面的缺项和弱项，列出清单。

（三）制定脱贫措施。找准群众最迫切、反映最强烈、直接影响生产生活的现实难题，由行业主管部门编制富民产业培育、交通支持等 20 个精准扶贫专项方案，制定详细计划、建立工作台账、实行挂图作业，明确进度、倒排工期，确保项目资金、帮扶力量和监测评估到村到户。

二、目标精准

（一）明确阶段目标和脱贫时序。按照 2015 年基本脱贫、2016—

2020 年巩固提高的阶段目标，2015 年，崆峒区 87 个贫困村和 1 万贫困人口脱贫，区内贫困发生率下降到 8% 以下，贫困村占行政村的比例下降到 10% 以内，农村居民人均可支配收入达到 7427 元，扶贫对象人均可支配收入达到 3644 元以上，实现基本脱贫；2016—2017 年，崆峒区 8 个贫困村和 1 万贫困人口实现脱贫，农村居民人均可支配收入达到 9069 元，扶贫对象人均可支配收入达到 4429 元以上，基本生产生活条件明显改善，基本公共服务和社会保障水平显著提升；2018—2020 年，崆峒区 10 个贫困村和 0.83 万贫困人口实现脱贫，农村居民人均可支配收入达到 10000 元以上，扶贫对象生产生活条件进一步改善，稳定实现"两不愁三保障"，消除绝对贫困，基本完成农村小康主要监测指标，全面建成小康社会。

（二）明确脱贫标准。根据减贫验收指标体系，贫困村要实现"十有五达标"：有主导产业、有通乡硬化路、村民小组有通村硬化（砂化路）、有到村客运班车、有安全饮水、有动力电、有标准化卫生室、有执业医师、有文化活动场所、有互助资金社，村级农民人均纯收入、义务教育巩固率、新农合参合率、新农保参保率、广播电视入户率达到减贫目标值。贫困户要实现"九有一达标"：有增收门路、有致富技能、有安全饮水、有安全稳固住房、有卫生厕所、有广播电视、有通信设备、有医疗保险、有养老保险，农民人均纯收入达到减贫目标值。

（三）对接全面小康标准。把国家《全面建成小康社会统计监测指标体系》涉及农村主要指标与扶贫攻坚目标相衔接，测算分析全面小康建设的短板和弱项，算好时间账、任务账、进度账，明确完成时限和措施，确保实现预期目标。在巩固居民消费支出占 GDP 比重、互联网普及率、基层民主参选率、广播电视入户率、城乡居民文化娱乐服务支出占家庭消费支出比重、恩格尔系数、城乡居民收入比、单位 GDP 水耗、每千人口拥有执业医师数、农村卫生厕所普及率等 10 项指标全面实现的基础上，到 2020 年，社会安全指数、公共交通服务指数、平均预期寿命、平均受教育年限、基本社会保险覆盖率、农村自来水普及率、城镇人口比重、环境质量指数、GDP指数、农业劳动生产率、城乡居民家庭人均住房面积达标率、每万人口拥有"三馆一站"公用房屋建筑面积、城乡居民人均收入指数等13项指标实现小康目标。

三、内容精准

（一）培育壮大特色优势产业。突出市场导向，完善扶持政策，崆峒区坚持牛、果、菜特色优势主导产业不动摇，深入推进"五个百万"增收工程，加快实施"一乡一业"产业对接和"一村一品"产业培育，推进农业标准化示范项目向贫困村覆盖。把帮扶的重点转移到村、户增收上，落实帮助贫困户多栽一亩果、多养一头牛、多种一棚菜、多输转一名劳务、多筹办一件实事、多掌握一门技术"六个一"增收措施，持续稳定提高贫困群众收入水平。

（二）大力发展农产品加工业。崆峒区引进培育整合一批精深加工企业，实施"农产品产地初加工惠民工程"，加快加工、仓储、保鲜等设施建设，带动贫困村牛羊肉、蔬菜、果品等精深加工，延长产业链条、提高农产品附加值。推动龙头企业兼并重组、做大做强，提高工艺装备水平，提升产品质量和档次。推动企业与农户建立紧密型利益联结机制，采取保底收购、股份分红、利润返还等方式，让农户更多分享加工销售收益。

（三）重视发展劳务经济。崆峒区鼓励能人带动务工，打造提升"陇原妹""陇原月嫂""陇原巧手""泾水儿女"等劳务品牌，促进劳务输转由数量型向质量型、体力型向技能型、分期短期输出向常年稳定输出转变，加强驻外劳务服务站和基地建设，每年新建劳务基地5个，巩固率达到70%，年输转劳动力稳定在7万人（次）以上，创劳务收入11亿元以上。完善职业培训、就业服务、劳动维权"三位一体"的工作机制，有效整合扶贫、人社、农牧等部门的培训资源，通过政府购买公共服务等有效方式，开展订单、定岗、定向、菜单式培训，推行培训、鉴定、输转一体化。实行贫困劳动力免费培训制度，推行职业资格证书和学历证书"双证书"制度。

（四）加快发展现代服务业。崆峒区加快现代物流体系建设，商业服务网点、农资和商品配送中心、农畜产品交易市场和农产品冷链等项目建设向贫困乡村倾斜。2015 年，区内通信普及率达到 100%，2017 年实现贫困村宽带信息网络全覆盖。鼓励邮政、快递企业在贫困乡村设立服务网点，2016 年物流、快递服务覆盖区内所有乡镇，2017 年基本覆盖贫困村。依托崆峒山、太统山森林公园、十万沟、老林沟等旅游资源，积极开发生态观光、游园采摘、民俗体验、品牌农家乐、养生休闲度假等新业态，大力发展乡村旅游，打造旅游专业村，增加贫困户就业机会。

（五）积极发展新型经营主体。崆峒区积极制定和完善发展龙头企业、专业合作社、家庭农场和专业大户等新型经营主体扶持政策，培育认定一批省、市级龙头企业和专业合作社，对吸纳贫困户参股、带动增收效果好的产加销企业和农民专业合作组织给予扶贫财政资金、信贷资金支持。

四、方式精准

（一）改革扶贫机制。崆峒区加快土地承包经营权确权颁证和规范有序流转，引导贫困户以土地承包经营权、生产工具、农业设施等资源资产参股到种养大户、专业合作社、龙头企业或其他农业项目；探索财政扶贫资金、社会帮扶资金等折股量化到贫困户，投入专业合作社、龙头企业，按股分红、稳定收益，对该类专业合作社、龙头企业或农业项目给予资金、贷款贴息等支持。财政产业扶贫资金主要通过贴息、担保、奖励、风险补偿、保险等方式投入。深化户籍制度改革，鼓励贫困人口通过搬迁、务工、就业、创业等形式在城镇落户。

（二）加大财政投入。崆峒区按当年地方财政收入增量的20%以上增列区级专项扶贫预算，财政部门单列民生改善、项目建设、社会保障等领域用于扶贫开发的资金，当年清理收回存量资金中，可统筹使用资金的50%以上用于扶贫开发。

（三）项目资金支持。崆峒区积极争取政策和项目，积极争取甘肃省给予老区建设的配套政策，在专项精准扶贫方案的基础上，积极与省、市对口部门衔接，争取获得更多项目、资金支持崆峒区精准扶贫、精准脱贫。先建后补、逐年消化，对项目指标少、资金缺口大的，相关部门通过贷款方式先期建设，完成任务，一次达标，逐年申报项目，分批消化解决。

（四）创新金融支持。崆峒区鼓励各类金融机构设立村级服务网点，2017年实现贫困村金融便民服务网点全覆盖。争取政策性银行加大对农业农村建设的中长期信贷投放，协调落实好"精准扶贫专项贷款"、妇女小额、产业贷款、农村小额信用、互助资金等惠农贷款项目，积极争取省级财政贴息资金，为贫困户提供5万元内、3年以下、基准利率、免抵押、免担保的小额信贷支持，2015年实现贫困村互助资金全覆盖，解决贫困户贷款难的问题。

（五）强化资金监管。统筹各方资源、整合涉农资金，实行竞争性分配机制，扶贫资金分配与贫困率、减贫人口、扶贫绩效和项目建设、资金使用效果挂钩，保证扶贫资金科学使用、精准配置、落实到位。建立区乡村三级扶贫资金项目公告公示制度，全面公开扶贫对象、资金安排、项目建设等情况。全面推行阳光村务，实行党务公开、村务公开、财务公开、服务公开、决议公开、实施结果公开，鼓励贫困农户参与项目决策、项目监督和效果评估。强化审计、监察和财政等部门的监管责任，每年进行专项审计和随机抽查，坚决杜绝和从严查处挤占挪用、截留贪污、虚报冒领、挥霍浪费等违规使用扶贫资金的行为，对在扶贫资金运行中出现的问题实行零容忍。

（六）融合帮扶工作。崆峒区建立精准扶贫"三个一"（即一村、一企、一单位）帮扶机制，深度融合精准扶贫与帮扶工作，在脱贫目标、帮扶力量、项目整合、培训资源上双向联动，认真落实"六大任务"，全力打造"三大工程"，联系村实际，精心制定脱贫规划和帮扶计划，在改善基础设施、培育富民产业、发展社会事业、解决急事难题等方面倾心帮扶、聚力攻坚。强化扶贫攻坚力量，整合帮扶干部、到村任职（挂职）干部、大学生村干部和乡镇包村干部，组成驻村帮扶工作队，制定帮扶计划，推动落实"六个精准"、协调实施扶贫项目、监督扶贫资金使用、宣传各项惠农政策、指导基层组织建设。

（七）统筹社会帮扶。崆峒区深入开展"10·17"扶贫日活动，努力加强社会扶贫信息服务网络建设，做大做强"爱心扶贫基金"等社会帮扶平台。深入推进"人大代表在行动""政协委员助推脱贫攻坚""光彩事业""爱心包裹""健康帮扶行动"等社会扶贫活动，并取得了积极的效果。

五、考评精准

（一）健全精准评估机制。崆峒区把扶贫开发成效作为考核乡镇党政主要领导和区直部门主要负责人的主要内容，完善扶贫工作考核评价体系，定期开展综合评价，乡镇重点考核减贫人口数量、贫困群众增收、生产生活条件改善、公共服务水平、生态环境建设、社会保障状况等情况，对完不成扶贫攻坚任务的实行"一票否决"；实行由户到村、由村到乡、由乡到区的脱贫成效评估机制，公开考评验收结果，在此基础上，积极探索和建立第三方独立评估制度。

（二）健全正向激励机制。崆峒区充分发挥考核的导向作用，将脱贫业绩与评先选优、干部任用"双挂钩"，使各级各部门领导班子和领导干部把心思、精力、措施和力量集中到脱贫任务上。完善减贫

"摘帽"激励政策，对全面完成脱贫任务的乡镇、行业部门党政负责人予以重用；对在精准扶贫中作用发挥充分、表现优秀的乡镇、部门干部优先提拔使用。

（三）健全惩戒约束机制。崆峒区对完成脱贫任务目标差距大的乡镇、部门党政主要领导和分管领导进行问责，对完不成脱贫任务、对全区工作造成较大或严重影响的进行组织处理，对完不成阶段性扶贫任务、弄虚作假的给予严肃处理。通过加强经济责任审计，加大责任追究力度，对严重损害国家和群众利益、严重浪费资源、严重破坏生态环境，造成恶劣影响的要记录在案，并视情节轻重给予组织处理或党纪政纪处分，触犯法律的追究法律责任。

六、保障精准

（一）加强组织领导。崆峒区各级党委、政府把实现全面小康作为全局工作的重中之重，把加快扶贫攻坚作为全面小康的重中之重，把抓好精准扶贫作为扶贫开发的重中之重，牢固树立攻坚意识、精准意识，切实把心思和精力集中到精准扶贫上，把措施和力量聚焦到精准扶贫上，做到组织领导、时间安排、决策部署、脱贫效果体现精准扶贫要求。充分发挥区精准扶贫精准脱贫工作领导小组统筹谋划、决策部署、综合协调和指导督查的职能，进一步明确乡镇、部门在精准扶贫工作中的具体职责，形成上下密切联动、党政齐抓共管、部门组织协调、乡镇主体落实的工作格局。

（二）夯实基层基础。崆峒区用三年时间，对乡镇科级干部、驻村干部集中轮训一遍，创新培训方式、规范培训内容、优化师资力量，提高培训的针对性和实效性。加强村级组织阵地建设，增强村党组织服务功能，推进帮扶单位基层党组织与联系村党组织互促共建，注重在退伍军人、致富能人、返乡青年中选拔配强党支部书记，通过下派、引进、选调大学生村干部等方式优化充实村级班子。实施百名干部挂职精准扶贫行动，选派区直机关、事业单位和乡镇优秀年轻干部、后备干部到贫困村任第一书记，实现贫困村全覆盖，大学生村干部优先向贫困村配备，不断强化扶贫人才支撑。

（三）强化典型引领。崆峒区重视榜样的力量，积极进行先进典型的挖掘培育和宣传推广，及时总结精准扶贫中的好做法好经验，大力培育一批单位和干部全力帮扶、社会力量广泛参与、基层组织引领带动、群众率先脱贫致富等各方面的先进典型，做到乡村有典型、帮联单位有亮点、群众脱贫有榜样，以点带面，放大效应，示范带动全区精准扶贫取得更大成效。

（四）转变工作作风。区内各乡镇、各部门把精准扶贫作为巩固拓展党的群众路线教育实践活动成果的主阵地，作为践行"三严三实"的主战场，作为检验党员干部党性宗旨意识的大考场，作为锤炼干部作风的大熔炉，引导党员干部转变思想观念、提升能力素质，锐意进取，树立鼓励发展、加快发展、科学发展的鲜明导向，牢固树立韧性奋斗导向，激发群众首创精神和热情，进一步转变工作作风，脚踏实地，久久为功，以"钉钉子"精神推进精准扶贫任务的全面落实，确保精准脱贫目标的全面实现。

崆峒区坚持根据"六个精准"的基本要求来指导贫困地区进行脱贫攻坚工作，确保社区扶贫过程中精确瞄准对象、灵活变换方式、分类施策，着力施行精准扶贫工程，变以前的"大水漫灌"为新型的"精准滴灌"，扶贫始末，精准为先，专项扶贫瞄准贫困户，各项政策落到实处，做到了"真扶贫""扶真贫""真脱贫"。

第二节　谁来扶：对社区扶贫力量的党建引领

要解决好"谁来扶"的问题，就要做到分工明确、责任清晰、任务到人、考核到位，越是进行脱贫攻坚战，越是要加强和改善党的领导。坚持以脱贫攻坚统揽经济社会发展全局，层层签订脱贫攻坚责任书、立下军令状，建立年度脱贫攻坚报告和督察制度，加强督察问责。把社区脱贫攻坚实绩作为选拔任用干部的重要依据，在脱贫攻坚第一线考察识别干部，激励各级干部到脱贫攻坚战场上真抓实干。把夯实农村基层党组织同脱贫攻坚有机结合起来，选好配强领导班子，团结带领农民群众脱贫致富奔小康。

崆峒区委高举习近平新时代中国特色社会主义思想伟大旗帜，全面贯彻党的十九大和全国、甘肃省组织工作、平凉市组织部长会议以及平凉市党建统领"一强三创"行动座谈会议精神，紧扣新时代党的建设总要求，以提升基层组织力为重点，立标准、抓统领、强融合、促发展；崆峒区各基层党组织和广大党员干部高扬党的旗帜，紧盯在平凉市率先实现整体脱贫摘帽这一目标，牢固树立"围绕扶贫抓党建、抓好党建促扶贫"的理念，始终把党的力量挺在最前沿，大力实施党建统领"一强三创"行动，不断促进社区党的建设与社区脱贫攻坚深度融合，努力为建设宜居、宜业、宜游美丽新崆峒提供坚强的社区组织保障。

一、强化核心作用，当好脱贫攻坚"指挥部"

崆峒区始终把党的政治建设摆在首位，引导全区基层党建工作沿着正确方向前进。多次召开党建工作方面的区委理论中心组学习会、专题研讨会，三级书记带头讲党课数百堂，推动政治学习向全体党员拓展、向经常性教育延伸。严抓党内政治制度，督促严格执行"三会一课"、组织生活会及民主评议党员等制度，教育党员以规行事，20个基层党组织创新"主题党日"活动，以过"政治生日"为主题，感召党员听党话、跟党走。持续推进"两学一做"学习教育常态化制度化，5000余名党员关注了"崆峒先锋"微信公众号，超过

一万名党员激活了"甘肃党建"信息化平台，全区党员领导干部
"四个自信"更加坚定，"四个意识"不断增强，"两个维护"更加
自觉。

坚持党建统领，崆峒区各级党组织和党员干部聚焦脱贫攻坚
"一号工程"，建立了党委统筹、支部引领、党群互助、干部帮扶的
有效机制，以 2017 和 2018 年为例，每年从区机关选派 105 名优秀干
部到贫困村任职第一书记，选派工作队员 210 名，带领贫困群众脱贫
致富。区内 88 个机关党支部与贫困村党支部联建，7600 余名机关党
员与帮扶对象结对，解决贫困群众发展难题 200 余个。培育"三个带
头人"1495 名，结对帮扶 300 余户贫困对象脱贫，120 名党员贫困户
自力更生率先脱贫，辐射带动 500 余户贫困户增收脱贫。积极争取中
央和甘肃省委、平凉市委项目补助资金累计 880 万元，重点实施了
24 个村集体经济项目建设，示范带动 228 个村发展集体经济。

崆峒区坚持科学谋划部署脱贫攻坚工作从党建切入、以党建统
领、靠党建保证，制定了《全区抓党建促脱贫攻坚三年行动计划
(2018—2020 年)》，全力实施"党建统领全保障"行动，把干部人
才资源、基层组织资源全面向脱贫攻坚一线聚集。建立健全县级领导
包抓、单位联系、企业帮扶、工作队驻村"四个一"工作责任制，
形成了上至区委、区政府主要负责人，下至村"两委"班子成员，
纵向到底、横向到边，一级抓一级、层层抓落实的责任体系。扎实推
动落实，将基层党建工作与脱贫攻坚工作紧密结合，根据各乡镇党
委、村党组织、驻村帮扶工作队在脱贫攻坚中担负的任务，落实
"一月一通报、一季一检查、半年一督查、年度一总评"制度，组织
人员每月赴乡村查验考核，帮助解决存在的困难和问题，推动精准扶
贫精准脱贫工作任务落实。严格考核评议，把乡镇党委书记、村党组
织书记抓基层党建工作的述职、评议、考核聚焦在抓党建促脱贫攻坚
上，着力在脱贫攻坚第一线培养干部、识别干部、考察干部、选拔
干部。

二、发挥龙头引领，打通脱贫攻坚"主动脉"

崆峒区委各单位工作职责明确，落实甘肃省委《关于全面加强农村基层党建工作的意见》，明确把脱贫攻坚作为乡镇领导班子职责，强化了乡镇党委抓农村基层党建促脱贫攻坚的主体责任、党委书记第一责任、党委副书记直接责任、其他班子成员"一岗双责"的工作职责体系。科学配强工作力量，按照建设适应脱贫攻坚需要的乡镇领导班子要求。在各乡镇设立了党建办，按副科级配备了党建办主任，同时每个乡镇配备了1—2名专职组织干事，专抓农村基层党建工作。下沉工作重心，对脱贫攻坚"一号工程"坚持乡镇干部在村抓村，分工突破，下沉一级，由乡镇党委、政府主要领导牵头，分管领导主抓，全面实行领导包片、科室包村、干部联户制度，整合优势力量，推行"代办式服务""上门式服务"，集中攻坚，一抓到底。

崆峒区积极推进人才进社区，从2016年起，先后邀请平凉市科教文卫等方面专家，培育新型职业农民800人，基本实现了贫困户"一户一人一技能"。大力推行"1+1""1+N"结对帮扶模式，选派科技特派员112名、企业经营人才和技术骨干210名，指导成立科技专业协会37个，培育科技示范户900户，引进示范推广牛、果、菜新品种158个、新技术20多项，有效提高了农业科技覆盖面。遴选致富能人、民间艺人、能工巧匠等300余人，指导和带动3200户贫困户发展"五小"产业，每户年均增收16000多元。回引创业优秀人才创办、领办天源农牧、高科农林、白水丰源等龙头企业11家、专业合作社327家。与中国农业大学、中国农业科学院、西北农林科技大学合作，建成脱毒苹果良种苗木繁育基地和有机生态苹果示范基地3700多亩，中国农业科学院西部肉牛种质科技创新基地成功落地建设，"柔性引进"中国工程院院士任继周及专家团队，建立平凉红牛院士专家工作站，不断提升农业科技含量和农产品核心竞争力。

三、夯实基层基础，筑牢脱贫攻坚"桥头堡"

崆峒区坚持融合推进党支部建设标准化和党建统领"一强三创"行动，创新社区组织设置，积极探索"党建+"工作路子，推行支部推动、党员带动、能人引领、结对帮扶"四型"党建助推扶贫模式，先后建立产业协会、专业合作社等党组织32个。按照"一党组织一方案"的要求，分别制定了操作性强的整顿方案，突出"准、严、细、实"，建立进展月报告、销号整改制度，落实配强班子、加强培训、完善制度、强化保障等措施，整顿软弱涣散村党组织等。规范运行机制，建立村干部小微权力正面清单，发挥村务监督委员会功能，全面推行"双议双评"制度和"四议两公开"工作法，规范党务、村务、财务公开，切实加强对村资源资产资金管理、工程项目建设、惠民措施落实的有效监督，推进小微权力阳光运行。

崆峒区的各级社区党组织对标《党支部建设标准化手册》，规范开展党内活动、执行党内制度、落实党内工作。推行县级党员领导干部牵头包抓党建典型和软弱涣散党组织制度，自2018年以来，培树先进党支部、样板党支部、综合示范党支部、机制创新党支部68个，倒排确定软弱涣散基层党组织53个，村"两委"联审排查问题村干部339人，清理调整撤换党组织书记30人，新进入村级后备干部库400余人。列支党建工作经费、区管党费455万元，新建、改扩建38个村、社区党建阵地，严格落实村级4.1万元、社区12万元运转经费。机关单位构建了党组抓总、机关党委统筹、党支部落实的工作链条，7869名机关干部到社区报到，参与环境整治、政策宣传、扫黑除恶等工作，提供志愿服务1000余次，解难题1200余件。探索建立了绿地广场、车站、南门什字、解放路商圈党建4个，融入企业90多家，捐款2.9万元，提供就业帮扶岗位80多个，形成了"双赢"

局面。选派 100 余名优秀青年党员干部到企业担任党建工作指导员，着力夯实组织基础，不断扩大非公有制经济组织和社会组织覆盖面。落实村干部"一定三有"政策，制定了《崆峒区村干部报酬管理暂行办法》，推行"基本报酬+绩效报酬+奖励报酬"的结构薪酬制度，村干部报酬提高到了 1.92 万元以上，保证了基层有钱办事、有地方办事。结合农村"三变"改革，围绕推进农村集体产权制度、农村土地制度改革等任务，因地制宜发展壮大村级集体经济，目前全区有集体经济收入的村 230 个，占 91.3%。

四、坚持管育并举，激发脱贫攻坚"战斗力"

崆峒区注重选好管好用好村党组织带头人，采取"内选""外引""下派"等途径，拓宽村党组织书记选拔渠道，优化村干部队伍结构，全区共培育 150 名"双强型"村党组织书记。抓好村级后备干部培养储备，按照 1：2 比例建立了村党组织书记后备库，实行动态管理。制定《崆峒区村干部管理暂行办法》，落实"双议双评"制度，推行村干部坐班办公，加强村干部队伍规范化管理。加强大学生村干部教育管理，建立了联系帮带、培养使用、考评激励等制度，指导大学生村干部在宣传贯彻惠农政策、协助落实扶贫措施、引导发展富民产业、引领推进电商扶贫、帮助建强村级组织等工作中发挥作用，促进大学生村干部成为脱贫攻坚的"生力军"。采取"聚上来听""走出去看""送下去学"等灵活多样的方式，对村干部开展培训，近 3 年共培训村干部 2800 多人次。加强农村党员队伍建设，严格按照发展党员工作细则和程序，推行发展党员申报制、推荐制、票决制、公示制，注重在"80 后"、"90 后"青年农民中培养入党积极分子，近 3 年共发展农民党员 668 名。积极实施"三个带头人"队伍建设工程，通过建立基础台账和帮带机制，落实帮扶资金，共培养党组织带头人 213 人、党员致富带头人 683 人、群众致富带头人 970 人。

崆峒区委狠抓作风建设，持续开展"转作风提效能抓落实"活动，大力整顿形式主义、官僚主义，着力提高干事创业、为民服务水平。聚焦"三个一流""线上线下"培训区管党政领导干部 951 人次、其他干部 2.1 万余人次，分期分批组织 300 余名领导干部赴北京、天津、贵州、深圳等地考察学习。制定了《崆峒区区管领导班子和领导干部政治素质考察办法》等办法，把干部选任的重点向脱贫、棚改和扫黑除恶一线倾斜，先后提拔忠诚干净担当有为干部 700 余人，2 名乡镇党委书记被提拔到副县级领导岗位。按照"控制总量、优化结构、提高质量、发挥作用"的工作方针，2018 年以来共发展党员 300 名，其中女性 120 名。35 岁以下党员 286 名，占 95.3%；大专及以上学历党员 190 名，占 63.3%。建立完善党内关怀帮扶机制，先后下拨党费 15 万元，春节、"七一"期间走访慰问老党员、生活困难党员和老干部 250 余人，进一步增强了党员干部的归属感、幸福感。

五、压实帮扶责任，凝聚脱贫攻坚"微力量"

崆峒区重视发挥第一书记作用，制定了《崆峒区选派到村任职干部管理办法》和《崆峒区贫困村驻村帮扶工作队管理办法》，选派 105 名政治过硬、业务精良、素质优良的党员干部到贫困村担任第一书记兼驻村帮扶工作队队长，实行"一周一走访、一月一例会、一季一破难、一年一述职"制度，落实项目、资金、责任"三个捆绑"要求，通过定期交流、现场评议等形式，检查第一书记履职情况，发挥第一书记扶贫攻坚"生力军"作用。推行扶贫人才支持，在 105 个贫困村广泛开展"百名科技人员进乡村""党员人才结对帮扶"活动，动员农业科技人员深入村社农户、田间地头，推广先进适用技术，创办科技示范园区。围绕牛、果、菜特色产业开发，加大农村实用人才培训力度，先后开展实用技术讲座72场次，培训农村实用人才1.6万人次，增强了贫困群众的增收致富能力。实施城乡结对帮扶，创新城乡统筹联动机制，建立"机关融入农村、干部融入群众"为内容的"城乡双融"工作机制，实行部门包村、城乡联建，通过组织联建、党群联动、抱团联营"三联"模式，88个区直部门（单位）党组织与252个村党组织结对共建，做到党员干部联系所有贫困户。

崆峒区委从严拧紧治党责任链条，持续释放"抓好基层党建是最大政绩"的信号，坚持主体责任、监督责任、第一责任和"一岗双责"协同发力，以清单管理"明责"、横纵结合"强责"、履责纪实"细责"、约谈"督责"、述职"抓责"、考核"促责"、追责"严责"的"七责"工作法为载体，先后召开了多次常委会议研究党建议题，听取区委常委、党员副区长抓党建"一岗双责"履职汇报。建立了县级党员领导干部抓党建"五个一"责任清单，示范带动全区1000余个党组织书记制定了责任、任务、问题"三项清单"，发现党建工作方面问题坚决整改。落实了基层党组织书记抓党建述职制度，以抓一件成一件的干劲和毅力体现了管党治党的"最强担当"。

坚持中国共产党的领导是打赢我国脱贫攻坚战的根本保证，只有坚持党的领导，加强党的建设，充分发挥党的政治优势、组织优势和密切联系群众优势，才能在艰苦卓绝的脱贫攻坚战中取得胜利。习近平总书记指出：要把扶贫开发同基层组织建设有机结合起来，真正把基层党组织建设成带领群众脱贫致富的坚强战斗堡垒。坚持党建引领是崆峒区打赢脱贫攻坚战的重要法宝，崆峒区委以社区为本，围绕扶贫抓党建，抓好党建促扶贫，检验党建看脱贫，充分发挥社区基层党组织的战斗堡垒作用和党员的先锋模范作用，为打赢脱贫攻坚战提供了坚实有力的保证。

第三节　怎么扶：扶贫与扶志、扶智的有机结合

习近平总书记曾在《摆脱贫困》一书中将贫困落后的地区跟先进发达的地区进行了多方位比较，认为贫困地区尽管在经济建设中存在不可否认的客观上的落后问题，但这些都可以通过人为主观的努力来进行弥补，所谓"弱鸟先飞"，地区贫困不能影响人的意识观念，观念上绝对不能贫困，更要有"先飞"的觉悟，积极地认识与看待扶贫工作，主张通过自身的不断努力脱贫致富。[①]

习近平总书记一直强调："要注重扶贫同扶志、扶智相结合。"[②]扶志在于扶信心、观念；扶智在于扶知识、技术。如果扶贫不扶志，扶贫的目的就难以达到，扶贫的效果也难以持续。如果扶贫不扶智，就会知识匮乏，亦会对扶贫效果的可持续性产生损害。印度学者阿马蒂亚·森在《贫困与饥荒：论权利与剥夺》中指出："贫困的根本原因不单是由于收入低下，更重要的是基本能力的缺失。"[③] 要拔除"穷根"，"扶志"与"扶智"都是社区扶贫工作的重要组成部分。

贫穷的现状是完全可以改变的，但是"人不动"的惰性思想作祟，使得精神上的贫穷比物质的贫困更难以克服。只有抛弃以往的陈旧思维，积极学习和响应国家的相关扶贫号召，引导贫困人口自主自觉地投入到自食其力的劳动中去，才能达到真正的脱贫。与此同时，

---

① 习近平：《摆脱贫困》，福建人民出版社 1992 年版，第 1—3 页。

② 中共中央党史和文献研究院编：《习近平扶贫论述摘编》，中央文献出版社 2018 年版，第 141 页。

③ ［印］阿马蒂亚·森：《贫困与饥荒：论权利与剥夺》，王宇、王文玉译，商务印书馆 2001 年版，第 29 页。

扶贫还要根除愚昧的旧观念，部分贫困户因没有受到过系统的教育，不但对致富的技术无动于衷，而且对现代科学还持有怀疑的态度，受到封建迷信的影响，企图通过求神拜佛来不劳而获。因此，要从根本上摆脱贫困，必须实现"志智齐扶"。

崆峒区积极探索和培育新形势下贫困群体内源发展的治理机制，以社区为本协调各方工作，把扶贫与扶志、扶智结合起来，深入推进脱贫攻坚工作。

一、因地制宜，发展特色产业

平凉自古以来就有"农民唯养牛"的历史记载。改革开放以来，随着商品经济和市场经济的相继建立，当地的养牛业从役用逐步向肉用转型，并建立了甘肃省第一个肉牛生产基地。"平凉红牛"是全国优质肉牛种质资源，生产过程天然绿色，肉色鲜红，脂肪纯白，雪花分布丰富，细嫩多汁，风味清香独特，优质高档牛肉已达到日本 A5 级标准。

崆峒区把牛产业确定为社区脱贫攻坚的"首位产业"，统筹推进羊、猪、鸡的科学饲养水平，使四大养殖呈现齐头并进的良好局面。至 2018 年年底，崆峒区牛饲养量达到 18 万头，同比增长 0.53%，完成计划的 100.63%；出栏 9.3 万头，同比增长 0.82%，完成计划的100%。猪饲养量达到 11.32 万头，出栏 7.04 万头，同比分别增长 0.53% 和 0.85%，分别完成计划的 102.9% 和 103.52%。羊饲养量达到 16.1 万只，出栏 8.4 万只，同比分别增长 1.64% 和 1.2%，分别完成计划的 101.64% 和 101.2%。肉蛋奶总产量分别达到 19989 吨、4565 吨、9381 吨，同比分别增长 0.05%、0.33%、0.22%，分别完成计划的 100.95%、100.33%、100.22%。水产品产量达到 511.3 吨。畜牧业产值达到 8 亿元，同比增长 11.11%；人均牧业纯收入达到 2300 元，同比增长 5.88%，养殖业在社区农民增收中的支柱作用日益明显。

（一）进一步推进畜牧产业建设项目，加快全区畜牧业转型升级步伐

崆峒区推行"统一规划、联户修建、分户饲养、人畜分离"的标准化肉牛养殖小区，鼓励农户利用废弃的宅基地，旧窑洞建办牛舍，仅 2018 年就在大寨、麻武等 8 个乡镇新建标准化规模肉牛养殖小区 11 个，全区肉牛规模化养殖小区累计达到 167 家。稳步实施"六补一投"项目，在 2017 年扶持 2022 户修建暖棚牛舍的基础上，建成暖棚牛舍 1699 座，完成投资 1699 万元；对 5767 户基础母牛养殖贫困户进行了补贴，完成投资 1458.6 万元（其中：利用东西部合作发展资金 176 万元），对全区 2.92 万头基础母牛实行了"见犊补母"；扶持 427 户未养牛贫困户发展基础母牛养殖，完成补贴 224.7 万元，购置基础母牛 749 头。通过科学的帮扶，全区牛存栏净增 2.36 万头，其中贫困户增加存栏 1.11 万头。

（二）创新机制，全面推进，典型带动作用得到进一步加强

崆峒区指导各乡镇成立了牛产业发展办公室，组建了牛产业联盟，构建"党组织+三公司一平台+牛产业联盟+合作社+养殖户"的发展模式。实现了上联市场，下联农户，拉近了农户与市场的距离，有效带动了区域内牛产业的快速发展。在景兴清真肉牛屠宰场设立大型露天电子显示屏 1 个，每天流动播放全国、全省牛肉、活牛价格，设立买卖服务窗口，图文并茂地公布相关信息，实现宰场和养殖户无缝对接，争取效益的最大化，保障了贫困户的合法权益。

（三）强化招商引资，为畜牧产业发展注入新活力

崆峒区在做好每年重点项目实施的同时，积极向甘肃省、平凉市

农牧、兽医、财政、发改等部门汇报、衔接，向现代农业全产业链建设、现代农业生产发展、秸秆饲料化利用、生态保护、动物卫生安全等多方争取项目资金，2018年共计1396.64万元，为全年畜牧兽医工作奠定了良好的发展基础。

（四）加大畜禽污染治理力度，有效改善人居环境

根据崆峒区畜禽养殖实际情况，采取强化治理和技术培训相结合的模式，在加大畜禽污染治理力度的同时保证科学饲养水平不断提升。对禁养区内的24户畜禽、水产养殖户实行了拆迁或关停；对城区9个畜禽养殖户积极配合相关部门实施关停工作。对安国、花所等7个乡镇集中式饮用水水源保护区进行清理并指导建成粪污处理设施6处。会同相关部门先后出动监督、执法人员940多人次，对区内237个畜禽养殖大户实施了畜禽粪污综合治理，初步改善了乡村养殖环境；对区内99家规模养殖场开展畜禽粪污整治，有效地缓解了因不科学的养殖带来的负面环境问题。

（五）精准施策，牛产业助推脱贫攻坚成效明显

崆峒区根据贫困村、贫困群众扶贫成本、脱贫难度和发展需求，全区上下坚持"精准"二字，对症下药，坚持把完善落实"一户一策"精准脱贫政策作为深入推进脱贫攻坚的关键举措，统筹整合各类资金1亿多元，制定出台了"六补一投"牛产业优惠激励政策，对贫困户实行定向"喷灌"、定点"滴灌"，帮助贫困群众把牛养多、养好。全力推广畜牧实用技术，把畜牧科技服务作为帮助贫困户发展养殖最直接、最有力的方法。组织126名干部进村入户，对贫困户开展动物疫病防控、玉米秸秆转化利用、科学养殖技术培训等，让每户至少有一人掌握3项以上肉牛养殖技术，使养殖贫困户都能成为依靠养殖发家致富的能手。结合牛产业发展实际，制定出台了能繁母牛"零费用"配种、肉牛"零费用免疫"等优惠扶持政策，切实减少了

贫困户在养殖环节的投入。另外，草原补奖政策全覆盖的实现，保障每笔草原生态保护补助奖励资金都可以发放到位。

平凉市位于黄河中上游陇东黄土高原，土层深厚，光照充足，昼夜温差大，无霜期长，降水适中，病虫害少，是生产优质水果的"黄金地域"。除了"平凉红牛"，"平凉金果""平凉蔬菜"也是这里助力脱贫攻坚的重要产业。近年来，崆峒区委、区政府立足区情实际，把蔬菜作为富民兴区的主导产业，依托区位优势以及传统种植优势，结合蔬菜发展现状，把发展蔬菜产业作为促进农民增收的重要手段，按照"提质、扩量、创牌、增效"的基本思路，采取设施与露地菜并举，复种与春种结合，整合各方资金，加大投入力度，用产业化的方法组织生产，稳步扩大蔬菜种植面积，全力打造蔬菜品牌，积极引进社会资金投资建设，实行项目化管理，市场化运作，自主化经营，大力实施泾河川区设施蔬菜整川推进工程，打造了泾河川区国家级设施蔬菜产业园，推动全区蔬菜产业向集约化、产业化、园区化、规模化发展。

在崆峒区蔬菜产业发展中，主要坚持以下几种做法：一是坚持政府扶持引导。区委、区政府整合筹措扶持资金，重点支持设施蔬菜和高原夏菜发展。二是坚持以科技为先导。积极推广新品种、新技术和新模式，提升产业科技水平，推动蔬菜产业由粗放种植向集约高效转变。三是坚持引进社会资本投资建设。积极引进工商资本、社会资金参与设施蔬菜基地和产业链建设，发展规模化和订单化生产，扩大蔬菜种植规模。四是坚持产业融合发展。围绕蔬菜全产业链，以工业化理念统筹推进种植、加工、销售各环节，引导发展采摘体验、休闲观光等高效农业新业态，推动蔬菜一二三产业融合。五是坚持社会化服务。充分发挥蔬菜协会、合作社作用，强化信息收集与分析，开展产前、产中、产后全程服务，努力提高生产效率，发展绿色高效的蔬菜产业。

2018 年，崆峒区建档立卡贫困户种植蔬菜面积 2 亩以上的有 82 户，种植面积 726 亩；2019 年区内 98 个贫困村种植蔬菜面积 11610

亩，贫困户种植蔬菜 1 亩以上的达到了 187 户，种植面积 1168 亩。露地高原夏菜可使贫困户增收 2000 元，设施蔬菜可以达到 1.5 万元，蔬菜产业已经成为带动贫困户增收的主导产业之一，果蔬产业的发展让贫困户的收入有着可观的增长。

二、"技""学"双修，激发内生动力

近年来，崆峒区教育系统深入学习贯彻习近平总书记关于扶贫工作的重要论述和"八个着力"重要指示精神，充分发挥教育在脱贫攻坚中的基础性、先导性和持续性作用，聚焦教育最薄弱领域和最贫困群体，精准施策，着力保障贫困家庭孩子接受公平有质量的教育，有力地助推了全区脱贫攻坚工作。

崆峒区共有各级各类学校 368 所，其中幼儿园 179 所，小学 153 所（教学点 47 所），初级中学 17 所，九年一贯制学校 13 所，高级中学 3 所，完全中学 2 所，特殊教育学校 1 所。截至 2018 年年底，全区现有教职工 6724 人，专任教师 6089 人，其中农村教职工 2665 人，农村专任教师 2498 人。在校生共计 85315 名，其中幼儿园 17451 名，小学 38070 名，初中 18638 名，高中 10962 名，特殊教育 172 名，特殊教育学校高职班 22 名。现有建档立卡户学生 10886 名，其中义务教育阶段 7120 名。

崆峒区教育系统把脱贫攻坚作为首要任务，充分发挥各学区、学校基层党组织的战斗堡垒作用，健全教育精准扶贫机制，紧盯贫困乡、贫困村和建档立卡户学生，不断加强控辍保学工作，推进学校项目建设，强化教师队伍建设，全面落实教育扶贫资助政策，努力提高教育教学质量，保证了全区脱贫攻坚目标任务如期完成。

（一）精准投入，保障教育事业优先发展

崆峒区政府为了保障教育事业优先发展，紧扣教育经费"一个

比例"和"三个增长"目标要求，将教育经费纳入财政预算单列，多渠道加大教育资金投入，做到了"三个到位"，即教育经费"三个增长"落实到位、税费改革转移支付教育资金落实到位、教育项目配套资金落实到位。2013 年以来，崆峒区级财政教育经费累计投入 17837.54 万元，其中用于学前教育 632.05 万元，义务教育 15760.82 万元，高中教育 727.22 万元，中职教育 1.54 万元，年度投入由 2013 年的 1385.1 万元增加到 2018 年的 3295.54 万元；项目建设区级配套资金累计投入 20668.16 万元，由 2013 年的 2778 万元提高到 2018 年的 3914 万元；教师培训经费累计投入 1570.5 万元，由 2015 年的 334.5 万元提升到 2018 年的 448.4 万元；2015 年至 2018 年全区公共财政预算教育经费支出分别达到 6.05 亿元、6.02 亿元、6.88 亿元、7.48 亿元，教育经费支出分别占区财政总支出的 20.9%、19.7%、20.5%、21.26%。

（二）精准布局，全力推进城乡教育一体化

崆峒区科学制定并落实《平凉中心城市教育布局结构优化调整和建设规划（2013—2020 年）》，推进城乡教育一体化发展。学前教育提质扩容，坚持公益性和普惠性原则，积极构建覆盖城乡的学前教育服务体系。在中心城区先后新建、改扩建朝阳街、世纪花园、玄鹤幼儿园等 6 所公办幼儿园，建办民办幼儿园 39 所，缓解了幼儿"入园难"的突出问题。城区学校布局不断优化，通过改建成立了平凉十中、陕师大平凉实验中学，新建了广成学校、平凉市铁路小学，改、扩建了解放路小学、红旗街小学、平凉七中等 11 所学校，扩大了城区教育资源总量。农村教育资源得到整合，统筹规划农村学校布局，整合乡村教育资源，合并规模较小的乡镇中心小学、中学，建成九年一贯制学校 5 所，通过科学规划，使社区学校布局更为合理。

（三）精准控"辍"，让贫困家庭孩子都能有学上

崆峒区坚持教育路上一个都不能少的理念，始终把控辍保学工作作为教育脱贫攻坚的首要任务，认真落实义务教育"双线控辍"责任机制，着力打造支部引领、党员带动、干部攻关、驻村帮扶、考核保障的完整工作链，层层签订责任书，压实压紧工作责任，积极开展"千名教师大走访大劝学"活动，全力实施义务教育有保障冲刺清零行动，充分利用网络平台实行控辍保学动态监测，切实做到了依法控辍、管理控辍、学籍控辍、教学控辍、扶贫控辍，有力保证了控辍保学工作效果。与 2013 年同期相比，2018 年初中入学率达到 99.62%，提高了 0.91 个百分点；九年义务教育巩固率达到 97.44%，增加了 8.64 个百分点；高中阶段毛入学率达到 94.01%，上升了 5.12 个百分点；学前教育三年毛入园率达到 93.5%，增加了 28.4 个百分点。

（四）精准资助，让贫困家庭孩子都能安心上学

崆峒区坚持把教育惠民政策和精准扶贫深度融合，健全完善了"政府主导、学校联动、社会参与"三位一体的"免、补、助、奖"全方位扶困助学制度，构建了从学前教育到高等教育学段全覆盖的学生资助体系，采取"高中学生办理个人资助卡、义务教育阶段学生家庭'一折统'发放、学前教育免收保教费"的方式，2013 年以来落实各类教育资助资金共计 2.26 亿元，受益学生 174645 人次，其中建档立卡学生 17110 人次，实现了精准资助、应助尽助。农村营养改善计划实行"中心校舍食堂辐射周边学校"企业供餐和自主供餐相结合的模式，累计受益学生 184050 人次，落实资金 1.35 亿元。同时，崆峒区积极开展"雨露阳光"培训计划，对接受中职教育、高职教育、专科教育的建档立卡贫困户学生，落实每年 1500 元的资助政策，并从 2019 年 9 月开始，提高到每生每年 3000 元。

（五）精准保障，让特殊群体孩子公平享有教育权利

崆峒区重视特殊群体的特殊教育，让每个孩子享受到公平的教育。保障进城务工子女受教育权利，将进城务工人员随迁子女就学纳入教育发展规划和财政保障，城区义务教育学校全部无条件接收外来务工人员随迁子女就学，在学籍管理、评优奖励、"两免一补"等政策落实上与本地学生享受同等待遇。保障残疾儿童享受教育权利，崆峒区制定了《平凉市崆峒区残疾儿童少年随班就读工作办法（试行）》，依托特殊教育学校，成立区级特殊教育指导中心，在办好平凉市特殊教育学校的同时，落实随班就读，定期开展巡回指导和送教上门，适龄残疾儿童入学率达到94.5%。保障留守儿童受教育权利，崆峒区出台了《崆峒区开展农村留守儿童"合理监护、相伴成长"关爱保护专项行动实施方案》，与民政、妇联、残联等部门通力协作，健全了农村留守儿童登记管理、家长联系、教师结对帮扶等关爱保护长效机制，建成了9个乡村少年宫和17个留守儿童之家，开展留守儿童关爱帮扶活动，使留守儿童得到应有的教育机会。

（六）精准建设，让贫困家庭孩子都能上好学

崆峒区聚力补短板、强弱项，加强农村学校基础设施建设，有效提升农村学校办学条件。自2014年以来全面实施"改薄"工程，深入实施"改薄"项目，共计投资6.66亿元，实施建设项目321个，新建、改扩建校舍总面积20.72万平方米。截至2018年年底，321个项目已竣工投入使用。其中实施寄宿制学校建设项目11个，总投资4223万元，修建校舍总面积14844平方米，硬化活动场地14580平方米，为寄宿学生营造了良好的生活和学习环境。实施了农村学前教育推进工程，坚持公益性和普惠性原则，促进学前教育向农村延伸，先后建成农村幼儿园105所，完成农村日托制幼儿园改造48所，实现了乡镇和有需求行政村幼儿园全覆盖，减少了家长看护时间，解放了农村劳

动力，增加了贫困户家庭收入。实施教育设备配置工程，持续加强教育教学设施更新配套，新增实验室、功能室 741 间，配备课桌椅 23900 套、多媒体设备 1272 套、图书 36.9 万册、实验仪器 50 套、音体美器材 310 套，有效满足了日常教育教学需求。小学、初中生均教学仪器设备值分别达到 1928.46 元、1996.59 元，生均图书册数分别达到 21.4 册、28.66 册，设施设备购置完成率达到 100%。着力实施教育信息化工程，以"三通两平台"建设为切入点，推进全区教育电子政务平台、教育资源公共服务平台建设，累计投资 6900 万元，小学、初中生人机比分别达到 5.81：1 和 6.35：1，宽带网络接入率达到 100%，班班通建设率达到 100%，"优质数字资源班班通"和"网络学习空间人人通"实现了全覆盖。

（七）精准配管，加强农村教师队伍建设

崆峒区通过狠抓引进、培养、激励等关键环节，优化了教师队伍结构，提升了教师整体素质。深入实施乡村教师支持计划、免费师范生签约和特岗教师计划，按需精准引进优秀毕业生、骨干教师、紧缺学科教师到农村学校任教，补充了教师资源。实施中小学教师继续教育工程，积极组织开展"国培""省培"计划、区域内"一专多能培训"和校本培训等各类培训，通过组织受训教师举办二次培训和开展示范带动活动，累计培训教师 1.2 万人次，强化了教师队伍的素质。创新激励机制，在评优选先、职称评聘上加大倾斜力度，科学合理落实乡村教师生活补助、乡镇工作补贴和奖励性绩效工资考核分配制度，深入推进乡村教师周转宿舍工程，极大地改善了乡村教师待遇，促进了农村教师扎根基层、安心育人，促进了农村教育质量的提升。2013 年以来，共评选甘肃省、平凉市、崆峒区多级农村骨干教师 769 名。创新教研形式，开展城乡学校结对帮扶、共同教研活动，利用教学竞赛、"同课异构"、送教下乡、集体备课、交流研讨等多种形式，提高了农村教师教育教学能力，提升了农村学校办学水平，通过城乡结对缩小了城乡教育差距。

（八）精准合作，扎实开展东西部扶贫协作

崆峒区从 2018 年开始，紧抓东西部扶贫协作的历史机遇，结合天津市河西区教育优势，扎实开展活动，在交流合作中提升了崆峒区教育水平。天津市河西区先后选派 12 名教师到崆峒区支教，崆峒区选派 1 名教师到河西区挂职锻炼。崆峒区先后分 3 次组织 120 名教育教学管理人员和骨干教师，赴天津市河西区开展了教育教学跟岗实践、培训交流活动。平凉市第九中学与北京师范大学天津附属中学签订了结对帮扶协议，各自选派 10 名管理和教学骨干，开展了培训和交流活动。此外，天津市河西区先后委派学前教育、高中教育 16 名专家，来崆峒区开展了送教帮扶活动。崆峒区还选派了 20 名高中优秀学生赴天津市河西区名优高中开展了研学活动。在历次活动中，采取现场观摩、研讨讲座、同步课堂、参与互动、二次培训等方式，培训崆峒区教育管理人员和教职工累计 1200 多人次，认真学习了东部地区的先进理念和经验，锤炼了教师队伍的整体素质，提升了学校教育管理水平。

（九）精准培养，积极推动职业教育渗透工作

崆峒区坚持把初级中学渗透职业技术教育作为贫困村教育脱贫、有效降低学生辍学率、巩固义务教育成果的重要举措，加强与市直中职院校的衔接合作，稳步推动职业教育渗透工作。在平凉信息工程学校挂牌成立了崆峒区初中学校职业教育实践基地，弥补了崆峒区无职业教育的短板，为全区推进职业教育渗透工作搭建了合作平台。强化校地合作，确立平凉七中、平凉八中、平凉九中和平凉十中 4 所学校作为职业教育渗透工作试点学校，先后组织 150 余名教师进行职业技术教育融通培训，1 万余名学生接受职业渗透教育，1500 余名学生赴平凉职业技术学院、信息工程学校参观汽修、数控、电工电子和机电

实训基地，以技修身，引导学生树立正确的劳动意识和就业观念。

"扶贫先扶智"决定了教育扶贫的基础性地位。少年强，则国强，少年智，则国智。脱贫路上，唯有教育先行才能医好"志""智"不足的弊病，使贫困人口彻底走出贫困的泥沼，通过接受教育，开阔眼界，让青少年怀抱对明天的期待奋发图强，才能彻底阻断贫困的代际传递。

意识具有能动的反作用，只有从思想上抛弃以贫为荣的观念，克服"我不能""我不动""我不行"的固有思维，才能在实践中不遗余力地发挥主体能动性，积极学习知识，主动掌握技术，而不是一味地企图通过等、靠、要这种帮扶，来实现脱贫致富。在社区反贫困的工作中，崆峒区党政干部以积极行动，以"授人以渔"的方法，不仅以物质扶贫，更把"志"与"智"的扶贫放在重要位置，既"输血"，更善于"造血"。

第四节　如何退：社区为本的"崆峒"范式

以社区为本的反贫困模式，将重视和发展民生与强化贫困区域的公共服务功能合为一体，坚持党委领导、政府主导、社会协同的治理框架实现贫困人口从合理需求的表达到合法利益的满足，以至于社区成熟的公共服务配给。党委领导重点在于整合多元社会力量，因地制宜，提升精准扶贫责任；政府主导重点在于各部门合理配置扶贫资金、资源和人力，提高扶贫工作的群众满意度；社会协同的重点在于通过社会多元主体的协同参与，增进扶贫治理的开放性，从而形成集扶贫治理和乡村振兴于一体的良性循环，保障脱贫成果的可持续发展。与此同时，第一书记、驻村工作队、驻村帮扶机制的建立，使党的各级基层组织直接领导扶贫事务，以加强领导统揽各项工作，为基层党组织与贫困社区的融入提供了坚实的保障，确保了扶贫质量的稳定性和可持续性，形成了社区为本的"崆峒"范式。

一、以乡村振兴助力脱贫攻坚

崆峒区以习近平新时代中国特色社会主义思想为指导，按照中央和省市安排部署，深入贯彻落实习近平总书记"三农"工作重要思想，按照产业兴旺、生态宜居、乡风文明、治理有效、生活富裕的总要求，以实现高质量发展为主线，以实现稳定脱贫为基础，以增加农民收入为核心，以壮大村级集体经济为突破口，以推进农村人居环境整治为着力点，以深化农村综合改革为根本动力，扎实推进乡村振兴战略各项任务落实。

（一）社区治理全面加强

崆峒区以冲刺"清零"为目标，不断巩固脱贫攻坚成果。始终把脱贫攻坚作为最大的政治、最大的任务、最大的民生，紧盯未脱贫村、户，以"3+3"冲刺清零行动为抓手，精准落实"一户一策"帮扶计划，全力抓重点、补短板、强弱项。以生态宜居为关键，促进人与自然和谐共处。以实施厕所、垃圾、风貌"三大革命"为重点，全面推进城乡园林绿化、村庄绿化、美化、亮化建设工程和全域绿化行动，因地制宜推进美丽乡村建设，有效改善农村人居环境。以产业兴旺为基础，提升现代农业发展水平。围绕培育壮大具有区域特色的农业主导产品、支柱产业和特色品牌，推广"党支部+国有三公司一平台+龙头企业（合作社、家庭农场等）+农户"的产业发展模式，大力发展肉牛、果菜、旅游、劳务产业，稳定持续增加群众收入。以乡风文明为保障，凝聚乡村振兴正能量。坚持教育引导、实践养成、制度保障三管齐下，深化习近平新时代中国特色社会主义思想和中国梦宣传教育，用身边鲜活"教材"教育引导广大群众崇德向善，形成尊重科学、追求上进、崇尚文明的乡村风气。以治理有效为根本，推动乡村和谐发展。全面加强农村基层党组织建设，建立健全村务监督委员会，推行村级事务阳光工程，形成民事民议、民事民办、民事民管的多层次基层协商格局。以生活富裕为目标，提高乡村民生保障水平。统筹推进农村公路、供水、电网、信息等基础设施建设和教育、医疗、养老、文化等公共服务保障，不断提高广大群众政策获得感。以农民培训为抓手，不断增强致富内生动力。紧紧围绕本地产业发展需要和岗位技能需求，对劳动力开展技能培训和劳务输转，增加贫困群众脱贫致富手段，增强脱贫致富奔小康的内生动力。

（二）综合经济实力稳步提升

崆峒区把项目建设作为促进投资增长和提升经济综合实力的战略重点，多方争取引进。"十三五"期间，先后实施重点项目 218 项，完成投资 255.1 亿元；辖区固定资产投资累计完成 288.97 亿元。地区生产总值年均增长 7.5%，达到 137.7 亿元；公共财政预算收入年均增长 5.1%，达到 5.42 亿元。三产结构比由 2015 年的 15.3：23.2：61.5 调整到 2018 年的 5.74：24.43：69.83，经济增长的稳定性和发展的协调性进一步增强。2018 年，全区城镇居民和农村居民人均可支配收入分别达到 27092 和 10393 元，均增长 8%。

（三）产业基础建设不断夯实

崆峒区把产业发展作为经济转型和健康发展的根本途径，加快主导产业提质增效，截至 2018 年年底，2018 年全区肉牛存栏 18.7 万头，畜牧业总产值达到 7 亿元；果树经济林面积达到 12.4 万亩，总产值 7000 万元；全区年均种植蔬菜 22.4 万亩，实现产值 7.4 亿元；旅游产业进一步发展壮大，2018 年，全区接待游客 800 万人（次），实现旅游综合收入 44 亿元；农村基础设施不断完善，建成美丽乡村示范村 60 个、环境整洁示范村 130 个，硬化农村道路 242.7 公里，建成人畜饮水工程 14 处，行政村实现了幼儿园、标准化卫生室、文化活动广场等公共服务全覆盖。

（四）城镇化水平显著提高

崆峒区把建管并举作为提升城市综合服务功能和统筹城乡发展的重要举措，持续完善基础设施配套，以"六横十二纵"城市环形路网框架建设为龙头，截至 2018 年年底，中心城市建成区面积扩大到 43 平方公里，城市人均道路面积达到 18 平方米，建成区绿化覆盖率达到 39.63%，小城镇化率达到 63.69%，累计建成保障性住房 187.88 万平方米，完成农村危旧房改造工程 23885 户 241.97 万平方米，建成住宅小区 36 个，城市人均住房面积由 2013 年的 28 平方米增加到 2018 年的 32.4 平方米。

（五）生态环境质量明显改善

崆峒区把生态建设作为转型发展和永续发展的强力抓手，大规模植绿增绿，大力度治理污染。完成造林绿化 21.9 万亩、新建绿色通道 1204 公里，建成林业助建新农村示范点 53 个，全区森林覆盖率达到 24.59%。坚决打好污染防治攻坚战，近两年中心城区环境空气优良天数、PM10、PM2.5 年均浓度均完成省市下达的目标任务，城乡 10 个集中式饮用水水源地、3 个国家地下水监测点位、泾河断面水质达标率均达到 100%，未发生重金属、危险废物等土壤污染问题。

（六）社会事业取得长足发展

崆峒区把保障和改善民生作为一切工作的出发点和落脚点，竭力兴办惠民实事。全区 185 所义务教育阶段学校全部达到了甘肃省义务教育学校办学基本标准，大力实施"全民参保"登记工作，2018 年参保登记率 91.68%，各项社会保险参保人数达 54.85 万人次，全区

26 家定点医疗机构全部实现"五险合一"信息系统内就医即时结算，失业人员累计实现再就业 5573 人，城镇登记失业率控制在 3.87% 以内，应届高校毕业生就业率达到 87.9%，建成 15 个城市老年人日间照料中心，养老服务体系日趋完善。

二、以社区主导构筑"崆峒"质量

瑞士学者冈纳·缪尔达尔（Karl Gunnar Myrdal）在《世界贫困的挑战：世界反贫困大纲》一书中指出："发展中国家的贫困归根结底是因为'不平等的社会结构'。"[①] 在脱贫攻坚到了决战决胜、全面收官的关键阶段，各地区各部门更加需要咬定目标、一鼓作气，坚决攻克深度贫困堡垒，着力补齐贫困人口义务教育、基本医疗、住房和饮水安全短板，确保农村贫困人口全部脱贫，同全国人民一道迈入小康社会。要采取有效措施，巩固拓展脱贫攻坚成果，确保高质量打赢脱贫攻坚战。

随着经济的发展和脱贫攻坚取得阶段性胜利，贫困人口必然会不断发生变化，因此，为了提高扶贫工作的有效性，应以脱贫的实效为依据，把那些已经脱贫的贫困人口退出扶贫机制，把一些原来不符合贫困标准但现在符合标准的接入进来，进行动态的调整，确保如期实现脱贫攻坚目标。对贫困县的考核作为精准考核机制的重要组成部分，应注重创新考核方式，要改变以往的主要考核 GDP 的方式，突出贫困地区贫困群体的特点，以提高贫困群体生活水平、减少贫困人口为主要评价指标，注重扶贫的效率和准确性。坚持做到贫困的退出严格、规范和透明，努力提升脱贫质量和脱贫成效，并且要及时地做好贫困退出的跟踪，解决工作中的苗头性等问题，认真落实好严格的

[①] ［瑞］冈纳·缪尔达尔：《世界贫困的挑战：世界反贫困大纲》，顾朝阳等译，北京经济学院出版社 1991 年版，第 43 页。

监督检查和外界评估，确保脱贫成果的真实可信度。"小康不小康，关键看老乡"，没有农村的小康，尤其是没有贫困村的小康，就没有全区的小康。解决 87 个贫困村和 1 万贫困人口稳定脱贫，是"崆峒"的标准、速度与质量。

（一）崆峒区贫困县退出指标完成情况

贫困发生率降至 3% 以下。按照《甘肃省贫困退出验收办法》贫困人口退出 11 项指标和"4342"脱贫退出责任体系要求，2014 年至 2017 年四年累计实现 4.63 万贫困人口脱贫退出，贫困人口减少到 1393 户 4902 人，贫困发生率下降至 1.49%。

危房改造完成率达到 100%。全区纳入国家农村住房信息系统危房改造户 10253 户全部建成，危房改造完成率达到 100%。

饮水安全农户比例达到 95% 以上。严格执行水质符合《生活饮用水卫生标准》，确保了每个建档立卡贫困户每天可获得的水量不少于 40 升，人力取水往返时间不超过 10 分钟，供水保证率不低于 95%。累计实现了 7.5 万户 31.3 万人的安全饮水，全区饮水安全农户比例达到 100%。

义务教育巩固率达到全省贫困县平均水平。截至 2018 年年底，全区初中毕业班学生数为 7044 人，本届初中毕业生入小学一年级时人数为 7245 人，实现了义务教育巩固率 97.23%，高于全省贫困县义务教育巩固率平均水平。

城乡居民基本医疗保险参保率达到 95% 以上。截至 2018 年年底，全区参加城乡居民基本医疗保险参加人数为 30.8 万人，参保率达到 98.78%。

参加基本医疗保险患病人口全部享受了基本医保相关政策。截至 2018 年年底，全区参加城乡居民基本医疗保险人口中，住院看病 46036 人（次），共支出医疗保险费用 1.14 亿元，参加基本医疗保险患病人口全部享受了基本医保相关政策。

符合条件的患病人口全部享受了大病保险（含门诊慢特病）、医疗救助（含重特大疾病）、疾病应急救助等相关政策。截至 2018 年年底，全区符合大病保险（含门诊慢特病）条件的患者 3178 人次，符合医疗救助（含重特大疾病）的患者 1103 人次，全部享受了相关政策。全区大病保险（含门诊慢特病）支出 818.9 万元，医疗救助（含重特大疾病）支出 465.3 万元，符合条件的患者全部享受了相关政策。

（二）崆峒区脱贫攻坚主要做法及成效

脱贫攻坚工作启动以来，全区上下深入贯彻落实习近平总书记关于扶贫开发工作的重要论述和中央、省、市关于脱贫攻坚的各项决策部署，始终把脱贫攻坚作为"一号工程"，集全民之智、聚全区之力、谋脱贫之路、施治贫之策，全区贫困乡村面貌发生显著变化，群众致富增收能力得到明显提升。

1. 聚焦精准精细，开好扶贫"良方"

各地情况千差万别，每户情况各有难处，开对"药方"，才能拔掉"穷根"。习近平总书记强调："扶贫开发贵在精准，重在精准，成败之举在于精准。"[①] 崆峒区始终牢牢把握"精准"这一核心要义：脱贫攻坚工作一开始就深入摸底调研讨论，提出了"12345"工作思路，制定了全区精准扶贫精准脱贫工作实施意见和饮水、住房、教育、医疗、交通等 20 个支持方案，完善了产业扶贫、就业扶贫、教育扶贫、生态扶贫等重点领域政策措施；脱贫摘帽之后，又紧密结合实际，全力实施富民产业、基础设施、政策保障、帮扶协作、机制创新、基层组织"六大巩固提升工程"，在抓剩余贫困人口脱贫的同时，持续巩固提升脱贫成果，始终做到脱贫工作重点突出、主攻方向

---

① 《习近平在部分省区市党委主要负责同志座谈会上强调 谋划好"十三五"时期扶贫开发工作 确保农村贫困人口到 2020 年如期脱贫》，《人民日报》2015 年 6 月 20 日。

明确，脱贫措施"精准滴灌"。在乡村方面，围绕扶贫政策"谁来落实"的问题，成立乡镇扶贫工作站 17 个，设立贫困村扶贫工作室 105 个，配备专门工作力量，全面加强贫困人口动态管理，保障各项工作任务落实，增强扶贫工作的针对性和实效性。在农户层面，紧盯"两不愁三保障"标准要求，逐户对接制定"一户一策"精准脱贫（巩固提升）计划，跟进落实帮扶措施；同时，紧跟贫困户家庭情况和发展能力变化，做好"一户一策"帮扶计划动态调整工作，确保真正帮到点子上、扶到关键处。

2. 突出多业并举，拓宽扶贫"致富路"

产业是区域经济发展的基石，更是实现贫困群众稳定脱贫的核心。崆峒区立足贫困乡村资源禀赋和产业基础，兼顾长期稳定增收与当前收益见效，积极构建"牛果菜主导，多业并举"的产业体系，不断拓宽贫困群众的增收渠道。一是积极推行"党支部+龙头企业+合作社+贫困户"等产业扶贫模式，带动贫困户发展牛、果、菜特色产业，为贫困群众持续增收打下基础。特别在牛产业方面，探索建立了"牛办统领、平台融资、联盟服务、场户并进、龙头带动、市场引导"的产业发展体系，全面实施"六个一"工程（户均有一座暖棚牛舍、户均一头基础母牛、人均饲养一头肉牛、户均一亩优质饲草、牛均一吨青贮饲草、户均 1 万元养牛收入），初步形成了适度规模经营、全产业链条发展、独具特色的牛产业发展新路子。二是把劳务作为最直接、最有效、最快捷、最稳定的增收措施来抓，强化劳动力技能培训，加强驻外劳务基地建设，加大组织输转力度，确保"输出一人、脱贫一户、带动一批"。三是注重小庭院、小家禽、小手工、小买卖、小作坊等"五小"产业培育，稳步推进光伏扶贫、电商扶贫等新业态，确保贫困村和贫困户增收项目能落到实处，且当年投入当年就有所收益。

3. 强化政策扶持，注入扶贫"新动能"

崆峒区出台了 26 条聚焦深度贫困乡村推进脱贫攻坚的《政策措

施》和崆峒区《聚焦深度贫困村贫困户打赢脱贫攻坚战的若干政策措施》《牛、果、菜产业转型升级助推脱贫攻坚工作实施意见》《关于支持贫困户发展"五小"产业的实施意见》等一系列办法举措，明确了主攻方向，把资金、项目、帮扶力量向贫困程度较深的片带集中倾斜。截至 2018 年年底，全区衔接发放精准扶贫专项贷款 4.08 亿元、脱贫攻坚"惠农 e 贷·养牛贷" 123 户共 2400 万元，有效解决了贫困群众产业发展资金难题。安排 3108 万元入股配股到 9 家龙头企业，采取"保底分红+效益分红"的方式，带动 1562 户贫困户实现稳定收益。按照"三个全覆盖"（所有贫困户、贫困户所有种养产业、自然灾害和市场价格波动双重风险）要求，通过"政府补助+农户自愿"，办理政策性农业保险保费 811.76 万元，有效防范和降低了农业产业风险。在全区新增生态护林员公益性岗位 1000 个，2753 名贫困群众在家门口实现就业。

4. 聚焦民生改善，织密扶贫"保障网"

崆峒区围绕补齐贫困村公共服务短板，大力实施教育、卫生、文化基础设施等民生工程，不断提升基本公共服务均等化水平，增加群众获得感、幸福感。加快实施"全面改薄"项目，全面落实"两免一补"等助学政策、适龄儿童少年控辍保学等措施，区内义务教育巩固率达到 97%以上。健全完善基本医疗保险、大病保险、医疗救助"三重医疗保障"体系，实施健康扶贫"三个一批"行动计划，全面落实贫困人口定额资助和代缴参保、"先诊疗后付费"、"一站式"即时结报等政策，办理慢特病证 8301 人，贫困人口参保率、家庭医生签约率均达到 100%，合规医疗费用报销比例达到 85%以上。全面推行低保线与扶贫线"两线合一"，加强农村低保动态管理，精准识别保障对象，对符合条件的困难群众及时纳入保障范围，做到了应保尽保。

5. 注重开源节流，用活扶贫"金钥匙"

崆峒区通过多渠道筹措扶贫资金、用足用好扶贫资金，为脱贫攻坚工作提供重要保障。创新建立了"财政专项资金+整合项目资金+金融信贷资金+市场运作资金+群众投入资金"的脱贫攻坚财力保障机制，累计整合投入资金23.77多亿元，保障脱贫攻坚各项政策措施落实。制定了统筹整合使用财政涉农资金实施方案和统筹整合使用财政涉农资金管理办法，把中央20项、省级14项、市级13项和区级预算安排的用于扶贫的资金全部纳入整合范围，共整合各类财政涉农资金10亿元，重点保障了产业发展和农村基础设施建设，实现了"跨行业、跨部门、跨项目"资金整合，形成了"多个渠道引水、一个龙头放水"的扶贫资金投入格局。坚持新增财力向扶贫领域倾斜，每年坚持将收入增量的20%以上增列专项扶贫预算，充分发挥政府投入在扶贫开发中的主体和主导作用。通过风险保证、贷款贴息等方式调动社会资金和民间资本参与扶贫济困，拓宽筹资渠道，为扶贫资金"开源"。先后引进平凉市27户企业，在11个乡镇24个贫困村投入资金3.7亿元，参与肉牛养殖、果园和蔬菜基地建设，有效缓解了产业扶贫投入不足的问题。第三，进一步压缩其他领域的行政性开支，将节约的资金用于脱贫攻坚，做好"节流"文章。与此同时，加强扶贫资金使用的监管，组织开展扶贫资金专项审计，着力发现和杜绝扶贫资金的违规使用，提高扶贫资金的使用效益，确保扶贫款用在刀刃上。

6. 突出"志""智"齐扶，激发脱贫"内生力"

脱贫致富终究要靠贫困群众用自己的辛勤劳动来实现，依靠"输血"不是长久之策，不可能从根本上解决贫困问题。针对一些贫困群众存在"等靠要"思想、缺乏脱贫能力等问题，崆峒区将坚持扶贫同"扶志""扶智"相结合。一方面，组织全区社科理论战线各方面人才及广大基层干部，组成宣讲小分队，在贫困乡村宣讲脱贫攻坚政策措施；在区电视台等各类媒体开设专栏、专题，常态化开展"精神扶贫"主题宣传报道活动，通过宣传脱贫成功案例和"致富经"，让贫困户在"听"和"看"的过程中，激发"想致富、能致富"的激情。另一方面，积极协调扶贫、人社、农业农村等部门，整合各类培训资源，加大对贫困群众种养、劳务等技能的培训力度，积极推广肉牛改良育肥、特色种植、农产品加工等新技术，持续增强贫困群众自我"造血"功能。截至 2018 年年底，累计完成各类培训39943 人次，平均每年 9985 人次，其中"两后生"职业技能学历教育培训 5488 人次、职业技能培训 14156 人次、新型职业农民培训1270 人次、农村致富带头人示范性项目培训 1184 人次、岗位技能提升培训 391 人次、劳务品牌培训完成 5054 人次、创业培训 400 人次，贫困户劳动力实用技术培训 12000 人次，实现了有培训意愿的贫困户劳动力培训全覆盖。

（三）崆峒区巩固脱贫攻坚成果的做法

崆峒区严格按照习近平总书记"摘帽不摘责任、摘帽不摘政策、摘帽不摘帮扶、摘帽不摘监管"[①] 指示精神，全面落实中央和省、市、区各项决策部署，坚持"政策不变、目标不散、责任不松、力度不减"，深入开展"3+3"冲刺清零行动，抓实落细"一户一策"脱贫措施，全力实施富民产业、基础设施、政策保障、帮扶协作、机制创新、基层组织"六大提升工程"，紧盯短板弱项全力冲刺清零，巩固脱贫攻坚成果。

1. 突出"富民产业提升"促增收

崆峒区紧盯"一户一策"精准脱贫计划措施落实，按照"远抓苹果近抓牛，当前脱贫抓劳务"的发展思路，大力实施"六个一"规模养牛、北部塬区果产业整塬推进、设施蔬菜整川推进"三大工程"。出台"六补一投"（见犊补母、养殖小区补贴和贫困户基础母牛补贴、新购置基础母牛补贴、暖棚牛舍补贴、青贮窖补贴、投放青

---

① 中共中央宣传部、国家发展改革委员会编：《习近平经济思想学习纲要》，人民出版社、学习出版社 2022 年版，第 92 页。

贮设备）政策，落实到户补助资金 8975.8 万元，不断巩固贫困群众增收渠道。

2. 突出"基础设施提升"补短板

崆峒区整合投入财政涉农资金 4.22 亿元，重点实施了社区安全饮水巩固提升、农村人居环境改善、美丽乡村建设、易地扶贫搬迁等工程，持续推进基础设施、公共服务和社会保障全提升、全改善，贫困群众生产生活条件得到进一步提升改善。

3. 突出"政策保障提升"增后劲

在崆峒区"1+20"方案的基础上，结合实际制定了《崆峒区打赢脱贫攻坚战三年行动实施方案》《崆峒区深入实施"九大冲刺行动"坚决打赢打好脱贫攻坚战的实施方案》《崆峒区已脱贫村和已脱贫人口巩固提升计划》《崆峒区 2019—2020 年巩固提升脱贫成果实施方案》等方案计划，明确了主攻方向和政策举措。

4. 突出"帮扶协作提升"添动力

崆峒区紧抓扶贫机遇，统筹调配各级帮扶单位和干部资源，精确瞄准社区贫困户，持续发力，形成了多方力量参与、多种举措有机结合的脱贫攻坚强大合力。突出"机制创新提升"打破壁垒，健全动态监管的返贫防御体系，对已脱贫人口、边缘人口进行动态监测和动态调整，确保做到应纳尽纳、应退则退。探索改进帮扶方式，将帮扶措施与贫困群众参与挂钩，进一步激发了贫困群众脱贫致富的内生动力。

5. 突出"基层组织提升"强保障

崆峒区深入开展"不忘初心、牢记使命"主题教育活动，以党建统领"一强三创"为抓手，2018 年以来，建成农民专业合作社党组织 136 个，创业型专业化党小组 240 个，培养"三个带头人"队伍 1866 人，走出了"支部跟着脱贫走，贫困户跟着党员走"的脱贫致富新路子。

第四章

党建引领脱贫攻坚

　　农村社区党建是指通过巩固党在农村的基层组织，改善农村基层党组织活动形式，强化党组织在社区治理中的领导核心作用，紧密党组织与社会、人民之间的联系，为坚持和巩固党对农村的领导而建立广泛的社会基础，有力改善党组织整合和调控社会的能力。

　　农村社区党建的特点有四个：其一，农村社区党建的组织方式是条块结合，以块为主。农村社区党建是社区内多层次多类型的基层党组织建设的交融与汇聚，以共同的利益与需求、目标为纽带，形成一种优势互补的工作格局，是整体性和区域性的大党建格局，兼有社会性、地区性、群众性和公益性的系统工程。其二，农村社区党建的领导方式主要是指导、协调和服务。社区是自治性的社会组织，其主要特征就是自我管理和自我服务。党对社区的领导也是以政治领导为主，在指导、协调以及服务的过程中发挥领导核心作用。其三，农村社区党建要引领社区发展。农村社区党组织是领导社区建设的核心力量，要通过工作方式的改进，推动社区治理能力的提高。对于贫困落后地区而言，农村社区党组织势必要以脱贫攻坚为重中之重，以农村社区党建引领脱贫攻坚的成效为检验标准，切实履行好农村社区党组织应承担的责任。其四，农村社区党建要紧紧依靠人民群众。民心向背是最大的政治，人民群众是推动历史发展的真正动力，社区党建的初心和使命是为了更好地维护人民群众的利益，因此，加强农村社区党建要坚持以人民为中心的价值取向，从群众中来到群众中去，始终代表和维护人民群众的根本利益。

　　社区党建是党的建设在农村基层的延伸，农村社区党建做得好不好，事关党在农村的执政大局、事关农村的改革发展稳定大局，事关人民群众的幸福感、获得感。加强农村社区党建工作，是新时代实现脱贫攻坚和乡村振兴的必然要求，也是巩固党在农村执政基础的必由之路。总而言之，农村社区党建通过准确把握农村脉搏，贯彻党的理论和路线方针政策，落实党在农村的安排部署，聆听群众呼声，紧贴群众需要，发挥农村社区党组织在服务群众中的主体作用，以农村社区党组织为纽带，整合辖区各类资源、力量，共同做好服务群众工作，顺利完成脱贫攻坚的各项任务。

第一节　选优配强农村社区第一书记

党的十八大以来，习近平总书记多次引用《墨子》"尚贤者，政之本也"一语，来强调选拔人才、选贤任能的重要性。2013 年 6 月 28 日，习近平总书记在全国组织工作会议上的讲话中指出："我们党历来高度重视选贤任能，始终把选人用人作为关系党和人民事业的关键性、根本性问题来抓。治国之要，首在用人。"[①] 习近平总书记强调扶贫干部"因村派人要精准"，一个重要内容就是选准驻社区第一书记。驻社区第一书记既是中央政策的落点，也是平凉市崆峒区精准扶贫的支点，成为精准扶贫联通上下的中坚力量。第一书记驻社区扶贫是我国最新一轮脱贫攻坚战的重要举措，通过向贫困社区及基层党组织软弱涣散社区引进新的外在领导力资源，加强农村基层治理现代化水平，为农村社区发展提供新动力，促进贫困社区经济发展水平，最终实现精准脱贫目标。"第一书记"制度的起源与村民自治在农村

---

① 中共中央文献研究室编：《十八大以来重要文献选编》（上），中央文献出版社 2014 年版，第 336—337 页。

基层治理过程中发生的现实困境密不可分。我国农村发展水平的不平衡性和村民及基层干部素质的相对低下，使得村民自治发挥的效能具有局限性，甚至部分地区还出现了"一言堂"、主管领导独断专行等不良现象。在此情况下，通过国家行政力量，从各党政机关、企事业单位选派政治素质高、作风优良的同志担任第一书记，从外部"嵌入"领导力资源，提升贫困社区和基层党组织软弱涣散社区的基层治理现代化水平确实是一项切实有效的措施。

崆峒区高度重视社区第一书记的选派工作。每年都会选拔大量德才兼备、能力突出、作风过硬的干部深入脱贫攻坚一线。2016年，崆峒区选派105名政治过硬、业务精良、素质优良的党员干部到贫困社区担任第一书记，其中帮扶实效显著的留任36名，综合协调能力强兼任队长的26名。制定《崆峒区选派到村任职干部管理办法》和《崆峒区贫困村驻村帮扶工作队管理办法》，给第一书记戴上帮扶对象精准聚焦，目标任务精准对接，帮扶内容精准落实，帮扶措施精准到位，夯实基础强化治理，培育典型示范引领的"责任"帽。各社区第一书记通过深入调研，驻社区入户，建立"民情数据库"；盘活资源，积极协调帮扶单位和帮扶企业，实行责任、项目、资金三绑定；有的放矢，列出需求清单，制定"强社区计划"，明确时间表和路线图，开展滴灌式精准扶贫，实现了社区党建与脱贫攻坚工作"双推进"。

2017年和2018年，崆峒区每年选派105名政治过硬、业务精良、素质优良的党员干部到贫困社区担任第一书记，实行"一周一走访、一月一例会、一季一破难、一年一述职"制度，落实项目、资金、责任"三个捆绑"要求，通过定期交流、现场评议等形式，检查第一书记履职情况，充分发挥第一书记脱贫攻坚"生力军"作用。2019年，崆峒区各级党组织和党员干部聚焦脱贫攻坚"一号工程"，建立了党委统筹、支部引领、党群互助、干部帮扶的有效机制，先后从区机关选派105名优秀干部到贫困社区任职第一书记，选派工作队员 210 名，带领贫困群众脱贫致富。全区 88 个机关党支部与贫困社区党支部联建，7600 余名机关党员与帮扶对象结对，解决贫困群众发展难题 200 余个。培育"三个带头人"1495 名，结对帮扶 300 余户贫困对象脱贫，120 名党员贫困户自力更生率先脱贫，辐射带动 500 余户贫困户增收脱贫。积极争取中央和省委、市委项目补助资金累计 880 万元，重点实施了 24 个社区集体经济项目建设，示范带动 228 个社区发展集体经济。

一、选好管好用好社区"领头雁"

农村社区党组织书记履行管党治党的第一责任，是农村发展的"领头羊"，同时，肩负着实现党对农村一切工作领导的政治使命。因而，选好用好农村基层党组织带头人具有重要的政治意义和现实意义。尤其是面对农村熟人社会、干部创新创业精神不足等问题的时候，选好用好"领头雁"，抓好农村社区党组织"第一书记"这个"关键少数"，关系到党的路线方针政策和各项决策部署能否得到充分贯彻落实，关系到基层治理现代化进程。崆峒区制定《进一步加强村党组织书记队伍建设的意见》，制定了《关于加强深度贫困村班子建设的实施意见》，采取"内选""外引""下派"等途径，2018年以来调整村党组织书记 58 名，建立了 1598 人的村"两委"后备干部库。严格落实《甘肃省选派到村任职第一书记管理办法》，调整充实第一书记 42 人，驻社区工作队员 210 人，确保每个驻社区帮扶工作队区以上帮扶人员不少于 3 人。采取"聚上来听""走出去看"等方式，对 357 名社区党组织书记、第一书记开展了培训，有效提升了工作能力。实施"三个带头人"队伍建设工程，培育"三个带头人"1866 人，帮带 10375 户群众发展富民产业，有效助推了脱贫攻坚。崆峒区制定《崆峒区村干部管理暂行办法》，落实"双议双评"制度，推行社区干部坐班办公，加强社区干部队伍规范化管理。以每年下半年开展的社区"两委"换届为契机，进一步选优配强农村社区党组织书记。按照守信念、讲奉献、有本领、重品行的选人标准，加大力度从具有高中以上文化程度、年富力强的现任村干部、致富带头人、复转军人和外出务工返乡人员中选拔农村社区党组织书记。注重从本社区各类优秀人才中选拔社区党组织书记的同时，选派一批乡镇机关党员干部到工作薄弱社区担任社区党组织书记；作为党政机关后备干部的培养措施，按照组织选派和个人自愿相结合的原则，从省市县机关选派2000名优秀年轻党员干部到贫困社区、后进社区担任社区党组织第一书记、书记或常务副书记，任期三年；重视从村"两委"副职、文书、组干部和其他优秀分子中培养村党组织书记后备人选。积极探索和完善社区干部培养选拔的长效机制。崆峒区实施"一社区一名大学生社区干部"计划，选聘203名大学生到社区任职，建立了联系帮带、培养使用、考评激励等制度，促进大学生村干部、选派到村任职干部成为脱贫攻坚的"生力军"。通过第一书记驻农村社区的方式，通过帮扶，把所在社区基层党组织建设成为强有力的战斗堡垒，推动今后社区各项工作的长期稳定发展，实现长效可持续的脱贫致富目标。

二、靠实社区"第一书记"的政治责任

贫困社区"穷根子"久拔不掉，基层党组织的软弱涣散是其中一大主要原因。党的惠民政策落实不到田间地头，解决温饱的法子路子没人上心，基层党组织不给力，发展的精气神也就散了。强基固本、加强社区基层党组织建设是摆在第一书记面前的首要任务。扶贫先扶人、扶智，抓班子、带队伍的重要性丝毫不亚于拉资金、跑项目。把散乱的班子"拢"起来、把支部的威信树起来、把队伍的治理能力提起来、把"堡垒"的战斗力激出来，才能为帮包社区留下一支"永不走的工作队"。要想摘掉穷帽子、拔掉穷根子，不能想当

然，不真正扎下根来、扑下身去、蹲到社区里，就摸不清社区的底子、找不准贫困的根子，当然也就迈不开步子、干不出样子。崆峒区乡镇党委认真履行属地管理职责，全面做好社区第一书记的日常监督管理工作，包括工作指导、教育培训、考勤管理等，将社区第一书记纳入乡镇机关干部管理范畴；选派单位做好了选派第一书记的工作移交、项目衔接、组织关系转移等工作，强化跟踪管理，落实"三个捆绑"要求，大力支持第一书记办实事办好事。第一书记要在选派期间与原单位工作脱钩，坚决杜绝"两头跑"或未脱离原单位基本不在社区工作的情况，要按照驻社区帮扶要求，深入了解社情民意，认真谋划帮带群众致富思路，扎实开展驻社区帮扶工作。平凉市崆峒区建立并严格落实公开承诺、工作纪实、定期汇报、考勤和请销假、巡回督导、召回撤换及考核奖惩等制度，切实加强第一书记的日常管理工作，确保社区"第一书记"每月驻社区时间不少于 20 个工作日，每年不少于 220 个工作日，其中驻社区时间不少于 160 天，真正使第一书记下沉下去，工作到村到户。同时，崆峒区不断完善帮扶指导、督查考核、述职问责"三项机制"，常态化推动精准扶贫工作，压实抓党建促脱贫工作责任。进一步加强对抓党建促脱贫工作社区第一书记队伍的严管厚爱，对表现突出的社区第一书记优先给予提拔重用，确保扶贫工作形成一种大干快干、你追我赶的局面，促进贫困村尽早尽快脱贫致富。

三、提升社区第一书记履职能力

过硬的思想素质是根本，扶贫的专业技能是保障。社区第一书记委派之前，系统的培训是必要的，扶贫不能打无准备之仗，思想上要转变、专业技能上要加强。崆峒区紧紧围绕提高推动发展、服务群众、凝聚人心、促进和谐的能力，以党的知识、惠农政策、产业技能、群众工作方法等为主要内容，进一步加大对社区党组织书记的教育培训力度。建立分级负责、分类实施、定期轮训、全员培训的社区党组织书记培训工作格局。加强宏观规划和统筹协调，增强培训工作的针对性和实效性。第一，利用好上级教育培训资源。甘肃省在甘肃省党员干部教育基地和甘肃省农村党员干部现代远程教育管理办公室的基础上，组建甘肃省乡村干部培训学院，负责培训工作的总体规划、牵头抓总和示范培训；市、县党委组织部门根据社区干部队伍现状和工作需要，制定实施计划，分别开展重点培训、普遍培训。从甘肃省到平凉市再到崆峒区的各级党校、行政学院和其他培训机构各司其职、密切配合，有针对性地搞好农村社区第一书记的专题培训，提供了丰富而宝贵的教育培训资源。第二，挖掘和拓展教育培训资源。认真落实第一书记岗前培训、日常轮训和集中培训等制度，统筹安排好第一书记的培训工作，累计每年培训时间不少于5天，采取"聚上来听""走出去看""送下去学"等灵活多样的方式，对社区干部开展培训，近3年共培训社区干部2800多人次。培训内容要重点突出职责任务、农村社区基层党建、精准扶贫政策、特色产业发展、农村"三变"改革、乡村振兴、村级集体经济发展和群众工作等方面的培训，切实增强培训的针对性和实效性。特别是要把新选派的第一书记作为培训重点，采取专题辅导、现身说法、实践实训等方式，坚持学思践，突出传帮带，帮助第一书记尽快转变身份、进入角色，把握工作定位，认真履行建强基层组织、推动精准扶贫、为民办事服务、提升治理水平等职责任务，不断提高推进脱贫攻坚和做群众工作的能力。

四、做好社区第一书记的管理工作

进一步健全了社区第一书记岗位目标责任制。县（市、区）和乡镇党委细化岗位职责和年度目标任务，并严格落实"双述双评"等实绩考核制度，以考核结果兑现奖惩，激励先进，鞭策后进。健全完善社区组织议事决策和工作运行程序，认真实行"四议两公开"工作法，增强社区干部依法办事、民主决策的意识和能力。崆峒区区委组织部把常态化的督查检查和年度考核作为推动第一书记全面履行脱贫攻坚职责、在脱贫攻坚一线锻炼成长和助推脱贫攻坚的有力手段，采取明察暗访、随机抽查、阶段性工作检查等方式，定期不定期地到社区督查第一书记到岗履职和作用发挥情况，督查乡镇党委履行管理第一书记主体责任情况，并建立督查工作档案，作为第一书记年终考核奖惩的重要依据。把坚持平时考评、日常检查与年度考核相结合、定性考核与定量考核相结合、组织考核与群众评议相结合，公正客观、实事求是地评定年度考核等次，作为表彰奖惩和干部提拔重用的重要依据。比如，建立跟踪管理制度。各乡镇党委严格落实选派第一书记工作纪实、定期汇报、考勤和请销假等制度，加强日常管理，发现有不按规定到岗、不胜任驻社区工作、造成重大失误、违反廉洁规定和工作纪律等情形的，及时汇报区委组织部，给予批评教育、诫勉谈话、召回撤换。又如，建立半年考核制度。各乡镇党委对原来选派的第一书记进行半年工作考核，填写《甘肃省选派第一书记任期考核登记表》，乡镇党委根据选派第一书记的德才表现、工作绩效、到岗情况、群众评价等填写鉴定，报区委组织部审定。对于没有脱离原单位驻社区开展工作、未履行请假手续擅自离岗、考勤日志与实际不相符等具体事、具体人，以及在自查自纠中发现反馈的问题未按期进行整改落实的，年度考核时，第一书记一律不评为"优秀"等次，所在驻社区帮扶工作队一律不评为"先进"等次。加强考核的同时，建立科学有效的激励机制必不可少。首先，第一书记孤身一人到社区工作，生活和精神压力很大，崆峒区尽可能地保证第一书记的编制和待遇，在政治上给予关照，保证第一书记履职完成后的职务、级别等待遇不变；其次，经济待遇上给予相关的补助保证第一书记的生活质量不受影响；最后，区内相关部门和单位给予第一书记的工作大力支持和充分尊重，形成对第一书记工作的认可和支持，使第一书记在工作中获得成就感和认可度，提高了第一书记工作的积极性。

第二节　扎实推进社区党组织标准化建设

加强农村社区党组织标准化建设，是实现基层党组织建设规范化、制度化、科学化的重要内容，是深入贯彻落实习近平新时代中国特色社会主义思想和 2015 年全国农村基层党建工作会议精神、党的十九大精神的基本要求，也是全面贯彻落实新时代全面从严治党新要求的必然举措。所谓农村社区党组织标准化建设，就是通过引入管理学中有关的标准化理念、方法、工具、策略等，对党章、党规等党内法规规定的农村社区党组织建设的要素、职责、依据、任务等进行梳理，明确制定实施统一规范的组织建设标准和评价应用体系，推动农村社区党组织工作规范的落实和常态长效，从而在农村构建系统化的党建工作制度、规范化的党建工作程序、高效化的党建工作方法和精准化的党建工作考核机制。农村社区党组织标准化建设不是新增或改变党组织的职责任务，而是对党组织现有工作进行有力规范、有机整合和有效考量，是进一步优化农村社区党组织建设的顶层设计。推进平凉市崆峒区农村社区党组织标准化建设有利于落实全面从严治党战略和新时代党的建设总要求，着力提升基层党建工作质量和水平，持续推进党建统领"一强三创"行动深入实施，推动党的一切工作到支部，切实提升党支部组织力，强化政治功能，使基层党支部成为宣传党的主张、贯彻党的决定、领导基层治理、团结动员群众、推动改革发展的坚强堡垒。

表 4.1 平凉市崆峒区农村社区党组织标准化建设体系

类别	标准项目	标准内容
第一类	政治建设标准	1. 社区党支部政治建设和思想建设工作规范
		2. 社区党支部组织力提升工作规范
		3. 社区党支部抓党建促脱贫工作规范
第二类	组织建设标准	4. 社区党支部设置规范
		5. 社区党支部换届选举程序
		6. 社区党支部领导村民自治工作规范
		7. 社区党支部领导群团组织工作规范
		8. 社区"三链"建设实施规范
		9. 软弱涣散社区党组织整顿工作规范
		10. "四议两公开"工作规范
		11. 社区党支部党务公开规范
		12. 社区党支部微信群建设维护规范
第三类	组织生活标准	13. 社区党支部"三会一课"程序
		14. 社区党支部"主题党日"活动规范
		15. 社区党支部组织生活程序
		16. 社区党支部谈心谈话规范
		17. 社区党支部民主评议党员规范
第四类	社区党支部队伍建设标准	18. 社区党支部书记队伍建设规范
		19. 社区第一书记队伍建设规范
		20. 大学生村干部队伍建设规范
		21. 社区后备干部队伍建设规范

类别	标准项目	标准内容
第五类	党员队伍 建设标准	22. 发展党员工作规范
		23. 党员组织关系转移接收规范
		24. 党费收缴使用规范
		25. 党员冬训实施规范
		26. 党员教育培训实施规范
		27. 流动党员管理工作规范
		28. 无职党员设岗定责规范
		29. 党员档案管理规范
		30. 社区党支部处分党员程序
		31. 社区党支部处置不合格党员规范
		32. 党员权利保障实施规范
		33. 党员激励关怀帮扶规范
第六类	基础保障 标准	34. 社区干部报酬待遇标准
		35. 社区级组织办公经费标准
		36. 社区党组织活动场所建设及运行标准
		37. 社区集体经济发展规范
第七类	考核评价 标准	38. 社区党支部书记"双述双评"工作规范
		39. 社区党支部战斗堡垒指数争创规范
		40. 党员先锋指数争创规范
		41. 乡镇党委抓村党支部建设考核规范
		42. 社区党支部抓脱贫攻坚考核规范

一、社区党组织标准化建设实施范围

标准化建设重点在基层党支部中开展，包括党总支，具体如下：

（一）全区农村社区领域重点包括：252 个社区党总支、党支部，17 个乡镇机关党总支、党支部参照机关党支部建设标准执行。

（二）全区国家机关领域重点包括：发改局、公安分局、财政局、建设局、交通局、水务局、农牧局、林业局、文旅局、执法局、食药监局、工商局、区直机关、崆峒山大景区、平东工委纪念馆 15 个党（工）委所属党总支、党支部，党组织关系隶属地方的中央、省驻区单位及其直属事业单位的党总支、党支部以及党总支所属各支部，机关所属企业和其他党支部参照执行。

（三）全区国有企业领域重点包括：文化旅游产业投资公司党委、公共交通公司党总支、宏基城市建设公司党支部、惠农发展公司党支部、立信担保公司党支部、丰田粮食储备购销公司党支部、粮贸大厦党支部、烟草专卖局党支部、盐业公司党支部。

（四）街道、教育、卫计、非公经济、社会组织等 6 个党工委所属党总支、党支部建设标准化，可结合各自实际情况，探索推行标准化的措施和办法，省标准化《手册》下发后，组织实施创建达标。街道办、教育局、卫计局等 5 个机关参照机关党支部建设标准执行。

（五）农村、机关等领域基层党（工）委，根据党（工）委职责作用、议事决策规则、活动阵地建设等相关要求，参照党支部建设标准化内容，探索制定更高创建标准，一并推进标准化建设。

二、社区党组织标准化建设的目标

通过开展党支部建设标准化工作，推动党建统领"一强三创"行动目标更加聚焦、措施更加有力、评价更加精准、基础更加坚实，着力构建党建工作科学规范体系，全面推动党建工作上台阶、上水平。

（一）推动实现党支部政治建设标准化。把政治建设作为党支部建设的基础工程和首要任务，强化政治担当，推动习近平新时代中国特色社会主义思想进支部，教育引导广大党员牢固树立"四个意识"，坚定"四个自信"，做到"四个服从"，坚决维护以习近平同志为核心的党中央权威和集中统一领导，旗帜鲜明讲政治，努力把党支部建设成为党员政治学习的阵地、思想交流的平台、党性锻炼的熔炉。

（二）推动实现党支部组织设置标准化。主动适应经济社会发展、产业布局、行业分工、党员流向新变化，创新党组织设置，积极推广"党建+"和"四链"模式，扩大党组织覆盖，不断健全完善基层组织体系，优化组织设置，理顺隶属关系，确保做到应建尽建、设置规范、调整有序、换届及时、体制顺畅。

（三）推动实现班子队伍建设标准化。进一步规范班子队伍建设相关制度规定和工作运行程序，以增强班子整体功能为着力点，以打赢打好脱贫攻坚战为目标，不断创新教育培养、选拔配备、监督管理、考核评价等机制，落实好社区干部"小微权力清单"制度，着力打造一支素质优良、结构合理、领导有力、担当有为、作风扎实的党支部班子队伍。

（四）推动实现党内组织生活标准化。以规范严肃党内生活为目标，以增强党组织生机活力为着力点，全面推行"主题党日"制度，认真落实"三会一课"、民主评议党员、组织生活会和谈心谈话等基本制度，党内各项组织生活正常规范、严肃认真，党员参与率高、教育效果好，党员党性意识显著增强。

（五）推动实现党员教育管理标准化。以发挥党员先锋模范作用为着力点，实行双备案、双推进和合格党员考评积分管理制度，严把党员发展程序和质量，运用信息化手段，强化党员日常教育管理，保障党员合法权利，健全党员激励关怀帮扶机制，依法依规处分党员，妥善处置不合格党员，不断激发党员队伍生机活力。

（六）推动实现基础保障建设标准化。建立规范稳定的人员力量保障和经费保障机制，推进党支部活动阵地标准化建设，健全完善服务平台和服务体系，积极推行错时坐班和服务全程代办等制度，激发基层党支部干事创业激情和服务群众热情，着力解决基层党支部无人干事、无钱办事、无场所议事、无阵地活动等问题。

（七）推动实现考核评价机制标准化。健全并落实党支部建设考核评价机制，推行平时考核、年终考核和述职评议考核相结合的"三考排位"制度，明确考核主体、细化考核指标、量化考核权重，充分发挥考核"风向标"和"指挥棒"作用，督促各级党组织认真履行抓支部建设责任，督促各领域党支部认真抓好支部自身建设。

三、社区党组织标准化建设的方法

情景模拟法。崆峒区针对部分农村社区党组织书记年龄大、文化程度低、党务业务不熟的问题，重点围绕如何提高质量、规范程序，精心设置"三会一课"、"四议两公开"、"主题党日"等模拟"课题"，组织党务工作者现场观看模拟，随机确定角色参与模拟，并进行讨论、点评，切实增强了模拟培训实效。

典型引领法。崆峒区打造党支部建设标准化的"样板"，组织后进单位参观学习，促进共同提高，以点促面、整体提升。

交叉互导法。崆峒区抽调党务干部组成多个党支部建设标准化督导组，建立按季度跨地区、跨行业、跨领域的"互查、互评、互学、互促"交叉互导工作机制，采取实地查看、蹲点调研、座谈走访的方式，不打招呼、不定路线、随机抽查，形成了上下查问题、补短板、学经验、促提升的联动格局。

每月提醒法。为避免各党支部在工作推进中缺乏系统性、不分主次、胡子眉毛一把抓的问题，建立重点任务提醒制度，对需要落实的规范事项进行分类，每月确定重点任务，明确工作要求和落实措施，下发提醒事项，指导各基层党支部逐月抓规范事项落实，确保在年底实现创建达标。

任务分解法。崆峒区对照甘肃省下发的农村、机关、国企3个标准化手册，落实《平凉市党支部建设标准化工作重点任务分解表》，细化了规范内容、创建达标需要落实的重点工作、强化痕迹管理等工作任务，做到了每个领域党支部建设标准化工作定有标尺、干有方向、评有依据。

补齐短板法。崆峒区针对基层党建基础薄弱和党员教育方式单一、实效性不强的问题，实施"三大项目"建设，整合资金1.86亿元，新建社区活动场所151个、标准化社区9个，在84个社区开展集体经济试点；坚持智慧党建带动提升，不断推进党支部标准化建设。

台账管理法。崆峒区对照甘肃省3个标准化手册，统一设计了《党支部建设标准化工作台账》，包括党支部基本情况、标准规范达标情况、未达标项目创建计划、逐级签字审核情况4个方面，进一步厘清了规范事项，形成初评意见，明确了争创目标，实现了统一管理、规范运行。

节点推进法。崆峒区紧扣"三会一课"，按月、按季度分别开展和"七一"前后注意党员发展、激励关怀等这些关键节点，指导全市各基层党支部列出具体推进计划，认真对照《党支部建设标准化手册》的规定要求，边落实、边比照、边整改、边规范，做到开展一次工作，规范一项内容。

信息管理法。崆峒区充分利用智慧党建平台，对各基层党组织落实"三会一课"、"主题党日"、组织生活会、民主评议党员等工作进行有效监督和可视化管理，做到了工作可量化、痕迹可追溯、绩效可考核，推动党支部建设标准化工作抓在经常、融入日常。

中心结合法。崆峒区把发挥党支部的战斗堡垒作用和党员的先锋模范作用作为衡量标尺，在农村社区全面推广"四链"模式和"党建+"模式，推动党组织在脱贫攻坚和乡村振兴中充分发挥作用，在机关围绕提高服务效能，推动党支部建设标准化与强功能、抓业务紧密结合起来，国有企业党组织把加强党的领导放在首位，推进标准化与落实 30 项重点任务结合起来，补齐短板整体推进。

四、社区党组织标准化建设的环节

严格按照社区党组织标准化建设工作要求和业务规范，坚持系统谋划，把握关键环节，明确阶段任务，有序有效推进。

（一）对标自查，分析评估

社区党组织对照标准认真自查。农村社区党组织对照 7 项标准 42 条规范，机关党组织对照 6 项标准 27 条规范，国有企业党组织对照 6 项标准 26 条规范，厘清规范事项，逐一对照检查，分清哪些达标，哪些未达标，查找具体原因，逐项列出清单，形成初评意见，报上级党组织审核。

上级党组织对照标准逐项审核。上级党组织收到基层党组织审核申请后，组织专门人员深入基层党组织进行核查，查看相关规范落实的痕迹资料和印证资料，对情况不准确的督促如实填报，审核无误后由核查人员签字确认。

党支部研究建立达标情况基本台账。党支部根据审核情况，由支委会研究讨论，认真分析研究，形成统一意见，再按照全区统一设计的台账表册认真填写，党（工）委要对台账表册进行审定，确保台账表册准确无误，同时，各党支部将台账表册在一定范围进行公示，并逐级签字备案。

（二）全面争创，晋位升级

认真制定争创方案。坚持一支部一方案，对照各自领域标准规范，针对各自存在的突出问题，制定明确细致的争创内容、对策措施，确定时限要求和具体责任人，确保方案的针对性和可操作性。上级党组织对所属总支、支部方案进行严格审核把关，不符合规定的督促整改完善。

全力落实达标措施。各党（工）委督促指导所属党总支、党支部对照标准化《手册》，逐一查问题、补短板，制度不完善的建立制度，阵地不达标的新建或改造，活动不规范的按制度落实，队伍不健全的整顿提高，组织设置不规范的调整理顺，使党组织创建达标的过程成为有效提升党建工作质量的过程。

上下联动解决问题。对于基层党组织靠自身力量不能解决的问题，上级党组织应统筹资源，积极创造条件帮助基层解决。对基层推进党支部建设标准化工作遇到的政策性、普遍性问题，逐级上报请示，上下共同研究，确保相关问题得到有效解决。

（三）达标验收，巩固提升

基层党组织自评。各基层党组织对照标准化《手册》进行自评，通过自评达标后，及时向上级党（工）委书面申请开展初步考核验收。

上级党组织初评。农村在社区党支部自评的基础上，由乡镇党委组织人员全面初评、初审，提出初步验收意见，并经党委会议集体研究后向区委组织部书面申请开展考核评定工作。机关、国有企业各基层党组织在自评的基础上，按照党组织隶属关系，由上级党（工）委组织人员对本机关、本企业的党支部对标争创情况进行初步考核验收，一个支部一个支部考，一个标准一个标准过，提出初步验收意见，并经党（工）委会议集体研究后向区委组织部书面申请开展考核评定工作。

区委组织部考评。收到各党（工）委考核评定申请后，由区委组织部组织相关人员深入各社区、机关、国有企业党支部进行现场考核，提出考核意见，提交部务会讨论审定考核结果。

市委组织部抽查核实。农村、机关、国有企业党支部建设标准化在区委组织部考评的基础上，接受市委组织部抽查，抽查比例不低于20%。

（四）总结完善，建章立制

认真总结完善。按照党组织隶属关系，对党支部建设标准化工作推进过程中遇到的问题、提出的意见建议，自下而上进行汇总，区委组织部梳理后上报市委组织部，对农村、机关、国有企业3个标准化手册修订完善。

修订完善制度。及时总结推广党支部建设标准化工作的好做法和好经验，并认真总结概括提炼，对已有制度进行梳理、评估，经实践检验行之有效、群众认可的，继续坚持，抓好落实；对不适应新时代任务要求的，该废止的废止，该完善的完善，建立健全落得实、衔接配套、长期管用的标准化的长效工作机制。

全面推广运用。在全面总结农村、机关、国有企业党支部建设标准化工作经验的基础上，待省委组织部编制完成城市社区、事业单位、非公企业和社会组织等领域的标准化手册后，在全区各领域各行业全面推行党支部建设标准化工作。

五、社区党组织标准化建设的保障

把开展社区党组织标准化建设工作作为加强和改进基层党建工作、持续推进党建统领"一强三创"行动的重要契机，坚持落细落小，认真谋划推进，确保取得实效。

成立领导小组和专门工作机构。加强对党支部建设标准化工作的领导，崆峒区成立以区委常委、组织部部长任组长的党支部建设标准化工作领导小组，从区委组织部、区委农办、机关工委、乡镇或部门抽调人员组成专门工作机构。各党（工）委也成立相应机构，党（工）委主要负责人担任组长，切实加强对各项工作的组织领导，推动各项任务落地生根。把党支部建设标准化工作纳入党（工）委书记抓基层党建述职评议考核、党委目标责任考核的重要内容。

建立督查指导推动落实机制。加大督促检查力度，及时研究解决具体问题，推动党组织标准化建设工作顺利开展。区党支部建设标准化工作领导小组办公室将采取月报告、季调度的形式，及时掌握各党（工）委工作进展情况，督促推动工作落实。各级党组织主要负责同志，特别是各党（工）委书记带头深入基层，对开展党支部建设标准化工作进行调研，指导帮助基层党支部落实好各项工作要求。在农村社区党组织标准化建设中，要充分发挥好第一书记、驻社区帮扶工作队的作用。

运用信息手段助推标准化建设。大力推广"互联网+党建"模式，充分利用信息化手段，积极整合开发基层党建信息网络资源，探索建立基层党建信息工作平台，为党组织标准化建设提供有力支撑。开发建设集基础信息录入、分析评估、动态监测、达标验收、成果展示等于一体的党支部建设标准化管理系统，加强对党支部建设标准化的即时调度、科学管理和综合研判，确保各项任务有效落实。

广泛宣传营造浓厚工作氛围。加强舆论宣传工作，注重培育、发现、宣传一批叫得响、立得住的党支部建设标准化工作典型，特别是注重培树一批通过标准化建设有效推动党建统领"一强三创"行动深入实施、推动抓党建促脱贫攻坚取得实效的先进典型。尊重基层首创精神，鼓励基层积极探索，形成典型示范。注重宣传党支部建设标准化工作的好经验好做法，引导各领域基层党支部比学赶超，为标准化建设工作顺利推进营造良好氛围。

党的十八大以来，以习近平同志为核心的党中央提出了全面从严治党的一系列要求。党的十九大报告更是将"勇于自我革命，从严管党治党"树立为我们党最鲜明的品格。全面从严治党与基层党组织标准化建设，两者根本上是统一的。首先，全面从严治党强调的就是"全面"，涵盖了所有的党组织，当然包括了基层党组织。其次，把"严"字落实到管党治党的各方面，贯穿于党的建设的全过程。基层党组织标准化所倡导的统一化、系列化、通用化、组合化、模块化等方式方法以及党建工作中所涉及的各项因素的结构及运行秩序恰恰是全面从严治党规律性的重要遵循，也契合了全面从严治党进程中制度治党的基本需要，从而有助于推进思想建党与制度治党协同发展。

农村社区党组织标准化建设是全面从严治党在党的基层组织的具体表现，推动了全面从严治党向基层延伸，对于全面增强农村社区党组织的创造力、凝聚力、战斗力，保持党的先进性和纯洁性具有重大的现实意义，也为平凉市崆峒区脱贫攻坚，建设富饶、美丽、幸福的社会主义新农村提供了坚强的组织保证。

第三节　增强社区党组织引领脱贫攻坚本领

党的十九大报告指出："党的基层组织是确保党的路线方针政策和决策部署贯彻落实的基础。"① 农村社区党组织是党在农村社区的基石，承载着贯彻党的路线、方针和政策的重大政治使命。崆峒区认真学习贯彻习近平总书记在深度贫困地区脱贫攻坚座谈会和参加十三届全国人大二次会议甘肃代表团审议时的重要讲话精神，全面贯彻落实中央和省、市、区关于脱贫攻坚的部署要求，紧盯脱贫摘帽目标，以党建统领"一强三创"行动为抓手，认真组织实施"党政干部和

---

① 习近平：《决胜全面建成小康社会　夺取新时代中国特色社会主义伟大胜利——在中国共产党第十九次全国代表大会上的报告》，《人民日报》2017 年 10 月 28 日。

社会各界全参战""党建统领全保障"行动，不断促进党的建设与脱贫攻坚深度融合、无缝对接，努力为打赢脱贫攻坚战提供坚强的组织保障。

配强脱贫力量，树立选人用人鲜明导向。坚持把脱贫攻坚一线作为培养锻炼干部的主阵地，通过搭平台、建舞台、重研判的方式，在脱贫攻坚一线培养锻炼、选优配强、考察识别干部。2016 年乡镇换届以来，共提拔脱贫攻坚成效显著的乡镇班子成员 37 名，乡镇一线干部 123 名，社区党组织第一书记 26 名，先后选派区直部门 3 名优秀干部到区扶贫办挂任班子成员，最大限度激发了干部队伍整体活力。坚持每年对脱贫攻坚一线干部开展一次分析研判，广泛听取乡社区干部、驻社区扶贫工作队员和贫困群众意见，对乡镇领导班子、领导干部和脱贫攻坚一线干部在推动脱贫攻坚中的实绩效果进行全面了解分析，真正把干部察实看准。

夯实基层基础，切实发挥战斗堡垒作用。积极探索"党建+"工作路子，推行支部推动、党员带动、能人引领、结对帮扶"四型"党建助推扶贫模式，建立了产业协会、专业合作社等党组织 32 个。按照"一党组织一方案"的要求持续推进软弱涣散党组织整顿，建立进展月报告、销号整改制度，落实配强班子、加强培训、完善制度、强化保障等措施，整顿软弱涣散社区党组织 25 个。有效发挥社务监督委员会作用，全面推行"双议双评"制度和"四议两公开"工作法，规范党务、社务、财务公开，切实加强对扶贫资金、项目的有效监督，推进社区权力阳光运行。

坚持管育并举，抓好农村社区帮扶队伍建设。制定了《关于加强深度贫困村班子建设的实施意见》，采取"内选""外引""下派"等途径，2018 年以来调整社区党组织书记 58 名，建立了 1598 人的社区"两委"后备干部库。严格落实《甘肃省选派到村任职第一书记管理办法》，调整充实第一书记 42 人，驻社区工作队员 210 人，确保每个驻社区帮扶工作队区以上帮扶人员不少于 3 人。采取"聚上来听""走出去看"等方式，对 357 名社区党组织书记、第一书记开展了培训，有效提升了其工作能力。实施"三个带头人"队伍建设工程，培育"三个带头人"1866 人，帮带 10375 户群众发展富民产业，有效助推了脱贫攻坚。

加大投入力度，增强脱贫攻坚内生动力。持续推动资金向基层倾斜、资源向一线下沉，全面夯实助推脱贫攻坚的物质基础。区财政每年列支 500 万元基层党建工作专项经费，2018 年新建、改（扩）建社区组织活动场所 45 个，社区办公经费提高到了 3.1 万元。落实社区干部"一定三有"政策，制定了《崆峒区村干部报酬管理暂行办法》，推行"基本报酬+绩效报酬+奖励报酬"的结构薪酬制度，社区干部报酬提高到了 2.52 万元以上，保证了基层有钱办事、有地方办事。因地制宜发展壮大社区集体经济，全区有集体经济收入的社区 230 个，占 91.3%，社区党组织引领群众增收致富能力进一步提升。

整合人才资源，大力实施人才保障工程。突出草、畜、果、蔬等支柱产业实用人才培训，先后举办了特色产业、农村实用人才、农业技术员培训 7700 人次。与天津市河西区积极开展东西部扶贫协作人才帮扶，组织互派挂职干部人才 14 名，引进天津市河西区教师、医生等 37 名专业技术人才到崆峒区开展支医支教活动，分批选派 26 名医疗卫生专业技术人员赴河西区二级以上医院开展进修培训，选派 41 名教师赴河西区开展跟班培训，安排 142 名党政领导干部和社区党组织负责人赴天津开展综合素质能力提升培训，切实提升了全区干部人才的业务技能和专业素养。

一、"党建+特色产业"：大寨乡的生动实践

大寨乡党委坚持把"发挥党建引领助力脱贫攻坚"作为工作的重中之重，紧紧围绕"强组织、带队伍、促发展"工作目标，积极发挥党组织战斗堡垒作用和党员先锋模范作用，推动了各项工作的有

序开展。为全面打赢脱贫攻坚战，大寨乡党委结合全乡产业规划、人文特色等优势特点，扎实推进"党建+特色产业"扶贫模式，坚持以党建带脱贫，以脱贫促党建的工作思路，把红牛产业作为助推全乡脱贫攻坚主导产业来抓，通过积极推动活畜市场建设、大力兴建肉牛养殖小区、广泛推广优质饲草种植，有力拓展了全乡牛产业发展基础，极大激发了贫困群众养牛积极性，有效实现了支部引领发展、能人带着致富、群众一同富裕的抓党建引领产业发展长远目标。

一是围绕产业抓党建，抓好党建兴产业。大寨乡党委以党支部标准化建设和"一强三创"行动为载体，充分发挥基层党组织的战斗堡垒和党员先锋模范作用，积极推行"党建+产业"模式，坚持把"党组织建在产业上，党员嵌在产业中"。在乡党委的牵引下，赵塬、高塬、老庄洼、白土等6个社区党支部书记和党员致富带头人率先领办成立了全区第一个牛产业联盟，探索建立了"党支部+牛产业联盟+合作社+致富带头人+贫困户"产业发展模式，初步构建了全乡牛产业"抱团式""捆绑式"发展框架，以产业联盟帮助贫困户增强"自主造血"功能，带动群众参与发展产业增收致富。

二是创新产业发展模式，拓展产业发展链条。乡党委以项目建设为抓手，在充分调研的基础上，积极争取东西部扶贫协作资金209.37万元，在赵塬村新建活畜交易市场一处，平整场地6004.4平方米，硬化交易大棚场地1758平方米，新建彩钢大棚3栋1074平方米，修建管护及附属用房260平方米。大寨乡活畜交易市场的建设和投入运行，有效打通了外联市场、内联群众的产业发展路径，使群众不再为信息、技术、销路发愁，有力激活了全乡牛产业发展动能，使肉牛养殖贩运成为贫困群众增收致富的"黄金产业"。

三是整合各方帮扶资源，壮大产业发展规模。针对贫困群众单打独斗抵御市场风险能力弱的问题，依托全乡现有的13个肉牛养殖小区和135户养牛大户，在扩张养殖规模上做文章，在延伸产业链条上下功夫。截至2020年1月，通过乡社两级广泛动员，先后有32名党员致富带头人领办成立专业养殖合作社 22 个、饲草种植合作社 7 个、种养殖结合类合作社 3 个，累计吸收帮扶贫困户 848 户发展种养殖产业。同时，为支持壮大合作社养殖规模，拓宽社区集体经济收入途径，先后有 16 个社区区委会通过"四议两公开"程序将社区集体账面结余的 120 万元"死钱"变成"活钱"，注入乡域内运行效益良好的 4 个养殖合作社之中，每 1 万元每年可获得 500 元的固定分红。该举措不仅解决了合作社缺乏发展资金的难题，更为社区集体经济收入探索出了一条新的路径，有效实现了社区集体经济和牛产业发展互惠共赢的良好局面。

二、"党建+四大振兴"：寨河乡闫湾村的脱贫之道

闫湾村位于寨河乡东部塬区，距乡政府 3 公里，东邻香莲乡，西接寨子村，南连大路村，北依草峰镇。全村辖 7 个村民小组，335 户 1484 人，党支部共有党员 34 名，其中女党员 2 名。近年来，闫湾村党支部坚持以习近平新时代中国特色社会主义思想为指导，充分发挥党支部在脱贫攻坚乡村振兴中的"主心骨"作用，以"党建+"奋力绘就"产业兴旺、生态宜居、乡风文明、治理有效、生活富裕"乡村振兴发展蓝图。

一是"党建+组织振兴"。深入推进党支部建设标准化和党建统领"一强三创"行动，不断抓实党员发展，强化队伍建设，培养入党积极分子 2 名、"三个带头人" 9 名、村级后备干部 12 名，利用"甘肃党建"信息化平台规范运行"三会一课"、组织生活会、民主评议等制度，开展"主题党日"活动 9 次、讲党课 6 场，结合扫黑除恶专项斗争，对 8 名村"两委"班子成员任职资格进行了联审，组织 34 名党员干部逐个签订扫黑除恶专项斗争承诺书，引导党员干部树牢了"四个意识"，切实筑牢了党组织的战斗堡垒作用。

二是"党建+经济振兴"。以"集体经济反哺民生"为原点，抢

抓脱贫攻坚历史机遇期，通过党支部牵头，合作社运作，依托鑫犇肉牛养殖厂、藤奔种养殖专业合作社和养牛协会，打造"支部+合作社+农户"产业扶贫模式，带动发展养牛大户 20 余户，新建暖棚牛舍 3 座。截至 2020 年 1 月，全村牛存栏量 865 头，玉米种植 2730 亩，户均种养殖收入 3.5 万元，逐步形成玉米种植—饲草加工—红牛养殖—肉品销售产业链条，初步形成了种养殖两大富民产业齐头并进的发展格局，为贫困户脱贫增收提供了有力的产业支撑，实现贫困户 24 户 102 人稳定脱贫。

三是"党建+生态振兴"。根据乡党委、政府制定的《寨河乡扎实农村人居环境整治工作实施方案》，持续推进人居环境整治工作，打好乡村振兴第一场硬仗。全村设立保洁员 7 名，垃圾箱 34 个，建立了垃圾清洁清运日常保洁管理制度，户厕改造稳步实施，全村完成户厕改造 161 个。结合平高沿线环境综合整治项目，清理沿线垃圾 1900 立方，补栽补植绿化苗木 600 株，对闫湾村境内环境卫生进行大整治，在公路沿线两侧栽植太阳花、小雏菊、格桑花等花卉 11000 平方米，村容村貌得到较大提升，生产生活居住条件得到进一步改善。

四是"党建+民风振兴"。以党建引领移风易俗为抓手，把文明创建、社会治理、文化活动与基层组织建设有机结合起来，积极开展农村移风易俗行动，建立完善村规民约，着力整治滥办大办酒席之风，动员党员干部争做喜事新办、丧事从简、文明理事的表率，带领引导群众转变思想观念，培育健康文明生活方式。同时，结合"巾帼家美扶贫积分超市"，以超市"小积分"汇聚起助力创建文明家庭、美丽庭院的巾帼"大功能"，有效推动了美丽乡村建设。

三、"党建+收益增长和稳定机制"：大秦乡腾堡村的发展路子

腾堡村位于大秦乡西部，辖 2 个社 127 户 536 人，总耕地面积

3754.8 亩，是大秦乡唯一一个纯汉民村，现有党员 23 人，建档立卡户 60 户 270 人，现已实现整村脱贫。截至 2020 年 1 月以来，腾堡村坚持以提升基层党组织引领作用为重点，探索构建"党建+收益增长和稳定机制"模式，着力打造产业优、生态美、乡风淳、百姓富的美丽新农村。腾堡村牢固树立"党的一切工作到支部的鲜明导向"，形成了以村党支部领导、村委会和其他组织分工协作、相互配合的组织管理体系。充分发挥村级党组织作用，截至 2020 年 1 月以来培养后备干部 7 人，培育"三个带头人"2 人，入党积极分子 2 人，发展党员 1 名。依托区乡干部轮训等对第一书记、村"两委"干部及后备干部开展教育培训 4 次，培养了一支懂农业、会技术、善经营的农村实用人才队伍。

一是"党建+集体经济"。通过探索入股分红、盘活村级集体资源、加快闲置土地流转等模式，初步建立村级集体经济收入稳定和收益分配增长机制，引导贫困户主动参与。

二是"党建+合作社"。依托农村"三变"改革，以源祥、玉刚等专业种养殖合作社为载体，采取"党支部+农民专业合作社+农户"的模式，带动贫困户 24 户，大力培育发展种养殖业，辐射带动贫困户增收致富。

三是"党建+生态治理"。以无职党员设岗定责为措施，将环境整治、卫生改厕等任务分解到每个社、每户，落实到每名党员头上，全面清理陈年垃圾 6 吨，修建公厕 1 座，同步完成全村旱厕改造 116 座。并组织村民开展房前屋后见缝插绿、庭院增绿、美化等活动，定期进行环境卫生检查评比；结合公益性岗位，对村内公共区域环境卫生进行保洁及绿化维护，实现了村级环境卫生长效保洁。

四是"党建+移风易俗"。将党建与宣传、综治等工作融合推进，结合新时代文明实践站创建、"巾帼家美扶贫积分超市"兑换、申报区级"文明村"、开展"和谐五星"评选等活动，进一步弘扬社会主义核心价值观，用身边人、身边事教育广大群众，让村民在潜移默化中接受新思想、新风尚，积极倡导仁爱、诚信、勤俭等传统美德，培树文明新风。

四、"党建+综合治理"：峡门乡颉岭村的探索实践

颉岭村辖 7 个村民小组 159 户 526 人，村域面积 17.5 平方公里，耕地总面积 4237 亩，人均耕地 8.5 亩。村党支部现有党员 21 名，其中女党员 1 名，回族党员 11 名。全村共有建档立卡贫困户 72 户 268 人，贫困发生率 50.76%。精准扶贫工作开展以来，颉岭村党支部按照"党建+项目支撑、产业跟进、基础配套、服务提升、生态保障"的工作模式，有力推动了精准扶贫工作扎实开展，截至 2018 年年底剩余贫困户 5 户 11 人，贫困发生率降至 2.16%。

一是集中安置建新家，全心全意惠民生。颉岭村山大沟深，群众居住分散，生产生活条件艰苦。针对现状，在调研摸底、征求意见的基础上，对分散居住的 76 户农户，整体进行搬迁、集中安置，分设 3 个安置区，并整合各类项目资金 2300 万元，全面建成了"三通两排一部一室一场"等设施，有效满足了群众的生产、生活等方面需求，真正实现了拔穷根、挪穷窝、换新颜。

二是创新方式促增收，拓宽群众致富路。按照"一村一品"产业发展理念，依托当地群众养牛贩牛传统优势，村党支部整合各类项目资金在安置区建设肉牛养殖小区 3 处、单列式暖棚 60 座，实现了"搬得出、稳得住、能致富"。积极推行"合作社+农户"经营模式，成立养殖专业合作社 2 个，入社贫困户 69 户；实施颉岭利民合作社养殖小区建设项目，建成双列式暖棚 780 ㎡，在合作社的辐射带动下，人均畜牧收入占可支配收入的 65% 以上。同时，对迁出区土地实行退耕还林还草，采取大户承包、收益各半的方式，种植山毛桃、核桃、李子等苗木，种植柴胡、党参等中药材，初步形成了"牛、林、药"等特色优势明显、带动能力强的产业格局，进一步拓宽了

群众致富增收渠道。

三是"三化"建设促提升，人居环境大改观。对安置区住宅及道路周边的荒山集中绿化，栽植油松、云杉、山毛桃等树种13.66万株，面山绿化500余亩，安置区绿化2290平方米，真正实现优化美化森林资源，提高生态效益和景观效果。同时，以农村人居环境治理为突破口，推行农村"三大革命"，实现垃圾收集、运输、处理一体化运作。加大农村卫生改厕力度，计划实施改厕77户，截至2020年1月已完成65户，积极开展创建"清洁村庄"示范村，全方位改善农村人居环境。

四是基层治理重实效，软硬齐抓促和谐。颉岭村把基层组织建设和乡风文明建设贯穿创建始终，认真开展"三会一课""主题党日"等活动，严格落实"四议两公开"工作法和"双议双评"等制度，扎实推进党建在促乡村振兴、脱贫攻坚中的引领作用，党支部标准化建设工作规范有序，党建助推产业发展作用突出。引导群众大力弘扬时代新风，积极开展"文化下乡"和"崆峒好人"、"共产党员示范户"等精神文明创建活动，实现了农村精神文明和脱贫攻坚相互支撑、相互促进的良好态势，村域内呈现出一片"环境美、村风正、民心淳、百事兴"的局面。

第四节　建立严格的考核制度

习近平总书记强调，扶贫要"做到目标明确、任务明确、责任明确、举措明确，精准发力，扶真贫、真扶贫"①。为此，在崆峒区

---

① 中共中央党史和文献研究院编：《习近平扶贫论述摘编》，中央文献出版社2018年版，第111页。

委的集中统一领导之下，坚持党建引领脱贫攻坚，建立了"区委—乡镇党委—社区党组织"的考核制度体系，压紧靠实各方帮扶责任，如期打赢脱贫攻坚战。

一、区委区政府责任清单

落实主体责任。全面贯彻落实中央脱贫攻坚方针政策和省、市重大决策部署，负责帮扶工作的统筹协调、督促指导、政策培训、学习交流和年度考核等工作。建立驻社区工作领导小组，区委书记担任组长，负责驻社区帮扶工作队的统筹协调、培训管理、督查考核。

统筹用好帮扶资源。统一调配、集中使用各种帮扶资源，每年召开脱贫攻坚帮扶工作推进会不少于2次。定期向省、市联系包抓领导和省直、市直组长单位汇报帮扶工作进展情况，主动加强与各级帮扶单位的沟通衔接，确保到社区到户帮扶计划落实到位。

发挥好总队长作用。区委副书记或挂职副书记担任驻社区帮扶工作队总队长，全面负责驻社区帮扶工作队的具体领导和管理，从区纪委监委、区委办、区政府办、区委组织部、区扶贫办抽调干部组成专门工作机构，抓好全区驻社区帮扶工作。每月组织召开1次乡镇驻社区帮扶工作队总队长会议，听取工作情况汇报，交流工作经验、协调解决问题。

强化驻社区干部保障管理。为驻社区帮扶工作队提供必要的工作和生活条件，采取有力有效措施，确保驻社区帮扶工作队吃住在社区、工作在社区。每年对各级帮扶单位全体驻社区帮扶干部进行轮训，时间不少于5天。

二、县级包乡领导责任清单

统筹调度。对所包抓乡镇脱贫攻坚帮扶工作牵头抓总，围绕脱贫目标标准，协调整合各方面帮扶资源，合力推动包抓乡镇脱贫攻坚帮扶工作，实现帮扶效益最大化。

督促指导。适时组织召开包抓乡镇脱贫攻坚帮扶工作协调推进会，研究帮扶工作重大事项，掌握工作进展，及时协调解决工作推进中的重大问题。督促包抓乡镇和各帮扶单位落实帮扶责任，指导区直组长单位做好统筹协调等工作。

模范带头。县级包乡领导为包抓乡镇脱贫攻坚帮扶工作第一责任人。坚持以上率下，经常深入包抓乡镇帮扶社区，带头蹲点调查研究，督办政策落实，抓好示范引领，帮带所包抓乡镇其余贫困社区脱贫攻坚帮扶工作，推动包抓乡镇帮扶贫困社区率先脱贫退出。

三、区直组长单位责任清单

当好参谋助手。协助县级包乡领导做好帮扶乡镇脱贫攻坚帮扶工作，准确掌握帮扶乡镇帮扶工作总体进展，不定期向县级包抓领导汇报，及时分析研判帮扶乡镇脱贫攻坚形势，提出推动帮扶工作的意见建议。

搞好统筹协调。负责帮扶乡镇区直帮扶单位的统筹协调，每半年至少召开1次帮扶单位协调推进会议，督促各帮扶单位落实帮扶计划。统筹协调各级帮扶单位力量，推动帮扶单位发挥各自优势、资源共享、优势互补，形成帮扶工作合力。

落实目标责任。围绕贯彻落实中央和省、市、区脱贫攻坚决策部署、落实到社区到户各项扶贫政策、帮办实事好事、精准选派驻社区干部等方面内容，配合帮扶办协调区直帮扶单位向区委、区政府签订帮扶责任书。

加强督查考核。按照区脱贫攻坚帮扶工作协调领导小组统一安排，围绕责任书落实、组织领导、选派干部、帮办实事、工作创新等方面，配合帮扶办会同帮扶乡镇开展督查和考核工作。对督查考核中发现工作进展缓慢、成效差的帮扶单位及时指出，并督促整改落实。年底向区脱贫攻坚帮扶工作协调领导小组提出考核等次及表彰建议名单。

及时报送信息。培育、发现、总结帮扶乡镇脱贫攻坚帮扶工作先进典型和经验做法，及时向区帮扶办报送各类信息，加大宣传交流，提高帮扶成效。

组长单位作用发挥不充分、参谋助手角色缺位、统筹协调作用发挥不到位，由区脱贫攻坚帮扶工作协调领导小组对组长单位主要负责同志和分管负责同志进行约谈。

帮扶乡镇内帮扶单位未完成帮扶责任书承诺事项，帮扶乡镇内帮扶单位帮扶社区发生重大涉贫事件造成不良影响的，组长单位承担连带责任，当年不得评为帮扶先进单位。

四、牵头单位责任清单

建立帮扶工作归口管理机制，由归口管理单位分别牵头对区直机关和驻区单位、学校、医疗机构、国有企业的帮扶工作及选派干部进行专项管理。

督促推动。在做好自身帮扶工作的基础上，及时了解掌握归口单位帮扶工作进展情况和存在的问题，强化业务指导和标准把握，协调归口单位帮扶政策精准落地。发挥行业系统特点优势，适时组织召开本行业本系统归口单位帮扶工作协调推进会，纵向推进帮扶工作有力有效开展。

政策培训。围绕"两不愁三保障"政策落实、贫困人口脱贫及贫困社区退出验收标准程序、发挥行业优势等方面，对归口单位及派出干部开展培训，不断提升帮扶工作能力和水平。

示范带动。注重挖掘总结归口管理单位帮扶工作的成功经验做法，营造帮扶工作比学赶超、奋勇争先的浓厚氛围。积极向区脱贫攻坚帮扶工作协调领导小组推荐帮扶工作先进典型。

牵头作用发挥不到位，对归口单位缺乏有效督导、行业优势不突出的，由区脱贫攻坚帮扶工作协调领导小组对牵头单位负责同志进行约谈。

五、帮扶单位责任清单

认真履行帮扶职责。发挥各自职能优势，为帮扶社区协调落实与贫困人口脱贫、贫困社区退出、帮扶成果巩固等相关联的项目资金和政策措施。单位党委（党组）每年研究部署帮扶工作不少于4次，单位负责同志每人每年到帮扶社区调研指导、协调工作不少于2次。

精准选派驻社区干部。坚持从优秀年轻干部中推选驻社区干部的用人导向，把政治素质好、工作能力强、作风扎实的干部选派到脱贫攻坚一线。把选派驻社区工作队长（第一书记）、队员作为干部锻炼培养的重要渠道，对驻社区帮扶工作表现突出的干部优先提拔重用。对长时间不住社区、不能胜任工作的驻社区干部，及时调整更换。

结对帮扶。落实干部结对帮扶贫困户制度，督促帮扶责任人落实好"一户一策"精准脱贫计划。组织开展帮扶责任人年度考核工作。单位基层党支部要与帮扶社区党支部结对共建，提升以党建助推脱贫攻坚的能力和水平。

强化保障。关心关爱帮扶干部，为选派驻社区干部提供吃住在社区、工作在社区必需保障，为驻社区干部办理人身意外伤害保险，严格落实驻社区补助、通信补贴和健康体检等政策。每季度对驻社区干部开展1次回访，掌握驻社区干部工作开展情况。发挥好后盾作用，帮助解决驻社区期间工作和生活中遇到的困难问题，支持驻社区干部开展驻社区帮扶工作。

帮扶工作长期滞后、工作成效不明显，不按规定要求精准选派驻社区干部、保障措施落实不到位的，根据工作中问题的严重程度，依次由县级包抓乡镇领导、区脱贫攻坚帮扶工作协调领导小组对帮扶单位主要负责同志和分管负责同志进行约谈。

帮扶社区发生重大涉贫事件造成不良影响或工作中弄虚作假的，帮扶单位承担连带责任，在年度考核中不得评为"好"等次、帮扶工作不得评优评先。

六、乡镇党委政府责任清单

统筹用好各方帮扶力量。对接落实好各级单位到村帮扶、驻社区工作队驻社区帮扶、帮扶责任人到户帮扶工作责任，协调各方帮扶力量在乡镇区域内形成攻坚合力、发挥最大效应。督促指导各方帮扶力量帮助解决贫困群众产业扶贫、就业扶贫、住房安全、基本医疗、义务教育和安全饮水等方面短板弱项，推动扶贫政策落地见效。

管好用好驻社区干部。严格落实属地管理职责，明确 1 名党委领导担任乡镇驻社区帮扶工作队总队长，每月至少召开 1 次驻社区帮扶工作队长工作例会，听取帮扶工作汇报，协调解决工作中的困难和问题，安排部署阶段性工作。督促驻社区帮扶工作队严格落实各项驻社区帮扶制度，为驻社区帮扶工作队提供基本条件。

建好建强社区党组织。选优配强贫困社区党支部书记，抓好村"两委"班子建设，积极培养党员致富带头人和农村社区实用人才，整顿软弱涣散社区党组织，为贫困村、贫困户如期脱贫提供组织保证和人才支持。

因日常管理不严、保障不到位造成驻社区帮扶干部"驻社区不住社区""两头跑"或帮扶成效差、群众意见大，对驻社区帮扶工作队反映的问题未及时解决、影响脱贫成效的，乡镇党委书记承担主要责任，分管负责同志承担直接责任，由区委、区政府主要负责同志对乡镇党委书记和分管负责同志进行约谈。

因帮扶工作不到位，辖区内发生重大涉贫事件造成不良影响，以及帮扶工作弄虚作假的，乡镇党委、政府不得评优评先。

七、驻社区帮扶工作队责任清单

摸清底数掌握实情。深入走访吃透社情民情，掌握所驻社区建档立卡贫困人口、致贫原因、脱贫措施、脱贫时限和贫困社区产业发展、基础设施、公共服务等基本情况，协助社区"两委"班子落实与贫困人口脱贫、贫困社区退出相关的项目资金和政策措施。

聚焦精准帮扶。认真履行驻社区帮扶工作任务，充分发挥驻社区帮扶工作队"宣传员、信息员、战斗员、监督员、服务员、指导员"生力军作用，帮助解决稳定持续增收和"两不愁三保障"突出问题，协助落实产业扶贫、就业扶贫、义务教育、基本医疗、危房改造、安全饮水等政策措施，及时向乡镇党委政府和有关部门反映存在的问题。积极配合乡村做好精准扶贫专项贷款、农业保险、农金室等工作，帮助贫困群众稳定持续增收。

履行好驻社区监督职责。对工作中发现社区"两委"班子脱贫攻坚工作不力、弄虚作假、落实扶贫政策优亲厚友等侵害群众利益，以及贫困社区发展中存在的困难和问题，要严格履行驻社区监督职责，及时向乡镇党委政府反映报告有关情况。

严格落实驻社区各项制度。严格落实吃住在社区、工作到户要求，坚持考勤打卡、公示公开、学习例会、工作报告、轮流值班、工作交接等工作制度。每年驻社区时间不少于220个工作日（含因公出差、开会和培训），其中住社区时间不少于160天。尊重当地风俗习惯，不做任何危害群众利益和伤害群众感情的事，树立良好形象。

帮助提升基层组织工作能力。围绕抓党建促脱贫攻坚《三年行动计划》，帮助加强基层组织建设，对整治群众身边的腐败问题提出建议，培养贫困社区致富带头人，吸引各类人才到社区创业。落实"三会一课"等组织生活制度，帮助推进社区党支部建设标准化，帮助落实好党务公开、社务公开等民主管理监督制度，增强社区党支部引领发展能力。

因驻社区帮扶工作队工作失误而出现重大涉贫事件造成不良影响，驻社区干部在各级督查考核中弄虚作假，驻社区干部在年度考核中评为"不称职"等次的，驻社区帮扶工作队、工作队队长和当事人不得评优评先、不得提拔重用。派出单位承担连带责任，年度考核不得评为"好"等次，由区脱贫攻坚帮扶工作协调领导小组对单位负责同志进行约谈，派出单位对当事人及时调整撤换并追究相关责任。

八、社区帮扶责任人责任清单

动态调整"一户一策"精准脱贫计划。根据贫困户户情、脱贫需求变化和政策调整等因素，围绕家庭情况、致贫原因、增收途径、保障措施等内容，每年年初对"一户一策"进行一次调整完善。配合做好建档立卡动态管理工作，对符合返贫条件的及时协调认定纳入，对脱贫不稳定有返贫风险的制定"一户一策"巩固提升计划，持续加大帮扶力度。

协调落实"一户一策"帮扶政策和措施。通过入户走访，及时了解掌握"一户一策"帮扶政策和措施落实情况，跟踪项目进度和质量，对帮扶户稳定持续增收和"两不愁三保障"存在突出问题的，及时向驻社区帮扶工作队和乡社两级反映，督促协调解决落实中存在的问题，并记录在动态调整的"一户一策"中。

配合做好帮扶户脱贫验收工作。认真学习、全面掌握贫困人口脱贫验收内容、项目指标、方法步骤，向帮扶户宣传解释脱贫标准，帮助核实整理贫困人口脱贫验收资料，做到脱真贫、真脱贫、群众认可。

帮办实事好事。带着感情走访联系帮扶户,每年走访帮扶户不少于 2 次。针对不同需求,每年至少帮办 1 件实事好事,并做好相关扶贫政策宣讲和解疑释惑工作,提高群众满意度和认可度。

长期不走访不联系帮扶户,对帮扶户家庭情况和致贫原因不掌握,没有实质性帮扶措施,"一户一策"精准脱贫计划动态调整不及时、协助落实"一户一策"不力,对帮扶户稳定持续增收和"两不愁三保障"等方面存在的困难问题没有及时反映协调解决,导致未能按期脱贫或出现虚假脱贫的,由所在单位对帮扶责任人进行约谈。

因帮扶责任人工作不到位,出现重大涉贫事件造成不良影响,以及帮扶责任人在各级督查考核中弄虚作假的,帮扶责任人当年不得评优选先、提拔或重用。派出单位承担连带责任,由区脱贫攻坚帮扶工作协调领导小组对帮扶单位负责同志进行约谈。

第五章

扶贫扶长远：社区经济与产业扶贫

在实现 2020 年全面脱贫这一共同目标之前，对于每一个仍在贫困线苦苦挣扎的贫困县，脱贫攻坚是所有工作的重中之重；对于每一个仍在脱贫路上艰难前行的贫困县，脱贫攻坚是一道难解却一定要解决的难题；对于每一个仍为摘帽而苦苦奋斗的贫困县，脱贫攻坚是一场难打却一定要打赢的战役。面对脱贫攻坚这一巨大的挑战，围绕社区经济建设来开展的产业扶贫工作是一个十分有效的应对措施，而以社区经济建设为核心的产业扶贫工作的有效性则很大程度上建立在社区内部产业发展与社区经济发展密不可分的关系之上。

社区经济的发展是指以一定地域范围作为发展规划区域，发展的目标不同于传统经济概念，是为了追求居民福利和服务效能的最大化，需要不断调整和完善社会机制以实现这一目标，通过有效的资源配置，实现社区经济的可持续发展。① 也就是说，社区经济这一概念不同于传统经济的概念，强调在社区经济发展过程中要以社区为中心，各项工作的开展要遵循"社区为本"的原则。

在西方的语境中，社区往往作为通往民主和自治的一种工具和途径而被谈及。但是在中国的语境中，社区并不仅仅是一个"与集体行动相关的问题"，而是更多地被视为一个能够重新连接"个体社会化"与"社会个体构成"双重关系的中观行动载体。因此，社区经济应该在微观与宏观之间进行中观层面的再定位，围绕社区内的各种需求和社区内生发展力量提升来推动社区经济发展，在微观、中观、

① 严陆根：《社区经济学》，中国发展出版社 2013 年版，第 23—25 页。

宏观的不同层面来开展社区经济工作。

社区本身是一个具有多面性的关系主体。在这里，社区作为个人、家庭、群体、组织、机构和制度互动的场域，包含着各类关系。① 因此，以社区发展为中心的社区经济的发展应充分考虑到社区之中复杂的关系网络，处理好社区内部多元经营主体间的关系。比如，在农村社区经济发展过程中，就应该打造政府、农业合作社、企业和社区农民多元主体共同参与、合作互助的发展模式，来保障农村社区经济发展。②

在"社区为本"的社区经济发展中，产业发展是最为重要的一个环节。只有产业高速度、高质量的发展，才能够保证社区经济稳步提升。而在整个扶贫攻坚工程之中，针对经济进行的产业扶贫也是扶贫工作开展的重中之重。只有做好产业扶贫，才能够从源头上解决社区内部经济的可持续发展问题，才能够使社区具有独立解决自身贫困问题和财富自生产的能力，真正达到"扶贫扶长远"的最优扶贫目标。

第一节　统筹兼顾：打造社区为本的
社区经济发展总格局

在社区为本的视角下，社区经济的发展要围绕着社区内部优势资源，充分利用自身的自然资源和社会资本，同时，要着眼于社区的整体性，协调社区内部各产业、各主体间的关系，激发社区内部多元主体的自主性和能动性。可以说，这种以社区为本的社区经济对于社区发展具有巨大的价值与意义。

---

① 吴越菲、文军：《从社区导向到社区为本：重构灾害社会工作服务模式》，《华东师范大学学报（哲学社会科学版）》2016 年第 6 期。

② 沈冠辰、朱显平：《日本社区经济发展探析》，《现代日本经济》2017 年第 3 期。

首先，这种以社区为本的社区经济发展方式，能够很好地保证社区内部资源被最大限度地利用。自然资源方面，可以充分利用社区本身的先天地理优势和品种资源，发展具有地域特色的传统种养殖业和依托于青山绿水的新型生态旅游业，将社区内已有自然地理资源的价值发挥到极致；人力资源方面，社区内部具有政府、合作社、企业和居民等多元主体，以社区为本的社区经济发展可以调动起各主体的积极性和主动性，让各主体以最为恰当的角色"嵌入"到社区经济系统之中，最大程度地激发社区内生发展动力。

其次，以社区为本的社区经济发展能够从社区的整体角度切入去布置经济工作，使得经济发展更注重区域内部产业发展的整体性，有效避免了传统经济发展过程中因顾此失彼而产生的"畸形发展"问题，更利于打造工业、农业和手工业共同协调发展的产业格局，也能够使得社区内部各主体间的关系得到进一步的完善与巩固。

最后，立足于社区为本的社区经济发展模式可以使得社区经济实现发展可持续。在社区经济发展中依托于社区自身的自然资源和社会资本的做法，不会过度消耗自身有限的资源，还可以发挥社区内部主体的自主创造能力，培养社区本身独立创造财富的能力，进而使得社区内部可以不再依靠政府扶持和社会援助等外在力量，实现社区内部的经济可循环与再生产。

一、社区经济与产业扶贫背景

2015 年 11 月 29 日，中共中央、国务院颁布《中共中央国务院关于打赢脱贫攻坚战的决定》（以下简称为《决定》），全面部署了"十三五"期间中国的脱贫攻坚工作，提出"六个精准"和"五个一批"。"六个精准"是：扶持对象精准、项目安排精准、资金使用精准、措施到户精准、因村派人精准、脱贫成效精准。"五个一批"是：发展生产脱贫一批、易地搬迁脱贫一批、生态补偿脱贫一批、发展教育脱贫一批、社会保障兜底一批。另外，《决定》还提出，到 2020 年，稳定实现"两不愁"和"三保障"，即稳定实现农村贫困人口不愁吃、不愁穿，义务教育、基本医疗和住房安全有保障。在这一《决定》的号召下，全国上下开始了最为艰难的扶贫攻坚战。甘肃省崆峒区也是在脱贫攻坚的大背景下开始了区内脱贫攻坚的最后一里路。而在各个贫困区的脱贫攻坚工作中，产业扶贫是必不可少的一部分。

二、社区经济与产业扶贫成果

习近平总书记在宁夏回族自治区固原市考察时指出："发展产业是实现脱贫的根本之策。要因地制宜，把培育产业作为推动脱贫攻坚的根本出路。"[①] 习近平总书记这段讲话中的两个"根本"直接指出产业扶贫在整个扶贫攻坚工作中的核心地位。所以，只有产业扶贫做得好，才能够保证贫困地区"真脱贫"和"脱真贫"，才能够确保脱贫地区不会立刻返贫，真正做到一直走在脱贫致富的道路上。产业扶贫虽然是众所周知的"扶贫利器"，但真正发展出适合自身的特色产业同样也是每个贫困地区所面临的头等难题。面对这一难题，甘肃省平凉市崆峒区则交上一份令人满意的答卷。截至 2018 年底，全区贫困人口人均可支配收入由 2013 年的 2470 元增加到 5526 元，累计实现 90 个贫困村、1.1 万户 4.55 万人脱贫，贫困人口减少到 1382 户4874 人，贫困发生率下降到 1.42%。2018 年 7 月，崆峒区通过贫困县退出国家专项评估检查，9 月经国务院扶贫开发领导小组同意、省政府批准，退出贫困县序列。对于崆峒区的成功脱贫，产业扶贫无疑起到了重要的作用。

---

① 《习近平在宁夏考察时强调 解放思想真抓实干奋力前进 确保与全国同步建成全面小康社会》，《人民日报》2016 年 7 月 21 日。

三、以社区为本的社区经济发展

对崆峒区产业扶贫工作的观察表明，其整个产业扶贫工作都是围绕着社区来开展，很好地诠释了"以社区为本"的反贫困实践。"以社区为本"的反贫困实践将社区视作一个整体，并将社区放置到整个工作的核心位置，一切从社区出发，关注贫困群众的主体性、能动性和自主性，注重培养贫困群众的自身脱贫能力，激发贫困群众的内生力量，也更为强调脱贫工作的可持续性发展。[1] 这种以社区为本的理论视角同时结合了发展性理论视角和资产为本理论视角下的合理要素，认为社区经济的发展应该以资产为本，是一种以资产为本的社区发展模式。以资产为本的社区发展模式区别于以问题为导向的社区发展模式，更加主张从社区本身的固有资产、优势和潜能的角度去介入社区，强调社区内在发展力的重要性。[2] 同时，它与单一地依托于社区外部支持的传统模式不同，认为社区经济的发展应该利用社区原有的资源（价值、方法、个人、组织等）来激发社区内在发展力，挖掘社区内居民的自身参与社区发展能力，最大可能地发挥社区本身的固有优势。另外，它还重视关系的构建，主张促进居民和社团之间的接触，以及各种主体间关系的建构。以资产为本的社区发展模式与问题导向的社区发展传统模式在具体实践上存在差异，且在最终发展目标上更强调社区能够持续健康的发展。不过，前者的视角可以让社区内主体对社区内部资产和自身能力有一个清楚的认知，并能够以一种积极的姿态迎接问题和挑战。[3]

---

[1] 吴越菲、文军：《从社区导向到社区为本：重构灾害社会工作服务模式》，《华东师范大学学报（哲学社会科学版）》2016年第6期。

[2] 文军、黄锐：《论资产为本的社区发展模式及其对中国的启示》，《湖南师范大学社会科学学报》2008年第6期。

[3] 文军、吴越菲：《社区为本：灾害社会工作服务及其本土实践——以云南鲁甸地震灾区社会工作服务为例》，《河北学刊》2016年第5期。

  崆峒区的产业扶贫工作的开展就很好地体现了"社区为本"，即围绕着社区内部的环境与资源来打造自身经济发展总格局。崆峒区位于甘肃省东部，陕甘宁三省交汇处，为平凉市经济、政治、文化中心。自然资源方面，崆峒区地处陇东黄土高原沟壑区，境内西北高峻多山，东南丘陵起伏，中部河谷密布，平均海拔 1540 米。气候属于半干旱、半湿润季风型大陆性气候，年平均气温 10.6℃，日照 2455.7 小时，日照充足，降雨适中。文化资源方面，崆峒区历史文化底蕴深厚，自北周武帝元年（527 年）建县迄今已有 1400 余年，历史悠久，文化灿烂，为古丝绸之路商埠重镇，素有"陇东旱码头"之美誉。其曾是华夏始祖轩辕黄帝最早的生息地，拥有文化遗址和名胜古迹百余处。行政区划与人口情况上，崆峒区全区辖 17 个乡镇、3 个街道办事处，有 252 个行政村、19 个城市社区。总面积 1936 平方公里，2018 年年末常住人口 53.32 万人，有汉族、回族、满族、蒙古族等 30 多个民族，以回族为主的少数民族 13.88 万人，占总人口的 29.5%。全区贫困人口主要分布在南部阴湿林缘区、北部山塬区及少数民族聚居区三大贫困片带。

  当地政府依托崆峒区自身的土地资源、自然资源、人文资源优势和地理、交通、市场等区位优势以及传统种植优势，确立了"牛果菜主导，多业并举"的社区经济发展格局。把牛产业、苹果产业以及蔬菜产业作为促进农民增收的重要手段，全区大力发展牛果蔬三大主导产业，同时也推动旅游产业和劳务产业协同发展。

  可以看出，崆峒区针对脱贫攻坚做出的战略布局是以社区为本的，依托于社区内部资源来发展符合自身特色的产业，并不是盲目跟风学习其他地区的脱贫攻坚经验，而是因地制宜地挖掘社区内部的潜能，最大程度地调动社区内部居民的参与积极性，激发社区的内生发展力。并不是一味地追求"多快好"地发展，而是踏踏实实、一步一个脚印地发展特色产业，努力推动社区经济可持续发展。

第二节　固本培元：强化社区传统特色产业

习近平总书记在河北省阜平县考察扶贫开发工作时曾指出要坚持从实际出发，因地制宜，理清思路、完善规划、找准突破口。要做到宜农则农、宜林则林、宜牧则牧、宜开发生态旅游则搞生态旅游，真正把自身比较优势发挥好，使贫困地区发展扎实建立在自身有利条件的基础之上。[①]

以社区为本的社区经济发展正是建立在因地制宜的理念之上，强调在社区发展过程中要重视资源挖掘与整合。社区资源的挖掘与整合既指社区中个体层面资源的挖掘与整合，也指社区整体层面资源的挖掘与整合。因此，在社区经济发展过程中要宏观微观两手抓，既关注宏观整体也关注微观个体。一方面，要以社区自身资源为核心，整合社区既有优势资源，发挥优势资源的最大合力；另一方面，要依靠社区内的各种力量，尤其是贫困农民群众自身，想要依靠贫困农民群体，就需要提高该群体应对贫困的能力，增强其主体性和能动性，重视农民群体的还权增能。

崆峒区在社区经济发展实践中很好地遵循上述原则，一方面，政府依托自身红牛养殖业、果树种植业等传统社区资源来打造自身的社区经济格局，通过整合社区优势资源以激发社区内部的潜在力量，进而实现社区内部资源利用最大化；另一方面，政府组织农民进行技能培训，提高农民的相应职业技能，使得农民具备更多可以用于经济交换的资源和条件，也使其获得更多运用经济资源的机会，进而实现脱

---

① 中共中央党史和文献研究院编：《习近平扶贫论述摘编》，中央文献出版社 2018 年版，第 57 页。

贫致富的目标。

一、产业支柱：平凉红牛领发展

由于区内交通便利，气候适宜，饲草资源丰富，且养牛历史悠久，群众养牛经验丰富，崆峒区从明代开始就是西北地区最大的牛羊"集散地"和陇上"旱码头"，曾有"农民唯养牛、经商唯贩畜"的历史记载。得天独厚的资源优势和悠久的文化积淀，使得该地区的牛产业得到迅猛发展，快速占据了该地区产业扶贫矩阵中核心地位，打造出国内外肉类驰名品牌——平凉红牛。

（一）夯实基础：肉牛养殖基础设施建设

1. 暖棚牛舍建设

对于牛这类大型家畜的养殖，一定要依托于完善的基本设施，暖棚牛舍的建设是红牛养殖必备的硬件条件。然而一个暖棚牛舍的成本造价对于难以温饱的贫困户来说根本无法承担。因此，崆峒区政府为了引导贫困户进入红牛养殖业之中，对改造旧牛棚或新建牛棚的贫困户都给予资金支持，鼓励其改造自家的旧宅基、旧房屋养牛。改造面积达到 60 平方米以上设施齐全的暖棚的，每户补贴资金 1 万元；新建暖棚牛舍两间且均超过 35 平方米以上的，每户补助资金 1 万元。由于政府对养牛基础设施的大力支持，进入养牛行业的贫困户越来越多。

2. 青贮窖建设

除了暖棚牛舍这个养牛的基础设施，青贮窖也是养殖肉牛的硬件设施之一，崆峒区政府也针对青贮窖的建设给予补贴。2018 年，崆峒区政府对新建 45 立方米以上永久性青贮窖每座补贴 2500 元。在此扶持政策推动下，政府投资 54.75 万元新建永久性青贮窖 219 座；投资 40 万元购置青贮筒覆膜 27 吨，全部投放肉牛养殖户发展玉米秸秆袋贮，实现了养殖户袋贮简覆膜全覆盖。此外，崆峒区还引进了先进的玉米秸秆青贮技术，并建立白庙乡、大秦乡两个青贮示范点。在崆峒区政府的大力推动下，全区玉米秸秆青贮量达到 35 万吨。政府对于青贮窖的补助使得青贮窖的数量不断增长，玉米秸秆青贮量也随之增多，从而为牛产业打下了坚实的基础。可以看出，种植业传统意义上的"废弃物"经过加工处理被有效地用于红牛养殖，这种充分调动社区内部可利用资源来满足社区产业需求的措施成功地实现了社区内部的资源可循环，保证了社区内部资源的高效利用，同时也减少了对社区自然环境的破坏，使得产业发展和青山绿水共存。

3. 标准化肉牛养殖小区建设

除了加快暖棚牛舍和青贮窖的建设之外，崆峒区还创新性地推动"统一规划、联户修建、分户饲养、人畜分离"的标准化肉牛养殖小区建设。贫困户可采取土地、扶贫贷款、牛只入股形式参与养牛，由龙头企业或通过多主体共同经营的模式，进行统一管理经营。政府鼓励养殖规模达到 20 头以上的养牛大户成立专业合作社，修建养殖小区，由政府负责基本公共设施的建设，协调农户流转土地、入股农户贷款利息补贴等工作。此外，崆峒区政府也鼓励对老旧空置的养牛小区进行统一改造，并采取多元主体共同经营的模式进行管理。2018 年，在大寨、麻武等 8 个乡镇新建标准化规模肉牛养殖小区 11 个，全区标准化养殖小区数量达到 167 个。养殖小区的建设有利于社区资源集中最大化、潜能最大化以及消耗最低化。同时，养殖小区的示范作用可以吸引周围更多的贫困农户加入"牛产业"之中。

从"牛产业"的发展可以看出，崆峒区政府并不是专注于做"面子工程"，而是依托社区内部的资产格局，从社区总体的角度出发，最大限度地开发利用社区内部已有资源，并"想方设法"地调动社区内部农户的参与积极性，加入养殖小区之中。这带来两个方面的好处，其一，充分发动社区内部养殖大户，让养牛能人带动贫困户，通过二者在养牛小区这一共同空间内的互动，让贫困户学习到更多切实有用的肉牛养殖技术与经验，使贫困户尽快熟悉肉牛养殖。同时，社区内部成员不同主体间关系也得到了更好的建构，使得社区之中的关系网络更加牢固。其二，养牛经验这种非物质资源得以在不同的主体间不断交换，交换的双方也可以从这一教一学的互动中有所收获，贫困户收获了真材实料的"养殖真经"，而养牛大户则也从这段互动中收获了他人的尊重与崇拜。这种有利于双方的社会互动，可以增进社区内部情感，以及社区内部和谐关系的建构。

（二）优种发展：红牛品种保护与培育

平凉红牛是崆峒区养牛人选取本区最为优良的牛种进行杂交配种，然后经过一代又一代人的精心选育，最终培育而成。平凉红牛是体型庞大、生长发育速度快、肉用性能优异、商品形状优良的红色肉牛新类群。优质的平凉红牛在中高端牛肉市场上很有竞争力。因此，如何将祖祖辈辈辛苦培育而成的平凉红牛的纯正血统延续下来成为该地区红牛产业的基础保障。

崆峒区通过肉牛冻配改良来实现这个目的。崆峒区依托乡镇畜牧兽医站，采用红安格斯和秦川牛冻精，进行定向冻配改良基础母牛，通过定向冻配改良得到的母牛有4万头，其中属于贫困户的有2.05万头。对于冻配改良的工作，政府给予资金补贴。每冻配成功1头母牛，政府就补贴乡镇畜牧站冻配工作人员交通费30元，而且冻配所需材料费同样可以得到保障。同时政府也加快了村级冻配改良点建设，在草峰镇杨庄村、大寨乡桂花营村、峡门乡关梁村、安国乡大庄村新建肉牛冻配改良点4个；为17个乡镇畜牧兽医站配备动物疫病诊疗、冻配改良等仪器设备29类2.4万套（件）。

除了保证平凉红牛优质品种得到不断传承和持续改良，基础母牛的数量也同样应该得到保障。为了扩大全区基础母牛饲养的总量，提高基础母牛繁育率，崆峒区通过多种手段来鼓励农户养牛。首先，鼓励未养牛的贫困户发展基础母牛养殖，对于未养牛贫困户新购置基础母牛进行补贴，每头补贴 3000 元，每户最高补助 6000 元。补贴资金兑现后，新购置基础母牛饲养期必须达到 2 年以上。截止到 2019 年 10 月，全区累积新购置基础母牛 1091 头，补助资金 1730.1 万元。另外，政府还对贫困户产犊母牛进行补贴，每头补贴 500 元，截止到 2019 年 10 月，累积补助资金达 1136.5 万元。对于养殖规模达到 20 头以上的养殖户，在贷款金额不超过 10 万元的前提下，补贴贷款利息一年。通过这一系列的政策，崆峒区很好地保证了基础母牛数量稳步提升，2018 年全区基础母牛存栏达到 8.85 万头。

（三）市场主导：深度拓展产业链，建立完善市场体系

崆峒区牛产业的整体格局是"山区塬区育肥繁育，川区郊区加工商贸"。在既有格局之上，崆峒区政府对产业进行了进一步的精细化处理，延伸了固有产业链条。推动伊通工地新厂建设，建设集屠宰、加工、产品研发于一体的花园式厂区，对其现有的凯沣、伊通亮两个品牌的熟牛肉产品进行二次升级，推动产品高端化发展，获得更多的产品附加价值，使其不仅仅停留在生牛肉生产的低级产业。另外，还对景兴、西开公司既有牛肉分割生产线进行升级再造，开发更加符合市场需求的新产品，提高牛产品深加工能力，带动牛产业全链条发展。

优质产品的产出固然代表着该地区的产业能力，但是好产品是否具有好的销量则是另外一个问题。对于市场销路问题，完善的市场体系必不可少。在市场体系搭建方面，政府也是通过资金补助的方式来实现，通过补助和政策优惠的方式鼓励龙头企业牵头建设陇东活畜交易市场。这一大型交易市场的建立为众多养牛户提供了可以交易的场域，让社区内各主体可以在这一场域内完成资源的置换，使得买卖双方都能够及时地满足购买和售卖的需求，有效地解决了肉牛的市场销路问题。

肉牛销路得到保证以后，还需要公正合理的行业规范来约束行业中的个体。以养牛合作社为基础、以乡镇为单位成立的牛产业联盟，牵头组织企业和养殖大户等行业中的利益群体共同协商制定了牛产品市场规范，使得每一方利益群体的利益都得到保证，进而保证养牛效益最大化。此外，还有每牛信息管理平台的技术支持，保证信息畅通无阻。崆峒区在景兴清真肉牛屠宰场设立1个大型露天电子显示屏，每天流动播放全国、全省牛肉和活牛价格，设立买卖服务窗口，图文并茂地公布相关信息，实现屠宰场和养殖户无缝对接，争取效益最大化，保证农户间信息获取渠道无差化，信息获取机会对等。

（四）精确分工：经营主体多元化

红牛养殖产业的参与主体可以分为四类，分别为龙头企业、合作社、农户和政府。由这四类主体组成的产业化联合体在牛产业中发挥着重要的作用，他们分别参与到整个牛产业链条的不同环节，并在不同位置上发挥着不同的作用。①

在整个红牛产业链条中，龙头企业主要负责活牛屠宰、牛肉加工和产品制作的环节，部分龙头企业也会作为社会力量的一部分，为牛产业提供资金支持。2015年，全区已有畜产品加工企业30余家，固定资产总值4.2亿元，涉及肉食品加工、制革、骨制品、生化制药、冷冻储藏6大门类，年销售总收入达8.9亿元。其中，福利制革厂瞄准技术前沿，引进意大利先进设备，建成了双百万高档牛羊鞋面革、犊牛皮革、漆皮革等生产线，开发80多个品种、120多个花色，年销售收入达3亿元以上。2017年，通过项目补贴和贷款贴息的方式，崆峒区扶持原有龙头企业朝着功能多元化方向发展，努力建设集屠宰、加工、产品研发于一体的花园式厂区，尽可能减少产品加工过程

---

① 陈锐、史宇微、张社梅：《"平武中蜂+"产业扶贫模式制度特征及政策启示》，《云南农业大学学报（社会科学版）》2019年第5期。

中运输费用，降低产品成本，以获得在牛肉市场上更具优势的战略地位。另外，还对原有品牌的旧产品进行产品更新升级，比如岷峒区推动现有的凯沣、伊通亮两个品牌的熟牛肉产品进行产品升级。

养牛专业合作组织主要负责肉牛科学饲养、新品种引进、冻配改良、新技术推广、饲草供给、活牛购销等服务，协调解决养殖户在生产过程中的困难问题，减少养殖和购销成本，增加肉牛养殖经济收入，是整个牛产业这座大机器的"润滑剂"，负责连接牛养殖产业里每一个部分。

农户的工作则主要是负责红牛养殖的微观层面工作，具体的养殖方式大致可分为自主养殖、加入合作社和加入养殖小区三种。不论选择哪种养殖方式，农户都是要亲自扎根到养牛实践之中，负责肉牛的喂养、配种以及清理等日常工作。

政府作为四个主体中较为特殊的一个，它并不具体地参与到牛产业的某一个环节之中，而是充当统筹全局的领导角色。换句话说，它的行为不属于牛产业微观的具体操作层面，而是宏观的政策指导层面。更多的是出台各种鼓励贫困户养牛、引导龙头企业加大投资力度等利于产业发展的补贴政策。[1]

所以，红牛养殖产业是由极具特色的多元化经营主体共同参与和管理。而在红牛养殖产业中，整个"政府+龙头企业+合作社+贫困户"的产业化联合体是一个具有严密分工的系统，在这个系统里每一个主体都各司其职，按照自己的角色要求在按部就班地完成自己的任务与工作。[2] 显然，这种多元经营主体的管理与运行方式产业发展具有积极的意义。一方面，这种运行方式可以充分发挥各个经营主体自身优势，使得整个养殖工程运行效率最大化。另一方面，这种运行

① 陈锐、史宇微、张社梅：《"平武中蜂+"产业扶贫模式制度特征及政策启示》，《云南农业大学学报》（社会科学版）2019年第5期。
② 雷明、袁旋宇、姚昕言：《以产业扶贫促进深度贫困地区扶贫攻坚——基于西藏自治区L市调研》，《贵州民族研究》2019年第2期。

方式也是对社区内人力资源的合理分配，使得包含着各类关系的社区能够处理好内部各主体间的关系。更为重要的是，主体的多元性保证了更多的专业性和科学性因素的加入，不同于以往的传统单一主体经营的农业。正是政府、农业合作社、企业和社区农民多元主体共同参与，才保障农村社区经济的良好发展和脱贫工作的顺利进行。也可以说是通过把区域内重点产业与新型经营主体、贫困户相对接，达到产业的经营发展与贫困户的脱贫相联结的目的，从而通过发展产业扶贫的方式帮助贫困农户脱贫。

二、多元并进：果蔬两业齐助力

（一）远抓苹果：平凉金果助发展

崆峒区按照"远抓苹果近抓牛，当年脱贫抓劳务"的产业发展思路，将牛产业视为"首位产业"，而将苹果产业视为长远发展的产业。虽然苹果产业并不被视为一个短期内就可以盈利的产业，但是苹果产业在许多村落仍对当前的脱贫工作起到了至关重要的作用。

对于苹果产业，崆峒区坚持"适生区集中发展，适宜区全覆盖"的原则，以北部塬区、北大路沿线和南部山区浅山地带为重点，大力推广矮化密植模式，加大对老果园改造力度，积极发展新优品种。2019年全区苹果经济林达到11.4万亩，认证优质果园出口基地5000亩，年果品总产量6.5万吨，产值1.8亿元，农民人均果产业收入880元。共为286户贫困户免费发放苹果、核桃、花椒等优质苗木11.9万株，受益贫困人口1287人。

1. 苹果产业助力永红产业发展

据调查，永红村是依靠着苹果产业助力成功脱贫的典型案例。永红村根据自身土地种植传统农业收益低、土地撂荒闲置的情况，决定与明辉、沃沃、雪洋、润迪、俊铭、绿源6家公司及农民专业合作社共同协作。以土地流转的形式，将该村 365 户村民的 4400 多亩土地入股到沃沃、明辉公司，集中种植果树经济林，重点发展优质红富士苹果种植。在产业发展过程中，对经营主体进行精选，在借鉴其他成功模式的基础上，结合自身特点，创办永兴农民种植专业合作社，将全村 365 户农民以土地入股的形式吸纳入社，再由农民合作社将社内土地等资产统一入股企业。在股份分配方面，实行"龙头企业+村集体（合作社）+农户"多主体股份连接模式，采取"股份制运作、合作社监督，企业化经营，农户集体参与"的运行机制，实现所有权不变、经营权入股、利益分享和风险共担。在农民分红方面，主要由保底分红和盈利分红两部分组成，充分保障农民收入的稳定性。

可见，种植农民专业合作社在整个永红村的产业扶贫中起到了至关重要的作用，村民们将土地、房产、闲散资金和劳动力等资源通过清产核资的方式转变为资产资金，然后入股到农民专业合作社。农民专业合作社作为一个经营主体与各个农业公司进行投资合作，在利益共享的同时平摊风险，使得每个农户所面临的风险降到最低。

2. 农旅结合：协同推进产业经济发展

永红农民专业合作社扶持企业大力发展以林果种植为主，以旅游观光、生态养殖为辅，配套农家乐、休闲垂钓的社区产业体系，打造极具特色的社区产业布局，充分利用农村社区内部闲置、零散、利用不充分的土地资源，最大限度地利用闲置的房屋和劳动力资源，真正让"荒山变金山银山、荒地变绿地宝地、林区变园区景区"。这种将社区内资源"变废为宝"的操作方式就是对农村社区内"人文地产景"资源进行的高度整合，激活社区内闲置资源，实现资源向资产的转变。

产业上种养观一体化综合开发取得了较好的经济社会效益，促进周边村社转变经济增长方式，带动周边 300 户农户创富增收。永红村具体经营的项目分为绿色种养一体化基地和绿色休闲基地两类。绿色种养一体化基地中包括绿化苗木基地、矮化密植苹果园、瓜菜类、饲料种植、设施养殖、生态防护林。其中生态防护林为 2000 亩，占地面积最大，主要以林下养殖为主。其次就是矮化密植苹果园，占地 1000 亩，其他类型种养殖占地面积一般在 100 亩左右。绿色休闲基地则包括农田采摘、特色饮食、垂钓休闲等项目。可以看出，在社区内部土地资源面积恒定的前提下，种养一体化综合开发能够从不同的维度对社区内部资源实现最大程度的利用，在不破坏环境的前提下，实现了"绿水青山"向"金山银山"的转化，并且使得社区内部的人力资源得到充分的利用。

（二）科技推动：旱作农业全膜双垄沟播技术推广

崆峒区位于甘肃东部，属黄土高原丘陵沟壑区。年降水量 500 毫米，主要集中在 6、7、8 三个月，降水集中期与农作物需水关键期错位，易形成冬旱、春旱和伏旱甚至三季连旱，是典型的干旱半干旱雨养农业区。因此，发展旱作农业是崆峒区的不二之选。针对旱作农业的提升与发展，农业技术显得至关重要，只有农业技术的提高才能够保证农作物在恶劣的环境下正常生长，所以崆峒区一直致力于旱作农业技术的提升，近几年主要推广全膜双垄沟播技术。

崆峒区的旱作农业主要以种植玉米和马铃薯为主，截至 2018 年 6 月，共推广全膜双垄沟播技术 25 万亩。按种植作物分，玉米 23 万亩，马铃薯 2 万亩；按覆膜时期分，秋覆膜 20 万亩，顶凌覆膜 5 万亩。建设家庭农场 2 个，开展统防统治等社会化服务 1 万亩。经调查得知，全膜覆盖玉米平均亩产 500 公斤，比半膜覆盖增产 20% 以上；全膜马铃薯平均亩产 1800 公斤，比半膜覆盖增产 20% 以上。全膜双垄沟播技术所利用的地膜具备可循环利用和可降解的特点，在玉米收获后，只要对旧地膜进行良好的保护，就可以在保留的旧膜上继续种植玉米、油菜、大豆、小麦、马铃薯等作物。最终循环利用后的地膜可以被自然降解。崆峒区对采用全膜双垄沟播技术播种的贫困农户和一般农户都给予资金上的直接补贴。

在旱作农业方面，除了对高新旱作技术的推广外，崆峒区也在不断推进"粮改饲"的进程，不断扩大"粮改饲"的区域，围绕种、管、收、贮、用等关键环节，重点推广适宜干旱地区种植的籽粒玉米、粮饲兼用玉米和青贮玉米品种以及马铃薯新品种。玉米、马铃薯等旱作农物产量随着全膜双垄沟播技术的推广不断增加，在此基础上，对旱作农业内部种植结构的合理规划则显得至关重要。尽管红牛养殖业对于饲料具有巨大的需求，但保证粮食的足量供给更是必须的。只有在保证粮食充足的前提下，才可将旱作农物中的一部分转为饲料类作物。这样，"粮改饲"的做法才可以有效地调动农村社区内部资源，促进社区内部资源的循环利用，加强不同产业间的协调合作，提高社区内部自身发展动力，进而推动种养循环一体化建设。

（三）整川推进：打造泾河川区设施蔬菜产业园

崆峒区政府立足区情实际，将蔬菜产业视为脱贫致富的主导产业，依托于本区土地资源、自然资源、人文资源优势和交通、市场等区位优势，结合种植传统和蔬菜发展现状，大力推动泾河川区设施蔬菜整川推进，打造泾河川区国家级设施蔬菜产业园，推动全区蔬菜产业向集约化、产业化、园区化、规模化发展。崆峒区的蔬菜产业发展不局限于传统单户种植方式，而是大力推动蔬菜产业园区的建设，力求运用科学合理的方式组织和管理蔬菜产业。崆峒区鼓励多主体共同经营，引进和培育绿康源、天源、高科农林、丰源等10家蔬菜生产企业，组建蔬菜专业合作社16家，建成设施蔬菜标准化生产小区11个，认证无公害蔬菜产品11个。此外，还推动当地蔬菜品牌化发展，注册"赵铺""福霖鲜菜"等9个蔬菜品牌。

在设施蔬菜发展上，崆峒区不拘泥于传统单一的种植思维模式，在园区的建设上以发展高、新、优、精设施蔬菜生产为主，打造各类资本融合聚集的"谷地"，融合开展休闲旅游、农事体验、蔬菜采摘、民俗住宿等经营项目，建设高标准、高规格、高档次的高效设施蔬菜产业区。发展融合产业园区能够有效地带动当地农民就业，同时也可以吸纳建档立卡贫困户入园务工，能够提升建档立卡贫困户的收入水平，加快脱贫的步伐。可见，社区内部融合蔬菜产业园区的建设十分有利于带动周围经济发展，而且崆峒区的蔬菜产业已经由传统的种植过渡到集中化的高新科技产业园区种植，种植方式的升级和转变意味着社区内产业转型升级，向着更加高效高质的方向发展，能够最大限度地利用社区内部有限的资源，也能够联合社区外部的资本，共同推动社区经济的高速发展，而社区经济的发展也同样能够很好地推动贫困农户脱贫增收。

从 2017 年到 2019 年，区财政用于户蔬菜产业发展的扶持补助资金共计 3698.68 万元，其中直接补助贫困户资金为 17.24 万元，有力推动了蔬菜基地建设。2018 年全区建档立卡贫困户种植蔬菜面积 2 亩以上有 82 户 726 亩。2019 年全区 98 个贫困村种植蔬菜面积 11610 亩，贫困户种植蔬菜 1 亩以上的达到了 187 户，种植面积 1168 亩。露地高原夏菜亩可使贫困户增收 2000 元，设施蔬菜可以达到 1.5 万元，蔬菜产业已经成为带动贫困户增收的主导产业之一。截至 2019 年 10 月，全区未脱贫贫困户中发展蔬菜产业的有 115 户，通过入股配股的形式将每户不高于 2 万元的产业扶持资金以共计 229 万元的总数入股到龙头企业和合作社，以此产生收益分红给贫困户，每户可增收 1600 元以上。在川区乡镇，蔬菜基地周边的贫困户也可以通过进入蔬菜基地务工，年收入能达到 5000—15000 元，很大程度上增加了贫困户收入。

三、技能培训：职业新农民共培养

上文对于崆峒区产业扶贫中最具代表性的"牛蔬果"三大主导产业的发展经验进行了总结，可以看出"牛蔬果"三大特色产业的发展推动了社区经济的发展，也对崆峒区脱贫增收起到了重要的作用。但是不论社区内产业发展得如何之好，最终还是要依靠社区内部主体来将产业落地，即需要农民嵌入到社区产业的每一个环节，发挥不可替代的作用。只有发挥好农民主体性作用，才能使整个社区经济运转起来。而传统农民所掌握的技能和能力远不能满足当下社区经济快速发展的需求。因此，对于职业新农民群体的培养则显得至关重要。只有农民掌握与产业发展相匹配的能力与技能，才能够在政府大力推动的产业扶贫中充当好经营主体的角色。

崆峒区努力整合优势资源，建立多元新型职业农民教育培训体系，培训的主要内容仍是围绕着牛、果、菜三大主导产业展开，即以红牛养殖、蔬菜生产、苹果园艺为主。崆峒区新型职业农民体系的搭建开始于 2014 年，这一年组建蔬菜生产工班 4 个，红牛养殖班 1 个，专业技能型苹果生产班级 1 个。2014 年，共计培训 283 人，生产经营型 192 人，专业技能型 92 人。2015 年只开设了蔬菜生产班和苹果生产班，共计培训 172 人。2016 年度开设了蔬菜和苹果生产班，并恢复开设红牛养殖班，共培训新型职业农民 222 人。2017 年开设了蔬菜生产、苹果生产和红牛养殖培训班，共计培训 216 人，其中贫困户 22 人。2018 年共培训 100 名合作社带头人、50 名养殖大户的生产经营型培训学员和 100 名村级动物防疫员的社会服务型培训学员。2019 年培训的技能基本与上一年相同，只是增加家畜繁育员这一培训类型，人数也较上一年有所提升。

政府对参加培训的农户也会给予一定补贴。生产经营型学员培训经费为每人补贴 3000 元，专业服务型学员及专业技能型学员培训经费为每人补贴 1000 元，所提供经费足额用于学员培训的各个过程。培训过程中，根据不同村情制定不同的培训计划，能够做到"因村施教"，也会根据每个农户的不同兴趣和需求，各有侧重地培训种植或养殖技术，为每一个参加培训的农户"量身定制"最为适合的培训计划。培训也不拘泥于书本上的理论知识，而是深入农业第一线，进村进社，确保学习、生产两不误。

经过几年来的新型职业农民培训，培训后的农户创业成功率为85%，参训人员培训后创业收入增长率为10%，参训人员培训后就业成功率为95%，参训人员培训后薪酬增长率为12%。参与过培训的农民具备了更为科学高效的种养殖技能，能够更好地参与到整个农村社区的产业发展之中，也能够将自己"镶嵌"到社区产业结构之中，利用自己学习的种养殖技能实现收入的增长，改变自己的生活状况。贫困农户也可以通过自己的双手摆脱贫困，向着小康逐渐迈进。

第三节　开拓创新：探索社区经济发展新道路

2016年国务院印发的《"十三五"脱贫攻坚规划》（以下简称为《规划》）的指导思想中指出要坚持统筹推进改革创新。充分发挥政府主导和市场机制作用，稳步提高贫困人口增收脱贫能力，逐步解决区域性整体贫困问题。加强改革创新，不断完善资金筹措、资源整合、利益联结、监督考评等机制，形成有利于发挥各方面优势、全社会协同推进的大扶贫开发格局。实际上，"社区为本"的社区经济发展原则与《规划》的指导思想相呼应，崆峒区政府按照"社区为本"的思路发展社区经济，正是在努力贯彻《规划》中的指导思想。

崆峒区政府在社区经济发展实践中除了发挥社区原有优势资源的效能之外，还基于社区现有资源进行资源整合，包括价值、方法、社会组织、人才队伍、工作机制、市场制度等，充分挖掘社区经济发展的可能性，以最大限度激发社区内生发展动力。比如，崆峒区所推进的"三变"改革就创新性地推动社区内部资源进行重组，更高效地利用有限的资源创造更大的价值，并鼓励多元主体参与创新变革之中，编织更为有力的社区关系之网，使得每一位社区网络中的农民都能够享受改革红利。崆峒区除了对于社区自身资源的利用，也尝试与社区外部主体进行资源置换，以实现资源利用效率的最大化，比如与天津河西区建立东西部劳务协作机制。崆峒区还积极响应"绿水青山就是金山银山"的号召，充分利用农村社区内部的"绿水青山"发展旅游业，助力社区经济绿色发展的同时也增强了社区经济发展的可持续性。

一、创收降险："三变"改革保收益

（一）"三变"改革的操作流程

"三变"改革是一种不同于传统的创新型产业扶贫方式，"三变"是指资源变资产、农民变股东和资金变股金。具体来说，如图 5.1，操作流程可分为 10 个步骤，30 个环节。10 个步骤为"摸资产""选产业""引企业""带农户""确对象""定资金""商股比""签合同""推项目"和"抓验收"，每个步骤又可以分成 3 个连续的环节。"摸资产"分为摸清"三资"存量、分清可变资本和开展确认登记；"选产业"分为选好发展方向、组织专家论证和编制产业规划；"引企业"分为做好项目储备、寻找合作对象和确定经营主体；"带农户"分为加强宣传引导、广泛动员参与和积极鼓励支持；"确对象"分为村集体资产入股、财政可变资金入股和个体资本入股；"定资金"可分为财政项目申报、集体自筹资金和信用担保贷款；"商股比"确定合作内容、协商股份比例和进行张榜公示；"签合同"分为制定合同文本、签订合同协议和备案存档留底；"推项目"分为制定合作方案、加强乡镇管理和加强技术指导；"抓验收"分为及时组织验收、兑现项目资金和做好总结评估。如果将 10 个步骤和 30 个环节进行浓缩归纳，则主要可以归结为 4 个方面：

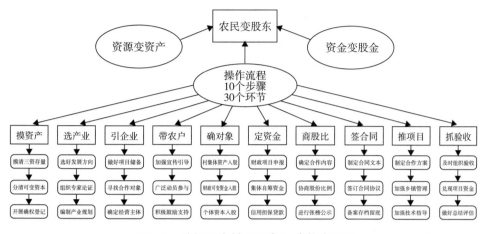

图5.1 崆峒区农村"三变"改革流程图

第一，全面摸清可变家底。全区颁发农村土地承包经营权证书给6.03万户，颁证率达到95.6%。全面摸清村集体"三资"存量、结构、分布和运用情况，建立固定资产、一事一议、库存物资等"三资"管理系统台账，实现动态化管理。

第二，搭建产业融资平台。组建了"三公司一平台"，成立平凉市崆峒区立信担保公司和区农投公司、城投公司两个投融资平台，并围绕牛、果、菜等特色产业，对参与"三变"改革的经营主体提供融资担保。

第三，培育多元经营主体。按照"新建一批、引进一批、壮大一批、清理一批"的思路与全区合作社规范化提升工作紧密结合，培育多元化的农业经营主体，实现龙头企业、农民专业合作社和农民三者的深度融合，打造"龙头企业+农民专业合作社+农民"的多元主体经营模式。

第四，总结推广发展模式。崆峒区积极鼓励引导有资源、有务工能力的人，以土地、劳动力、技术等入股经营主体；科学划分股权，设置了土地股、劳务股、技术股、资金股、效益股等多种股权种类，引导集体、农户和承接主体协商确定入股类型和分红收益，形成固定（保底）分红、固定分红+效益分红、按股权比例分红等方式。

（二）"三变"改革经典案例

经过"三变"改革具体操作层面的 10 个步骤和 30 个环节，"三变"改革从理论构想转变为实践操作成功落地，它作为一种产业扶贫的创新方式，已经在崆峒区不同的产业相继开展。其中，最具代表性的案例就是永红村苹果种植业和天源农业循环经济示范园的"三变"改革。

永红村通过土地流转的形式，将该村 365 户村民的 4400 多亩土地入股到沃沃、明辉、雪洋、润迪、俊铭、绿源 6 家公司。集中种植果树经济林，重点发展优质红富士苹果种植。产业的发展过程中，在借鉴其他成功模式并结合自身特点的基础上，创办永兴农民种植专业合作社，将全村 365 户农民以土地入股的形式吸纳入社，再由农民合作社将社内土地等资产统一入股企业。在股份分配方面，实行"龙头企业+村集体（合作社）+农户"多主体股份连接模式，采取"股份制运作、合作社监督、企业化经营、农户集体参与"的运行机制，收益分红主要有保底分红和盈利分红两部分组成，充分保障贫困户收入稳定并持续增长。

天源农业循环经济示范园在进行园区扩建和设施更新时，充分把握住政府推进"三变"改革这一契机，通过政府扶贫资金入股的方式来实现资金聚集，实现社区内资源的高效利用。其中，通过东西部扶贫协作对口帮扶项目，获得扶贫资金 492 万元，为崆峒区峡门、大秦、白庙 3 个乡镇 282 户建档立卡贫困户入股配股。采取"保底分红+效益分红"的办法，保底分红按照每 1 万股金每年分红 750 元，效益分红以三年为期，在保底分红的基础上按照每 1 万股金每年 0.5% 的分红比例逐年递增，实现贫困户收入的可持续增加。

（三）"三变"改革的意义

"三变"改革是依托于其他省市县区的成功经验并结合自身特

征而创造出的产业扶贫创新机制改革，这项改革可以说打破了人们之前对产业扶贫的既有认识，将零散的农村社区内部资源通过"资源变资产、资金变股金、农民变股民"的方式集中到一起，以达到社区内部资源集聚效应最大化，提高农村社区内有限资源的利用效率。

"三变"改革主要是解决以下贫困户的困难：贫困户只拥有土地和房产等固定资产，而家中劳动力不具备任何相关种养殖经验，且短期内也无法通过培训获取从事任何行业的技能；家中有土地和房产等固定资产，但因病残丧等特殊原因家中没有适龄青壮劳动力；家中有一定资金，但是资金并不能够满足发展种养殖业的基本投入资金标准；政府给予贫困户的补贴金额有限，不能达到相关产业发展的基本启动资金。于是，在崆峒区政府的组织下，通过将资源变资产、资金变股金、农民变股东的方式，将贫困户手中零散的资源和资金以及政府给予个体贫困户的补贴资金集中到一起，由种养殖行业内的专业公司进行统一投资、经营和管理，然后采取"保底分红+效益分红"的方式来保证贫困户稳定的收益。

"三变"改革不但能够很好地提升资源利用效率，增强资本的集聚效应，还能够有效地避免贫困户对扶贫补助的滥用，即将产业扶贫补贴用到债务偿还、休闲娱乐和购物消费等产业发展之外的事情之上，能够确保产业补贴运用的精确性，达到"专项补贴专项用"的目的。虽然这种方式达不到"授之以渔"的最佳效果，但是比"授之以鱼"这样简单直接的扶贫方式效果更佳，符合扶贫扶长远的基本要求，能够在一定程度上保证产业扶贫的可持续发展。此外，具有劳动力的贫困农户若仍想要参与种养殖业之中，依旧可以到龙头企业中务工，获得企业分红之外的额外劳动收益。

实际上，"三变"改革是对社区内部资源的一种重新整合与分配，将社区内部分散的资源通过行政手段高度集中到农民专业合作社、龙头企业等专业化的多元经营主体中。这种通过更专业的农民专业合作社或龙头企业来替代经验缺乏的贫困农户作为经营主体的方式，是对社区内部资源的高效利用与再生产。对于因缺乏技术和资金而致贫的农户，"三变"改革直接提供了稳定的可持续收入，并且将以前需要农户独自面对的产业风险平摊到多元化的经营主体之上，降低了农户自己种养殖时所面临的风险，进而提高了农户抵御种养殖风险的能力，在推动贫困农户脱贫增收的同时有效地降低了脱贫再返贫的概率。

（四）"三变"改革取得功效

截至 2019 年 10 月，崆峒区已有 153 个村陆续开展"三变"改革，其中：建档立卡贫困村 105 个，非贫困村 48 个，实现了建档立卡贫困村全覆盖。已有 25 个村基本完成了改革任务，23 个村实现了分红。

在实施贫困户产业脱贫入股配股项目过程中，崆峒区共安排 2260 万元，以全区 17 个乡镇 227 个行政村 1275 户贫困户为入股主体，向惠农投资公司、高科农林绿化公司和天源牧业公司等 9 家龙头企业入股配股，撬动各类社会资金 1.54 亿元。此外，崆峒区培育引进参与"三变"改革的新型经营主体 209 家，其中：龙头企业 13 家，农民专业合作社 175 家，家庭农场 1 家，电商平台 20 家；"三变"改革入股土地 1.33 万亩，林地 3623 亩；劳动力入股 441 人，资金入股 559.3 万元，村集体固定资产入股（折价）1058 万元；扶持贫困村合作社补助资金 560 万元，全区实现了 105 个建档立卡贫困村每村都有 2 个以上的农民专业合作社。已签订入股合同 2751 份（贫困户 1939 户），发放入股分红 2546 户，共计 470.5 万元。

二、体系建设：劳务输转谋发展

按照崆峒区"远抓苹果近抓牛，当年脱贫抓劳务"的产业部署，劳务产业也是崆峒区主推的产业，相较于种养殖产业，劳务产业具有脱贫周期更短、脱贫速度更快、脱贫效率更高的优势。针对 2020 年实现全面脱贫的目标，脱贫效率高、转化速度快的劳务产业是脱贫攻坚的不二之选。针对自身情况，崆峒区重点发展劳务组织、劳务信息化、劳务输转基地、劳务经纪人队伍"四大体系"建设。

（一）打造更为完善的劳务信息平台

打通纵向连接的区、乡镇、村三级劳务工作机构，推动横向连接的"政府+劳务公司+基地+企业"的劳务信息共享系统的搭建，相关政府部门和劳务公司实时掌握企业的用工需求以及富余劳动力的信息，作为企业和劳动者之间的中间人来保证双方信息的及时传达和互通，这样既能够将企业或基地的用工需求及时传递到闲置劳动力，也确保富余劳动力信息能够传递到用人单位，实现双方需求的即时对接，从而有效地避免了因信息不通畅而造成的企业无人可用或富余劳动力"无活可干"的情况，实现劳务信息即时对接、实时共享、双向互动的效果。除了对于本身内部劳务信息的即时更新，崆峒区也加强了与省外劳务基地和劳务中介机构的对接，即时收集省外用人需求信息。劳务信息平台的建设很好地解决了农村社区健康劳动力资源剩余的问题，使得贫困户中有技能和体力却无活可干的现象得到很好的改善，使得脱贫攻坚中的就业难问题迎刃而解。

（二）建立东西部劳务协作机制

崆峒区根据《天津市河西区与平凉市崆峒区东西部扶贫协作框架性协议》制定了《天津市河西区与平凉市崆峒区就业帮扶计划》，双方签订了就业协作协议，崆峒区在天津河西区建立驻天津市河西区劳务工作站，负责收集当地劳务需求信息，同时也将崆峒区的劳务供给信息传递到河西区的用人单位，与河西区共同搭建劳务信息交流平台，实现劳务供需信息实时共享，聚焦脱贫攻坚，为河西区企业和崆峒区的贫困户之间搭建一座彼此沟通的桥梁。崆峒区在收集本区劳务信息时，组织各乡镇详细摸清辖区内劳动力资源状况，对劳动力现状、培训和输转需求、家庭收入情况进行全面登记，特别是对贫困户劳动力底数、建档立卡贫困人口中有就业意愿、有能力却未就业人口信息和已就业贫困人口信息做到重点摸清和动态掌握。同时也举办"东西部劳务协作专场招聘会"等活动，搭建用人单位与求职者的信息共享平台使企业和贫困户面对面交流，实现用工需求和求职意愿最大程度的契合。崆峒区政府每年还会组织 200 名以上的农村劳动力赴天津务工，并且对务工时间达到 6 个月以上的贫困家庭劳动力，给予每年每人交通、食宿补助 1200 元，非贫困家庭劳动力每人每年补助交通费 500 元。

（三）推动公益性岗位共管共享

崆峒区在全区 252 个行政村开展村级公益性设施共管共享工作。共组建村级理事会 252 个，设置管护基金 252 个，选聘公益性岗位人员 1104 人。根据市政府发布的公益性岗位相关要求，公益性岗位共设置了 8 种类型，分别是乡村道路维护员、乡村保洁员、乡村绿化员、乡村水电保障员、农村养老服务员、村级就业社保协管员、乡村公共安全管理员和乡村公益设施管理员。以上公益性岗位的类型根据各地内容和实际适当调整；被选中的公益岗位人员共同承担村级公益性设施共管共享工作。

每个行政村都制定了理事会章程、管护基金使用管理办法、公益性岗位职责等制度。按照因地制宜、按需定员的要求，合理配置各村公益性岗位，明确岗位职责，组织公开选聘，选聘过程公正合理，优先考虑建档立卡贫困户和失地农民、农村零转移就业家庭中有劳动能力的人员。岗位补贴为每人每月 500 元。截至 2019 年 10 月，全区共聘用公益性岗位人员 1104 个，其中贫困户 997 人，占全区聘用岗位的 90.3%，为贫困户稳步脱贫，稳定就业提供了有力的保障。

（四）加大劳务基地建设

崆峒区坚持把劳务基地建设作为促进劳务增收、助推脱贫攻坚的重中之重。对于旅游业，崆峒区尝试做一个集休闲度假于一体的动态立体长产业链，力图将旅游业塑造成覆盖范围广、吸纳就业能力强、辐射带动效应明显的产业基地。"牛蔬果"产业方面，建立一批规模化的乡级劳务基地，就地就近转移就业，也将季节性的富余劳动力短平快地转移到增收岗位，实现务工不必走他乡。比如，天源农牧公司就是"牛蔬果"产业基地的代表，它以产业联盟为依托，探索开展订单式种养殖，将养殖户的鸡棚、牛舍、菜园子变成公司的"车间场房"，使种养殖户在离土不离乡的情况下变成产业工人和创业者。在完成肉牛养殖区的改造升级，规划建设生态游乐园的基础上，通过土地流转、扶贫资金入股、入园就业务工等方式，带动周边210户群众参与发展红牛、苹果、蔬菜、劳务产业，就地输转劳动力800余人次，户均增收1.5万元，真正实现了让贫困户分享产业发展红利，达到了持续稳定增收的目的，为当地脱贫攻坚发挥了不可磨灭的贡献。

在建筑、家政服务、餐饮服务等行业，崆峒区积极扶持龙头企业建立技能培训、劳务输转一体化的实训基地，达到既整合可利用资源，又实现岗位实战练兵的效果。崆峒区政府还加大了对劳务基地的认定，而且对于认定的区级龙头企业劳务基地、富民产业劳务基地，区财政分别给予5万元和2万元的一次性奖补资金。

2018年以来，崆峒区认定了平凉天源宝现代农业科技有限责任公司等6家区级就业扶贫车间，共吸纳就业587人，其中建档立卡贫困劳动力就业39人。2019年，四十里铺镇芦寨村服装加工车间和索罗乡董洼村巧媳妇工艺编制车间被认定为平凉市崆峒区就业扶贫车间，分别获得扶持资金40万元和20万元。

（五）发展壮大劳务市场主体

崆峒区依托龙头企业和劳务基地建立区级劳务公司和劳务输转行业协会，并且鼓励乡村能人、大中专毕业生等群体创办劳务中介机构和劳务公司，将用工需求进行精准对接。对于年输转人数较多的公司，崆峒区政府给予政策性奖补，年输转人数 1000 人以上，贫困劳动力达到 20% 以上的奖补 10 万元；年输转人数 500 人以上，贫困劳动力达到 20% 以上的奖补 5 万元；年输转人数 100 人以上，贫困劳动力达到 20% 以上的奖补 3 万元；年输转人数 30 人以上，贫困劳动力达到 20% 以上的奖补 1 万元。政府大力补贴劳务公司，以求最大程度地激发劳务中介的纽带作用。

1. 建立返乡创业激励机制

对符合产业扶持政策的返乡人员落实减征企业所得税，免征增值税、营业税、有关行政事业性收费，减免和降低失业保险费率等优惠政策。大力开辟农民工返乡创业"绿色通道"，优化申请程序，简化审批流程，提供政策咨询、创业培训、专家指导、注册登记、小额贷款等"一站式"服务，最大程度地降低返乡创业者的成本，提高创业成功率。同时，在国家"大众创新、万众创业"的号召下，加大对众创空间、创业孵化基地等创业平台的扶持力度。2018 年，培树市级创业孵化基地 1 个、省级创业典型 4 家、省级返乡人员创业典型 4 家，基本形成了愿创、敢创、共创的创业新局面。

2. 深度挖掘地区内部品牌优势

依托于快速发展的互联网平台，对本区牛、果、菜等特色主导产业进行深入开发与挖掘，提高产品质量，推进品牌化进程。除了本区特色的种养殖业，崆峒区还大力推介"泾水儿女""崆峒缘""加豫月嫂"等劳务品牌，提升品牌影响力，增强就业竞争力，提高劳务输转人数。在推进当地产业品牌化进程的同时，政府还积极引导劳动力向"牛蔬果"等特色产业和新世纪、海螺水泥、天泰等龙头企

业集群转移就业，实现了就地就近就业。2018年就地就近转移就业
3.8万人。

（六）劳动力培训

崆峒区将各类培训资金进行有效整合，供全区统筹使用，以发挥
资金的最大效益。同时也针对培训资源和师资不平衡的问题提出解决
的办法，即对全区培训机构的师资和培训资源进行有效整合，使得各
类培训资源之间相互补充。崆峒区尝试搭建培训对象各有侧重、培训
内容各有特色的综合性培训平台，培训的内容以市场需求和劳动者就
业意愿为基础，做到由"端菜式"培训向"点菜式"培训的转型，
以提高培训的有效性和实用性，促进了全区有务工意愿的建档立卡贫
困劳动力实现输转全覆盖。

劳务方面的培训可以说对贫困户脱贫发挥着切实有效的作用。据
调查，当访谈中问到导致贫困原因这个问题时，当地居民很多都提到
缺少技术。对贫困户进行技术培训能够帮助他们掌握一门谋生的技
能，并拥有独立增收脱贫的能力，切实推动脱贫攻坚发展。

三、旅游扶贫：绿水青山来助力

崆峒区内现有森林公园2个（太统山森林公园、北山森林公
园），3A级旅游景区2个（柳湖公园、南山生态公园）；特色旅游示
范镇1个，崆峒镇太统、崆峒镇寨子街、崆峒镇西沟、白庙乡贾洼4
个专业旅游村，花所镇寺沟村、崆峒镇西沟村、崆峒镇寨子街村3个
省级乡村旅游示范村；22个贫困村被列为全省旅游扶贫重点村；标
准化农家乐68户；培育乡村旅游点15个。

崆峒区积极探索"生态旅游+农业消费"经营模式，以崆峒山大
景区为带动，大力发展乡村旅游、休闲农业、生态观光、游园采摘等
新业态。同时，旅游业的发展与脱贫攻坚的工作一起落实，不断探索

推进"旅游+扶贫"融合发展模式，带动更多贫困人口参与旅游发展，共享旅游发展红利，旅游业对经济社会高质量发展的贡献率日益提高。

崆峒区还推进旅游产业与区域内牛、果、菜特色产业以及脱贫攻坚、乡村振兴、美丽乡村建设等工作进行融合，实现资源互补，有效解决项目资金瓶颈，促进了旅游与相关产业的联动效应，提高了资金的利用效率。能够将补助资金用到最缺乏资金的产业，同一笔资金就可以推动多个产业共同发展。旅游业的经营主体也不拘泥于之前的单一主体，而是采取"公司+专业合作社+农户"多元经营主体形式，创建了崆峒区世林种植养殖农民专业合作社、崆峒区大美种植养殖农民专业合作社等经营主体，并投资新建了半山村落、天源生态农业园、吴岳山庄等乡村旅游景点。平凉天源农业生态园在建设过程中，常年稳定用工人数约100人以上。海寨沟景区在创建国家4A级旅游景区过程中，常年稳定用工人数约200多人，而且最大限度地为贫困户提供就业岗位，被省文旅厅命名为"乡村旅游培训基地"，有效地提升了扶贫效应的活力和辐射带动力。

整合社会力量，打造多元旅游产业格局。崆峒区通过对社会力量的整合，成功衔接吸纳酒店、餐饮、旅行社等20余家旅游行业企业参与到扶贫脱贫攻坚中，之后通过走访了解旅游景点周边的贫困户，将其中有能力和意向发展乡村旅游的贫困户介绍引荐到区属涉旅企业、乡村旅游示范点和农家乐等餐饮实体中从事乡村旅游服务工作。旅游业可以带动文化产品的生产，何文华艺瓷盆景、刘泉泥塑、何霞剪纸、崆峒根雕、果核雕等文创基地常年为贫困人口提供就业、学艺岗位约2000个，对产业助推精准脱贫起到了很大的推动作用。

崆峒区尝试开发多种旅游模式，初步创建景区依托型、城郊街区型、生态休闲型、采摘观光型、特色民居型5种发展模式。旅游种类的多样化有利于吸引更多元的游客群体，能够让更多游客因为不同的旅游项目而来到崆峒区，也能够让不同的游客体验到多层次立体化的旅游项目，获得更好的旅游体验。社区内旅游产业是真正的基于自然环境的环境友好型产业，它将绿水青山变为金山银山，使得社区内的自然地理资源得到了充分的开发与利用，在带动社区经济发展的同时没有对环境造成伤害与破坏，而且旅游业可以与社区内的农业、文化等众多产业进行融合，实现资源与资金上的交换与互补，同时也带动了周边餐饮、住宿等产业的兴起，为贫困户提供了大量就业岗位，为脱贫攻坚工作减轻负担与压力。

据统计，2018 年，全区从事乡村旅游发展的直接就业人数 1131 人，间接带动就业人数 5655 人，2018 年实现旅游综合收入 44 亿元；2019 年，全区从事乡村旅游发展的直接就业人数 1208 人，间接带动就业人数 6040 人。

四、量身定制：发展"五小"产业，精准对接贫困户

发展"五小"产业是崆峒区专门针对贫困户而量身定制的产业扶贫措施。在培育发展"牛果菜薯药"五大特色产业的基础上，对现有扶贫产业覆盖不到位或作用发挥不充分的贫困户，按照"项目到户、扶持到人，一村多样，一户一项目"的要求，积极支持有意愿的贫困户发展"五小"产业，多渠道增加贫困户收入，努力构建以"牛果菜薯药"五大特色产业为主导，以"五小"产业为补充的产业扶贫体系。"五小"产业是指"小庭院""小家禽""小手工""小买卖""小作坊"等"短平快"增收产业。具体情况如下：

（一）"五小"产业具体内涵

"小庭院"是指利用贫困村和贫困户空闲场地、庭院和棚舍等，发展蔬菜、瓜果、中药材、食用菌及花卉苗木、园艺盆景等庭院经济；"小家禽"是指利用贫困户闲置房屋和空闲场地，养鸡、鸭、鸽、兔、蜜蜂等小家禽，支持林缘地区贫困户在林下围网散养鸡、

鸭，支持有条件的贫困村新建、改建和扩张池塘养殖水产品；"小手工"是指利用贫困村已有扶贫车间和空闲场地及贫困户闲置房屋，加工草编、刺绣、缝纫、剪纸、鞋垫、凉鞋、布鞋等手工艺品；"小买卖"是指支持有条件的贫困户开设小超市、小卖部、小吃店、小菜店等，开办网上农产品销售店，帮助周边农户销售农特产品、购买生产生活用品；"小作坊"是指支持有条件的贫困户建立小作坊，进行农产品（面粉、食用油等）、食品（馒头、面条、糕点、凉粉、面皮、豆腐、粉条、醋等）加工。除了以上提及的小产业，只要有利于贫困农户增加收入的小产业，都可享受同等扶持政策。

全区发展"五小"产业的贫困户共有 340 户，其中发展"小庭院" 27 户、"小家禽" 60 户、"小手工" 1 户、"小买卖" 130 户、"小作坊" 123 户，2018 年实现经济收入 526 万元。

（二）"五小"产业发展特征

1. 农户主体，政府引导

在整个"五小"产业推广的过程中，崆峒区充分了解并尊重贫困户的主观意愿，没有通过行政力量下达强制命令，而是通过政策引导、金融支持、财政补贴等方式来鼓励贫困户依靠自己的资产和劳动力来发展"五小"产业。政府在整个过程中主要起到指引和辅助的作用，而不是决定一切的主导作用，农户经营主体的地位得以突出。

2. 因地制宜，分类指导

在依托于自身地理环境、种植传统和区位特征的基础上，充分考虑每户农民的劳动力和产业技术，利用房前屋后和前庭后院等闲置场地，发展最适合自身情况的"五小"产业。在确定发展产业之后，崆峒区就会针对选定产业进行相关技能培训及政策补贴。

3. 突出特色，注重质量

引导贫困户发展具有地方特色、文化传承的"五小"产业，能够保证将当地资源和传统发挥到最大化，也能够保证农户与产业间最大的契合度。同时，崆峒区还加强对贫困户的技术培训和提供相应的指导服务，以提高产业发展的质量与水平。

（三）"五小"产业具体做法

1. 科学选择项目

崆峒区专门组织工作力量，深入贫困村的每一位贫困户家中进行调查摸底工作，将那些自身具备生产经营管理能力，且具有强烈经营意愿的农户记录在案，建立健全信息名录，并再次经过讨论选出一批勤劳能干的发展主体，最后制定出科学、合理、具体和便于操作的"五小"产业发展措施，以确保对象精准、产业精准和措施精准。

2. 加大资金扶持

利用多渠道的扶贫资金来扶持"五小"产业的发展，将其纳入财政专项扶贫资金和统筹整合财政涉农资金的扶持范围。根据"五小"产业发展情况，按照每户最高不超过1万元的补贴标准，采取先建后补、以奖代补等方式进行扶持，对发展"小买卖"的贫困户通过扶贫小额度信贷进行扶持。另外，"五小"产业扶持政策与其他扶贫政策可同时享受。

3. 示范带动与协调合作

充分发挥"五小"产业中乡土能人、经营大户等经营主体的示范带动和榜样引领作用，通过乡土能人和经营大户来带动周围贫困户的产业发展，让想要发展"五小"产业的贫困户具有信心，加强能人大户与周围贫困户间的关系，将成功有效的产业发展经验传授给有意愿发展"五小"产业的贫困户，形成一个良好的产业发展循环系统。另外，崆峒区政府尝试引导"五小"产业经营者积极地与扶贫车间、社区工厂及农业龙头企业等新型经营主体进行合作，前者可以针对后者的需求来定向生产，这样可以使生产出的产品直接对接新型经营主体的需求，以保证产品的销路畅通。

4. 营造良好的产业环境

崆峒区在不影响市容市貌、环境卫生以及周围居民生产生活的前提下，准许农户在固定时段内的某些临时经营区域进行规范经营。对发展"五小"产业涉及的水电费、场地租赁费及相关税费，结合各自实际依法给予减免或优惠。从事食品等经营类的，可在确保食品安全的情况下放宽审批条件，简化办理手续。崆峒区在提高"五小"产业的经营环境上作出努力，在产业经营区域的扩大、产业经营费用的减免以及行政办理程序的优待方面都提供了极大的便利，尽可能地打造一个良好的产业经营环境。

"五小"产业是崆峒区专门针对贫困户群体所提出的产业扶贫政策，可以说是对既有产业扶贫体系的很好补充，和既有的"牛果菜薯药"五大特色产业相辅相成，共同构成了崆峒区完善的社区产业经济体系，使得每个农村社区的产业布局更加完整，充分发挥各个产业经营主体的自身特点，利用院前院后空置空间资源，引导其发展出与自身特征最为匹配的产业，以达到整个社区内部资源利用的最大效率，助推社区产业经济向着高质量高效率的方向发展，也使得扶贫攻坚以更为稳健的方式快速推进。

第六章

扶贫必扶智：社区文化与教育建设

社区文化与教育建设对于精准扶贫工作极为重要，"社区"作为微观个人、家庭与宏观社会的中间环节，能够为教育扶贫工作结合不同层面的需求提供理想的中观行动载体。在社区层面思考文化与教育建设，有助于从根本上解决扶贫扶智的问题，以"社区"展开教育扶贫，对于工作的系统性和整体性具有十分重要的意义。社区文化建设与社区中每个个体都息息相关，直接影响社区成员的日常行为和个人成就。为群体的社会化过程创造良好的社区环境是群体知识、技能和价值观传播的重要条件。在社会学的视角下，广义的教育是贯穿个体完整生命历程的，涉及的是普通老百姓最关心的简单却至关重要的事情。本章从学校内的正式教育到学校外的职业教育，再到移风易俗的整体文明提升行动，从多个方面、多个角度全面总结崆峒区社区为本的教育扶贫的具体做法与实践经验。

抓好教育是阻止贫困现象代际传递的有效途径，接受教育改变家庭就业现状和收入来源，从而直接改变贫困现状。如何帮助贫困地区的群众提高文化素质、提升就业能力，改变部分贫困户"等、靠、要"的落后思维，是总结反贫困工作经验的重点所在。教育扶贫做得好，群众就可以通过自身学习成长、多渠道的就业改变命运，彻底摆脱贫困。2019年3月7日，习近平总书记在参加十三届全国人大二次会议甘肃代表团审议时强调，要"加强扶贫同扶志扶智相结合，对返贫人口和新发生贫困人口要及时予以帮扶"[1]。总书记曾多次在

---

[1] 《习近平李克强栗战书汪洋王沪宁赵乐际韩正分别参加全国人大会议一些代表团审议》，《人民日报》2019年3月8日。

不同场合强调"扶贫必扶智"在扶贫工作中的重要性，贫困群众不仅是帮扶的对象，更是扶贫关系中的主体，要想确保打赢脱贫攻坚战，就一定要激发这一主体的内生动力。

教育扶贫是一个需要多主体联动的系统工作，不能仅仅依靠政府作为，"如何实现从政府单独集中教育扶贫资源、单独拥有权利与责任向多元主体共享资源和分担扶贫责任的转变，充分激发全社会力量在教育扶贫领域内的活力，从而真正构建政府、市场、社会、学校等多元主体协同推进的教育精准扶贫格局，是实现教育精准扶贫效能的关键"[1]。平凉市崆峒区各系统深入学习贯彻习近平总书记关于扶贫工作的重要论述和"八个着力"重要指示精神，充分发挥教育在脱贫攻坚中的基础性、先导性和持续性作用，聚焦教育最薄弱领域和最贫困群体，精准施策。从"有学上"到"上好学"，工作目标层层递进，工作重心立足社区，充分运用社区为本的工作方法，全面系统地推进工作，着力保障贫困家庭子女接受公平而有质量的教育，有力地助推了全区脱贫攻坚工作。

第一节 从"控辍保学"到"教育公平"： 社区为本的教育帮扶

适龄儿童接受学校正式教育是国家《义务教育法》规定的法定权利和义务，是国家各级教育工作的重中之重，是国家必须予以保障的基础性、公益性事业。在贫困地区，失学辍学现象时有发生，是贫困现象难以变化的关键原因。所以，"控辍保学"成为各级教育主管部门在扶贫方面的主要工作任务。不过，问题看似聚焦，情况却并不

---

① 代蕊华、于璇：《教育精准扶贫：困境与治理路径》，《教育发展研究》2017 年第 7 期。

简单，失学辍学现象的背后存在多方原因。上学距离、家庭经济情况、教育观念、上学意愿以及当地的政治、经济、文化等多方面因素都可能导致失学辍学现象的发生，各方面还存在相互叠加的情况，使问题变得更为复杂。

崆峒区教育系统始终把脱贫攻坚作为第一政治任务，充分发挥各学区、学校基层党组织的战斗堡垒作用，健全教育精准扶贫机制，紧盯贫困乡、贫困村和建档立卡户学生，不断加强"控辍保学"工作，推进学校项目建设，强化教师队伍建设，全面落实教育扶贫资助政策，努力提高教育教学质量，保证了全区脱贫攻坚目标任务如期完成。截至 2019 年 10 月，全区共有各级各类学校 368 所，其中幼儿园 179 所，小学 153 所（教学点 47 所），初级中学 17 所，九年一贯制学校 13 所，高级中学 3 所，完全中学 2 所，特殊教育学校 1 所。全区有教职工 6724 人，专任教师 6089 人，其中农村教职工 2665 人，农村专任教师 2498 人。在校生共计 85315 名，其中幼儿园 17451 名，小学 38070 名，初中 18638 名，高中 10962 名，特殊教育 172 名，特殊教育学校高职班 22 名。有建档立卡户学生 10886 名，其中义务教育阶段 7120 名。崆峒区义务教育阶段共劝返辍学学生 166 人，劝返率为 100%。对 179 名残疾学生采取随班就读、送教上门、进入特教学校就读等不同形式，充分保障其完成九年义务教育。总体而言，崆峒区的教育扶贫工作成绩显著。

一、"控辍保学"：解决"有学上"的问题

在教育扶贫工作中，解决"有学上"的问题是最为基本的。"控辍保学"就是要严格控制学生失学辍学，保障义务教育阶段适龄儿童的受教育权，这项工作是在立法层面明确要求的。《中华人民共和国义务教育法》第十一条规定，凡年满六周岁的儿童，其父母或者其他法定监护人应当送其入学接受并完成义务教育；条件不具备的地

区的儿童，可以推迟到七周岁。适龄儿童、少年因身体状况需要延缓入学或者休学的，其父母或者其他法定监护人应当提出申请，由当地乡镇人民政府或者县级人民政府教育行政部门批准。第十三条规定，县级人民政府教育行政部门和乡镇人民政府组织和督促适龄儿童、少年入学，帮助解决适龄儿童、少年接受义务教育的困难，采取措施防止适龄儿童、少年辍学。居民委员会和村民委员会协助政府做好工作，督促适龄儿童、少年入学。一直以来，崆峒区在"控辍保学"工作上多措并举，对症下药，不断深化细化日常工作。

（一）精准控辍：落实"控辍保学"措施与责任

"控辍保学"工作是全面推进以素质教育为核心的教育现代化进程的重要内容，需要在多个方面同时下功夫，才能有实效。崆峒区教育系统在依法控辍、管理控辍、情感控辍等多个方面做了大量工作，取得了一定的成绩。首先，加强了义务教育法宣传力度。区教育局要求各学校通过告家长书、家长会、家访和主题班会等途径向广大学生及家长积极宣传《义务教育法》，扩大家长对《义务教育法》的知晓率，确保每一个适龄儿童少年平等接受义务教育。同时，利用新闻媒体和校刊、校园广播、宣传栏、展板等多种载体，宣传学生资助政策及各学校具体实施举措。各级各类学校开展形式多样的主题班会、征文活动，加强对学生的感恩、励志教育。通过系列宣传活动，营造了全社会关心支持家庭经济困难学生的良好氛围，使各项学生资助政策深入人心。让社会各界自觉履行"控辍保学"工作职责，形成积极支持"控辍保学"工作的良好风气。

其次，教育系统建立了辍学学生劝返机制。坚持教育路上"一个都不能少"的理念，始终把"控辍保学"工作作为教育脱贫攻坚的首要任务，认真落实义务教育"双线控辍"责任机制，着力打造支部引领、党员带动、干部攻关、驻村帮扶、考核保障的完整工作链，层层签订责任书，压实压紧工作责任，积极开展"千名教师大走访大劝学"活动，全力实施义务教育有保障冲刺清零行动，充分利用网络平台实行"控辍保学"动态监测，切实做到了依法控辍、管理控辍、学籍控辍、教学控辍、扶贫控辍，有力保证了"控辍保学"工作效果。与 2013 年同期相比，2018 年初中入学率达到 99.62%，提高了 0.91 个百分点；九年义务教育巩固率达到 97.44%，增加了 8.64 个百分点；高中阶段毛入学率达到 94.01%，上升了 5.12 个百分点；学前教育三年毛入园率达到 93.5%，增加了 28.4 个百分点。

再者，各学校不断巩固劝返保学成效。一方面，各学校心理咨询室对学生定期开展心理健康教育和心理咨询工作，对一些具有厌学情绪的学生定期或不定期进行心理辅导，帮助学生重新树立学习的热情。另一方面，积极引导全体教师树立素质教育的人才观和质量观，突出抓好小升初、八年级两个辍学多发关口。要求将"双困生"、单亲家庭、贫困家庭、残疾人家庭、外来务工人员家庭、留守儿童家庭等弱势家庭学生纳入控辍的重点，做到底数清、情况明，并有的放矢地开展教育活动，把学习困难学生的帮扶作为"控辍保学"的重要内容。再一方面，建立健全特殊群体学生学习生活帮扶制度，不断改进教学方式，减轻过重课业负担，努力消除因学习困难或厌学而辍学的现象，全面杜绝新增辍学学生。

（二）精准资助：对贫困家庭学生的教育帮扶

对贫困学生进行教育资助是国家精准扶贫政策的重要内容，是保障学生受教育权的重要体现。改革开放以来，党和国家对学生因为经济困难而辍学的情况高度重视，作出一系列重要决策和部署，要求确保每一位贫困学生不因为学费原因而发愁，越来越多的家庭从中受益，资助覆盖面持续增长。

崆峒区坚持把教育惠民政策和精准扶贫深度融合，健全完善了"政府主导、学校联动、社会参与"三位一体的"免、补、助、奖"

全方位扶困助学制度，构建了从学前教育到高等教育学段全覆盖的学生资助体系，采取"高中学生办理个人资助卡、义务教育阶段学生家庭一折通、学前教育免收保教费"的方式，2013年至2019年，共落实各类教育资助资金共计2.26亿元，受益学生174645人次，其中建档立卡学生17110人次，实现了精准资助、应助尽助。农村营养改善计划实行"中心校舍食堂辐射周边学校"企业供餐和自主供餐相结合的模式，累计受益学生184050人次，落实资金1.35亿元。并积极开展"雨露计划"和"阳光工程"，对接受中职教育、高职教育、专科教育的建档立卡贫困户学生，落实每年1500元的资助政策，并从2019年9月开始，提高到每生每年3000元。

（三）精准保障：对特殊群体学生的教育帮扶

义务教育阶段特殊群体学生的教育权利保护越来越受到社会的关注，各级教育主管部门也始终把关爱的目光投向特殊群体，让每个孩子享受到公平教育的阳光。特殊群体具有一定的特性，针对特殊群体所进行的教育帮扶应该更加具有针对性，这就需要对特殊群体的特点与发展趋势有较为详细的了解，并在城市整体的教育资源承载力及布局上做好设计，在特殊群体的教育问题上做好战略选择。崆峒区在务工子女、残疾儿童、留守儿童的教育帮扶方面统筹协调，部门各负其责，社会共同参与，认真落实和解决特殊群体所面对的教育困难。

在保障进城务工子女受教育权利方面，将进城务工人员随迁子女就学纳入教育发展规划和财政保障，城区义务教育学校全部无条件接收外来务工人员随迁子女就学，在学籍管理、评优奖励、"两免一补"等政策落实上与本地学生享受同等待遇。在保障残疾儿童享受教育权利方面，制定了《平凉市崆峒区残疾儿童少年随班就读工作办法（试行）》，依托特殊教育学校，成立区级特殊教育指导中心，在办好平凉市特殊教育学校的同时，落实随班就读，定期开展巡回指导和送教上门，适龄残疾儿童入学率由2013年的93.8%提高到2019

年的 94.5%，增加了 0.7 个百分点。在保障留守儿童受教育权利方面，出台了《崆峒区开展农村留守儿童"合理监护、相伴成长"关爱保护专项行动实施方案》，与民政、妇联、残联等部门通力协作，健全了农村留守儿童登记管理、家长联系、教师结对帮扶等关爱保护长效机制，建成了 9 个乡村少年宫和 17 个留守儿童之家，开展留守儿童关爱帮扶活动，营造了全社会关爱留守儿童的浓厚氛围。

二、以生为本：解决"不愿上"的问题

谁获取知识，谁就是教育的核心。以学生为本的理念是新课程标准的核心要求，同时，也是解决"不愿上"问题的关键。"过去是'读不起书'，如今却出现了'有书不读'，'读书还要请着来'，甚至'生怕学生不来读书'的状况"，① 面对这一现象，既需要地方政府进行治理，学校也需对教育思路和内容进行改革。为了从根本上解决学生上学积极性不足的问题，崆峒区在不断努力探索，一方面，结合学生的实际需求，以职业教育渗透的方式促进学生求学的积极性；另一方面，缩小办学规模，这样教师就更能深入地了解和关心学生发展；同时，丰富学校内的各类社团活动，多方面、多角度促进和营造学习氛围。

（一）以职业教育渗透的方式促进学生积极性

"职业教育是实现精准脱贫、提升人生价值、摆脱代际贫困的有效方式。贫困家庭学子通过职业教育，可以学到一技之长，增强致富本领，实现一人高质量就业带动全家脱贫。"② 我国职业教育发展正逐渐趋于成熟，但社会对职业教育的宣传和了解仍需加强。许多完成

① 沈洪成：《教育下乡：一个乡镇的教育治理实践》，《社会学研究》2014 年第 2 期。
② 王嘉毅、封清云、张金：《教育与精准扶贫精准脱贫》，《教育研究》2016 年第 7 期。

义务教育的学生并不会选择接受职业教育，而是直接进入劳动力市场，日后通常会面临升学无门、就业无路、致富无技的困境，而长期从事体力劳动。在义务教育阶段内，由于缺乏职业规划，外出务工成为许多贫困家庭学生不愿上学的原因之一，他们希望尽早参加工作，获取劳动报酬，以自己的劳动所得直接改变贫困现状。这种选择看似直接，实则是忽视了知识和技能的重要性。工欲善其事必先利其器，缺乏职业技能，所从事的工作缺乏专业性和稳定性，职业发展情况堪忧。不过，这种想法的内在动因可以理解，说明学生愿意以实际行动改变自身处境，有些学生还具有强烈的家庭责任感。那么，如果在义务教育结束后，学生可以进一步接受职业教育，既有利于他们日后的职业发展，也能更有效地通过自身所学的知识和技能改变生活。与此相关的职业规划层面的教育与引导对学校提出了新的要求，在初中教学的高年级阶段，适当渗透职业技术教育是贫困村教育脱贫、有效降低学生辍学、巩固义务教育成果的重要举措。

多年来，崆峒区在实践中不断探索，努力总结适合当地实际情况的经验和做法，并予以推广。区教育系统不断加强与平凉市市直中职院校的衔接合作，稳步推动职业教育渗透工作。比如，2019年在平凉信息工程学校挂牌成立了崆峒区初中学校职业教育实践基地，弥补了崆峒区无职业教育的短板，为全区推进职业教育渗透工作搭建了合作平台。并进一步强化校地合作，确立平凉七中、平凉八中、平凉九中和平凉十中4所学校作为职业教育渗透工作试点学校，先后组织155名教师进行职业技术教育融通培训，1万余名学生接受职业渗透教育，1500余名学生赴平凉职业技术学院、信息工程学校参观汽修、数控、电工电子和机电实训基地，引导学生树立正确的劳动意识和就业观念。

（二）以小规模办学的方式促进学校内涵发展

截至2019年，崆峒区共有小学188所（含45个教学点），其中农村小学 174 所。农村小学中百人以下的小规模学校 130 所，占全区小学总数的 69.15%，小规模学校在校学生约 5000 人，占全区小学生总数的 15%。依人口发展趋势和国家推行城镇化来推算，未来若干年内全区农村小学还会有更多的小学也要步入小规模学校行列，全区农村小学已全面进入"小校小班"时代。这些远离城区和乡镇的村小和教学点，支撑着难以进城上学、农村最弱势群体的子女教育，办好乡村小规模学校，成为保障教育公平、教育精准扶贫的重点和难点。只有努力把这些"小校小班"打造成农村的"精品教育"，才能真正缩小城乡教育差距，实现优质均衡发展。

崆峒区把扶持办好农村小规模学校作为教育均衡发展的重要抓手，借助"全面改薄"等项目建设，极大地改善了农村学校的面貌；相继出台了《关于扶持办好农村小规模学校的意见》和《关于在全区农村小规模学校试点推行个性化教学的指导意见》等文件，深入推进农村小规模学校内涵发展，切实转变教学行为，破解内涵发展瓶颈，创新运用个性化教学，促进学生个性发展，进一步提升农村小规模学校教育质量，真正实现了农村小规模学校"小而美""小而优"的办学目标。

（三）以开展社团活动的方式营造和谐氛围

相比开展职业渗透和加强小规模办学的举措而言，办好校内社团活动对于教育扶贫工作而言看似并没有直接效用，但这却是让学生真正体会素质教育，喜爱校园生活的有效做法。社团活动形式灵活多样，借鉴项目化教学的设计思路，在社团活动中培养学生的学习素养。围绕学生自身发展需求，引导学校开展读书节、艺术节、戏曲艺术进校园、民乐团、课本剧展演、棋类特色课程、校园足球、校园篮球、花样跳绳、美术特技画、泥塑陶艺、手工制作等特色活动和校本课程，积极发展学校社团组织，广泛开展各类社团活动，为学生特长培养、个性发展创造了更多的平台。2018 年全区中小学生在区级以上各类艺术、体育、科技竞赛活动中获奖人数达到 800 多人次。具有灵活性、丰富性和趣味性的社团学习过程，可以有效激发学生学习的内在动力，从而有助于解决不愿上学的思想问题。

三、加大投入：解决"上好学"的问题

教育投入是支撑国家长远发展的基础性、战略性投资，是发展教育事业的重要物质基础，是公共财政保障的重点。多年来，各级政府对增加教育投入一直高度重视，先后出台了一系列相关政策加大财政保障，各地办学条件随之不断改善。不过，在我国的革命老区、民族地区、边远地区、贫困地区，教育投入力度仍需加强，才能有序推进教育扶贫工作，缩小城乡差距。在这方面，平凉市崆峒区不断完善教育基础配套，加强学校发展建设，加大项目投入，加快信息化建设，优化教育资源配置，努力提升农村学校和薄弱学校办学水平，全面提升义务教育质量，不仅要保障适龄儿童"有学上"，更要努力追求"上好学"，使社会发展成果更多更公平地惠及全体人民。

（一）完善基础配套，推进日托制幼儿园建设

子女教育问题是家庭事务中父母日常关注的核心所在，在很大程度上影响着家庭规划和整体生活。学校教育的改进和完善既是教育工作的职责所在，也是社会承担部分家庭责任的表现。"社区为本"的发展思路将教育系统纳入在内，从整体性的角度考虑发展问题。在这样的思路下，崆峒区大力实施学前三年行动计划，先后建成农村幼儿园105 所，实现了乡镇和有需求行政村幼儿园全覆盖，全区学前三年毛入园率达到 93.5%。为减少家长看护时间，解放农村劳动力，增加贫困户家庭收入，从 2018 年开始计划利用三年时间对 60 所简托制幼儿园实施日托制改造，2019 年 10 月已完成 18 所日托制幼儿园改造。制定下发了《关于进一步加强学前教育片区管理和巡回支教帮扶工作的安排

意见》等政策文件，积极实施学前教育片区管理和巡回支教帮扶工作，构建了以公办幼儿园为核心，通过问题探讨、同伴互助、经验共享、送教下乡、跟班带教、活动观摩等方式对乡村、民办幼儿园的帮扶机制，并实行"捆绑考核"和责任追究制度，提高了辖区内所有幼儿园教育质量，推动了全区公办幼儿园与民办幼儿园协调发展，杜绝了"小学化"倾向，有效提升了片区内幼儿园保教质量。

（二）加大项目投入，推进寄宿制学校建设

总体来看，崆峒区对教育项目的投入是不断加强的。以 2018 年为例，全年共实施项目 168 个，其中续建项目 60 个，新建项目 108 个，总投资 2.35 亿元。截至 2019 年 10 月，平凉五中学生公寓楼、区实验小学教学楼等 98 个项目已竣工投入使用；二天门小学、红旗街小学等 6 个项目正在基础施工；段沟小学教师周转宿舍、大寨乡童咀小学教室、崆峒镇韩家沟小学教室等 59 个项目完成主体；5 个农村幼儿园项目正在进行主体施工；玄鹤幼儿园正在组织招投标；累计完成投资 1.78 亿元。

在加大项目投入的同时，还要准确识别不同地区的实际需求，解决教育中的实际问题。农村地区父母外出务工便无法照看子女，子女教育问题成为影响工作动力的主要原因之一。考虑到这方面的实际情况，崆峒区在顺利通过义务教育基本均衡发展县国家评估认定的同时，坚持合并与改造相结合，持续改善农村义务教育学校办学条件，积极推进农村寄宿制学校建设。一方面加快项目实施。比如，2019 年全区实施寄宿制学校建设项目 10 个，总投资 3663 万元，修建校舍总面积 13044 平方米，硬化活动场地 14580 平方米。另一方面是推进学校合并。对人口规模较小的乡镇合并初级中学和中心小学，鼓励建办九年一贯制寄宿制学校。截至 2019 年 10 月，已将杨庄、大寨、香莲、麻武等 8 所中小学合并建成 4 所九年一贯制学校。再一方面是加快校舍改造，坚持硬件和软件并举。比如，实施安国中学、大寨学校、草峰

中学寄宿制学校改造工程，制定寄宿制学校宿舍管理标准，加强宿舍文化建设，提高食堂饭菜质量，为寄宿学生营造了良好的生活和学习环境，减轻了农村家庭经济负担，解放了农村劳动力。

（三）加快信息化建设，促进教育质量提升

2018 年，紧紧围绕全国及省市教育信息化工作要点，以加快推进教育信息化"三通两平台"建设与应用为切入点，以"班班通"资源平台为核心，依托云服务平台将丰富优质的教学资源和多样的教学应用引入教学课堂；以"班班通"产品带动"宽带网络校校通"，实现"优质教育资源班班通"；通过向学生和家长的服务延伸，推动了"网络学习空间人人通"。宽带网络（光纤）接入 226 所学校，接入率 100%，1802 个班级安装了"班班通"教学设备，建设率为99.54%，3751 名教师及 34014 名学生开通了网络学习空间，建设省市区级教育资源公共服务平台 3 个。2018 年"一师一优课"活动有 3节课获得省级奖励，28 节获得市级优课，17 节活动区级优课。2018年"天翼杯"微课大赛 52 节获得市级表彰奖励，22 节获得区级奖励。参加省教育厅主办的"希沃杯"中小学教师交互式电子平板教学公开课大赛 4 人获得市级奖励。组织教师参加《甘肃省中小学信息技术学科优质课暨机器人案例评选活动》，其中 3 名老师和 3 名学生分别获省级一、二等奖。组织实施第十九届中小学生电脑制作大赛活动，有 8 名师生获省级奖励。

四、纵深改革：解决"教育公平"的问题

习近平总书记指出："教育公平是社会公平的重要基础，要不断促进教育发展成果更多更公平惠及全体人民，以教育公平促进社会公平正义。""要优化教育资源配置，逐步缩小区域、城乡、校际差距，特别是要加大对革命老区、民族地区、边远地区、贫困地区基础教育的

投入力度，保障贫困地区办学经费，健全家庭困难学生资助体系。要推进教育精准脱贫，重点帮助贫困人口子女接受教育，阻断贫困代际传递，让每一个孩子都对自己有信心、对未来有希望。"① 教育公平是价值层面的追求，但与实践息息相关，社区为本的系统性教育建设更应该凸显出这一公平层面的改革。要努力缩小城市内部、城乡之间以及乡村内部各个层面的教育资源差距，在教师队伍建设和学校帮扶上下足功夫。

（一）精准配管，加强农村教师队伍建设

加强对教师的人文关怀，确保师资保障精准十分关键。② 通过狠抓引进、培养、激励等关键环节，优化了教师队伍结构，提升了教师整体素质。深入实施乡村教师支持计划、免费师范生签约和特岗教师计划，按需精准引进优秀毕业生、骨干教师、紧缺学科教师到农村学校任教，2018年补充教师138名。大力实施中小学教师继续教育工程，积极组织开展"国培""省培"计划，"东西部协作"跟岗培训，区域内"一专多能培训"和校本培训等各类培训，通过组织受训教师举办二次培训和开展示范带动活动，累计培训教师1.2万人次。在评优选先、职称评聘上加大倾斜力度，合理落实乡村教师生活补助、乡镇工作补贴和奖励性绩效工资考核分配制度，评选市、区级农村骨干教师80名，深入推进乡村教师周转宿舍工程，极大改善了乡村教师待遇，促进了农村教师扎根基层、安心育人，提高了区内农村教师的教育教学水平，促进了农村教育质量的提升。

（二）加强合作，开展城乡学校帮扶活动

为全面贯彻全国教育大会精神，深化教育体制机制改革，创设新

---

① 中共中央党史和文献研究院编：《习近平扶贫论述摘编》，中央文献出版社2018年版，第139—140页。

② 张彩云、傅王倩：《发达国家贫困地区教育支持政策及我国教育精准扶贫的启示》，《比较教育研究》2016年第6期。

的教研方式，推动校际深度交流合作，发挥优质教育资源辐射带动作用，促进全区学校管理水平和教育教学质量整体提升，崆峒区教育局在总结以往结对帮扶经验的基础上，制定了《崆峒区城乡中小学结对帮扶共同开展教研活动实施方案》，着力打造城乡学校教研共同体，全面启动了以城区中小学为中心学校的城乡"强校带弱校"结对帮扶工作。城区学校按照农村学校的实际需求，开展了形式多样的教研帮扶活动，以期充分发挥城区学校优质教育资源的辐射带动作用，以强带弱、共同发展，提高薄弱学校管理水平和教育教学质量，进一步缩小全区中小学城乡、区域、校际差距，实现帮扶双方学校理念共享、资源共享、管理共享、成果共享，推进全区基础教育优质均衡发展，使优质资源更多地惠及广大人民群众。

第二节　从"技能培训" 到"科技扶贫"：社区为本的职业培训

　　培训一人，脱贫一户，职业教育培训是加快脱贫致富步伐，助推精准扶贫的有效手段，是脱贫的长效机制。2015 年，习近平总书记在中央扶贫开发工作会议上的讲话中指出："脱贫攻坚期内，职业教育培训要重点做好。一个贫困家庭的孩子如果能接受职业教育，掌握一技之长，能就业，这一户脱贫就有希望了。"[①] 对一个地区来说，职业培训可以提升整个地区的人力资源水平，从而达到长效脱贫的目的。对于贫困户而言，要真正帮到他们，首先要了解贫困户的需求，了解他们力所能及、经过培训可以从事的职业类型，开展有针对性

---

① 中共中央党史和文献研究院编：《习近平扶贫论述摘编》，中央文献出版社 2018 年版，第 68 页。

的、有专业性的培训项目，提供精准的智力支持。党的十八大以来，教育扶贫政策不仅对扶贫方式的精准性提出了更高的要求，而且在工作机制上，更加强调要调动社会力量，形成社会合力共同扶贫。[①] 这就要求职业培训要以社区为本，全方位、系统性、长时效地开展培训工作。实现教育扶贫，需要从人力资本的投入、生产和应用以及社会关系的重建等方面，提高贫困群体的求学意愿、教育质量和就业质量，增强主流社会对于贫困群体的承认。[②]

乡村振兴面临的挑战之一是农民适应生产力发展和市场竞争的能力不足。现阶段，发挥农民在乡村振兴中的主体作用，调动其积极性、主动性和创造性，实现农民本身的转变，大力培育新型职业农民是较为有效的举措。[③] 全面建立职业农民制度，实施新型职业农民培育工程，支持新型职业农民通过弹性学制参加中高等农业职业教育，创新培训机制，支持农民专业合作社、专业技术协会、龙头企业等主体承担培训，鼓励各地开展职业农民职称评定试点，引导符合条件的新型职业农民参加城镇职工养老、医疗等社会保障制度。

一、技能培训：塑造职业农民

在社会分工中，农民实际上是一种职业而非身份概念，是指专门从事农业生产和经营的人。2012 年中央一号文件提出，大力培育新型职业农民。新型职业农民以农业为职业，具有相应的专业技能，收入主要来自农业生产经营。之所以要大力培育新型职业农民，是因为从事农业生产经营的劳动者素质高低，直接影响着传统农业向现代农

---

① 吴霓、王学男：《党的十八大以来教育扶贫政策的发展特征》，《教育研究》2017 年第 9 期。

② 孟照海：《教育扶贫政策的理论依据及实现条件——国际经验与本土思考》，《教育研究》2016 年第 11 期。

③ 文军：《农民深度转型与主体作用发挥》，《光明日报》2018 年 10 月 23 日。

业转型的进程。新型职业农民是振兴乡村、发展现代农业的重要主体，培育新型职业农民对于加快推进农业现代化、推动农村经济社会发展具有重要意义。①

农民是发展产业的主体，农民的科技文化素质直接决定着产业发展的水平与效益。但从目前情况来看，绝大部分有文化、有能力的青壮年劳动力都外出打工，留守农民特别是贫困户的科技文化素质普遍偏低，产业发展缺乏后劲，进而给产业扶贫工作带来很大难度。针对这种情况，崆峒区在实践中强化能力培训，将种养大户、科技示范户、返乡创业农民作为重点对象，充分发挥他们经验丰富和接受能力较强的优势，对其进行系统培训，使其逐步成为有文化、懂科技、善经营、会管理的"新型农民"，成为农业理念创新的"先锋"、科技成果转化的"平台"与"桥梁"，成为促进贫困村、贫困户脱贫致富的"生力军"与"带头人"。

通过职业教育或培训，贫困个人可以获得经济性资本收益、符号性资本收益以及缄默性资本收益，进而实现职业教育直接性扶贫、发展性扶贫和补偿性扶贫。② 崆峒区对于职业教育与培训高度重视，2013年以来，区内共开展劳动力职业技能、农业实用技术等培训合计52405人次，认定新型职业农民共计1404人，实现了有培训意愿的贫困户劳动力培训全覆盖。区内不断强化督查考核，确保培训工作具有实效。依据《精准扶贫劳动力培训工作实施方案》，明确各责任部门、乡镇和责任人的工作职能，进一步细化了对各级的考核内容，量化考核目标，不断完善考核的程序，层层传导压力，层层靠实责任，建立了劳动力培训工作周调度、月评比、季通报机制和半年及年终考核机制。持续推进农村劳动力技能培训工程，整合全区职业学校、龙头企业、产业协会和社会培训机构等培训资源和"雨露计划"

① 文军：《大力培育新型职业农民》，《人民日报》2018年7月23日。
② 李鹏、朱成晨、朱德全：《职业教育精准扶贫：作用机理与实践反思》，《教育与经济》2017年第12期。

等培训项目，充分整合新型职业农民、省级示范性项目、创业和劳务品牌等培训资源，政府职能部门与民办培训机构合力搭建培训平台，抓住劳动力技能培训和创业培训两个关键，以贫困乡村青壮年和"两后生"为重点，分类施教，分层培训。其中"两后生"职业技能学历教育培训5488人、职业技能培训14156人、新型职业农民培训1270人、农村致富带头人示范性项目培训1184人、岗位技能提升培训391人、贫困户劳动力实用技术培训12000人，贫困人口的致富技能、就业创业能力不断增强，村级班子带领群众脱贫致富的能力显著提升。

以2016年为例，当年崆峒区精准扶贫精准脱贫领导小组下达农业实用技术培训任务3400人，完成建档立卡贫困户劳动力农业实用技术培训3761人，占任务的110.62%。涉及建档立卡贫困户新型职业农民培育任务75人，完成75人，占任务的100%。2016年依托新型职业农民培育工程、农技推广体系建设等项目，创新培训方式，大力开展特色产业、农产品加工、农村服务业、农民创业等培训活动，全年举办各类农村适用技术培训班480期，发放技术资料9.5万份，完成科技培训、转移培训和创业培训农民3.45万人，其中新型职业农民培育464人，农机行业职业技能鉴定122人。年内培育旱作农业、蔬菜典型7个，有效提高科技支撑能力，努力造就懂技术、会经营的新农村建设主体。

二、劳务输转：做优劳务品牌

贫困户属于不参加职业培训难以提高工资收入的村民，就其他村民而言，职业培训对贫困户的收入影响最大，政府应该吸引和动员这一群体参加培训。[1] 以优质的劳务品牌去吸引他们主动参加培训是崆

---

[1] 王海港、黄少安、李琴、罗凤金：《职业技能培训对农村居民非农收入的影响》，《经济研究》2009年第9期。

峒区的主要做法之一，努力打造劳务品牌，提升助推扶贫效应。教育培训紧扣主要矛盾，以服务与提升弱势地区弱势群体就业能力为重点，走出职业教育持续高质量服务脱贫致富的新路子。[①] 崆峒区在此方面的实践中下足功夫，各部门不断提升劳务品牌影响力，精心打造了以诚信、勤劳、专业为内涵的"陇原月嫂""陇原巧手""泾水儿女"等特色劳务品牌，拓宽农村劳动力就业渠道，不断完善市场化促进机制，大力发展经营性人力资源服务机构、劳务公司，积极培育劳务经纪人队伍，推动建立开放、竞争、有序的人力资源市场，发挥市场在劳动力资源配置中的作用，将"有为的政府"和"有效的市场"有机结合，进一步提升助推脱贫攻坚效应。

以妇女创业劳务品牌为例，平凉市妇联紧紧围绕精准扶贫精准脱贫和全面建成小康社会目标，坚持服务大局与服务妇女相统一，主动适应经济发展新常态，引领广大妇女在脱贫攻坚中主动作为，大力实施"家政服务员"劳务品牌培训和"陇原月嫂""陇原妹"输转项目，加大协调力度，拓宽就业渠道，先后组织市、县（区）妇联赴北京、上海等地调查衔接，在平凉市外出务工妇女较集中地建立"陇原妹劳务输出示范基地"，市妇联分别在北京超级生活信息技术有限责任公司、新疆大湾房产（集团）有限公司、甘肃省政府劳务办驻上海管理处、上海闵申劳务服务有限公司等处创建了"陇原妹劳务输出示范基地"和"陇原妹劳务输出姐妹维权驿站"；全力打造妇女劳务品牌，开创了平凉妇女创业增收的新局面。

经统计，自 2013 年以来，平均每年输转劳动力 7 万人次以上，实现劳务收入 10 亿元以上，其中输转贫困户劳动力 9000 人次，实现劳务收入 1.3 亿元。大力发动符合条件的贫困户劳动力参加人社、妇联等部门的技能培训，转移就业。加强与省市区内知名企业的衔接，想方设法解决挂钩帮扶贫困村民外出务工问题，力争就业一人，脱贫

---

① 杨小敏：《精准扶贫：职业教育改革新思考》，《教育研究》2019 年第 3 期。

一户。同时，对培训资源进行整合，不断提升培训的实际效果。按照
"部门联动、提高效率、渠道不乱、统筹使用"的原则，有效整合各
类培训资金，全区统筹使用，发挥资金最大效益。对全区培训机构的
师资和培训资源进行相互补充、有效整合，搭建培训对象各有侧重、
培训内容各有特色的综合性培训平台。严格执行开班报批制度。培训
必须紧贴市场需求和劳动者就业愿望，合理确定培训内容，加快培训
方式由"端菜式"向"点菜式"转型，切实提高了培训的针对性和
实效性，促进了全区有务工意愿的建档立卡贫困劳动力实现输转全
覆盖。

通过开展职业技能、劳务品牌、"两后生"职业学历教育等培训
项目，着力解决了全区实用技术和职业技能人才短缺问题，切实提高
了劳动者创业就业能力，拓宽了劳动者就业渠道，促进了特色产业开
发，实现了增加劳动者收入的目的。总体而言，崆峒区职业培训在助
推精准扶贫方面成绩显著。2018 年一年中，共完成劳务品牌培训
1177 人，占任务 900 人的 130.78%，其中建档立卡贫困户培训 49 人。
2019 年 1 月至 9 月，共开展精准扶贫劳动力职业技能培训 3595 人次，
其中开展建档立卡贫困户劳动力培训 667 人次，全区有培训意愿的农
村劳动力基本实现了培训全覆盖，通过培训，使他们至少掌握 1—2
项就业技能，提升了外出务工和就地就近转移的能力，实现了劳务输
出由数量型、体力型向质量型、技能型转变，增强了就业的稳定性，
提升了劳务附加值。

三、科技扶贫：技术助推发展

2016 年以来，崆峒区推行科技特派员制度，整合各类科技力
量，组建科技扶贫队伍，以定点、巡回、技术承包等形式，为已脱
贫村和已脱贫户提供便捷有效科技服务，共选派 105 名技术人员担
任贫困村科技特派员，引进科技成果 30 项，转化推广应用肉牛改

良、果菜种植、旱作农业等技术成果 17 项，创建科技示范基地 3 处，培育科技示范户 223 户，科技进步贡献率和科技成果转化率均达到 55%。

推进农科教、产学研结合，优先在已脱贫村推广增收效果好的新品种、新技术和科技创新成果，对相关项目给予资金和信贷支持，对科技人员给予专项补助或奖励。加强乡镇或区域性农业技术推广、动植物疫病防控、农产品质量监管等综合服务机构建设。促进科技资源配置与扶贫开发直接挂钩，每年选派 93 名科技特派员驻村服务，每村培育科技示范户 2 户以上，每年新建 2 个以上农业科技示范基地。鼓励科技人员带着技术和项目进村入户，以技术入股等形式领办创办专业合作社和农业企业。

在互联网+扶贫工作中，利用电商技术，对农民进行培训，崆峒区组织开展了深度贫困村电商服务点负责人培训、电商扶贫全覆盖培训、电商扶贫大数据平台培训、农村电商巡回培训和电商人才培训，对"淘宝""邮乐购""乐村淘""微店""天猫优品"等电商平台进行了实操培训，2018 年全区累计培训各类人员 3200 人（次），截至 2019 年 9 月底全区共计培训 1181 人次，其中 4 月 12 日在区级电子商务公共服务中心成功举办天津市河西区、平凉市崆峒区东西部扶贫协作电商培训班 120 多人次，电子商务进农村综合示范项目人才培训体系已举办农村电子商务普及型培训班 11 期，共计培训 1061 人，其中建档立卡贫困户 550 人，残疾人 15 人。

另外，崆峒区积极整合各类培训资源，加强与发达地区对口协作，尤其是科技扶贫的学习交流，组织返乡人员定期到产业发达地区观摩学习，增强创业能力和输转质量。如 2017 年为创新省级示范性项目培训模式，先后 5 次组织 250 人赴陕西杨凌参观现代农业创新园、国际农业示范园、今日花卉、新世界、绿百合大学生种植基地、秦宝牛业公司养殖基地等多个示范点，使劳动者增长了知识、开阔了眼界、转变了观念，提高了劳动者的创业就业竞争力。

第三节 从"移风易俗"到"文明提升"：
社区为本的文化建设

在社会学的视角下，教育的过程是伴随人的生命历程一直持续存在的，是一个社会化（socialization）的过程。在这个过程中，社会群体中的个体在不断感知和熟悉相应的社会规范和价值观，学习知识与技能，并且逐渐形成一个相对独特的自我认知。教育不单单是在学校内发生的，不仅包括正式的学校教育，也包括在"社区"层面发生的各类社会化过程，应采取一种更为广义的概念对教育进行理解。同样，贫困的产生根植于经济、文化、家庭等多方面因素，并不局限于学校之中，许多贫困家庭也没有在校学生，"对教育扶贫模式的社会学视角更多倾向于对贫困地区自然生态环境衰退背后的传统人文因素进行研究。此类研究认为，提高贫困地区人口的素质、改变传统落后的思想观念是改变贫困地区的关键。"① 那么，教育扶贫的范围和对象，也应当采取较为广义的概念，既应该包括学校教育和职业教育，还应该包括以社区文化建设为中心的更为广泛的社会化过程。

教育扶贫工作在具体实践中，于方法上要考虑到社区为本扶贫工作的整体性，不应将处于不同时间与不同空间维度的教育扶贫工作相互分离和割裂，需要有系统性的思维和视野。从移风易俗，改变乡风，到优化人居环境，培养人们的环境保护意识，再到整体性的文明提升活动，平凉市崆峒区勇于创新，不断拓宽思路，寻找结合区内实际情况的做法，决定利用三年时间在全区实施社区为本的文明崆峒提升行动。活动开展以来，由区委宣传部充分发挥牵头抓总职能作用，

① 谢君君：《教育扶贫的研究述评》，《复旦教育论坛》2012 年第 5 期。

坚持以习近平新时代中国特色社会主义思想为指导，以培育和践行社会主义核心价值观为根本，以提高公民文明素质和城乡文明程度为核心，以城乡建设精细化管理为抓手，以群众性精神文明创建为突破口，立足工作实际，聚焦问题短板，创新活动载体，完善体制机制，推动共建共享，全面实施了市容环境提升、乡村振兴推进、文明交通整治、文明风尚培育、文明创建引领和城乡文化建设"六大"行动，文明崆峒提升行动深入实施并取得实效，城乡环境显著改善，市民文明素质有效提升，人人文明、处处文明的崆峒新形象日益凸显。

一、移风易俗：改善文明乡风

崆峒区把治理高价彩礼、推动移风易俗工作作为实施乡村振兴战略、深化群众性精神文明建设的重要内容，按照"突出重点、健全机制、全面融入"的工作思路，完善区统筹、乡指导、村自治三级联动机制，采取典型带动、舆论引导、群众参与三种形式，着力破除高价彩礼、铺张浪费、陈规陋习三种不良习俗，营造了文明和谐、淳朴敦厚的乡风民风。

首先，在对于移风易俗的工作重视程度上，各级政府周密安排部署，十分重视。比如，崆峒区委、区政府把治理高价彩礼推动移风易俗纳入全区党建目标管理考核责任制和文明崆峒提升行动考核内容，与精准扶贫、乡村振兴、"一强三创"等工作有效结合，成立了区、乡镇、村三级领导机构，落实由区委宣传部牵头组织，区扶贫办、民政、妇联等部门分工负责，乡镇、村社具体落实的综合协调管理机制，制定具体方案，建立责任清单，靠实三级责任，加强监督考核，形成城乡一体、分级负责、全区共治的工作格局，切实推动各项工作落细落小落实。

其次，在工作方法上将移风易俗工作标准化，限高定标，提升了工作实效。崆峒区将限高、规范、整治作为治理高价彩礼的突破口和着力点，先后制定了《治理高价彩礼推动移风易俗实施意见》《推动移风易俗树立文明乡风实施方案》等文件，坚持城乡同步治理，提出了婚嫁彩礼农村、城区分别不高于 8 万元、6 万元，村社党员干部、公职人员本人或子女分别不高于 5 万元、3 万元的限高倡导标准，并对婚宴人数、烟酒、车辆、礼金等婚嫁事宜作了明确的规定，举办婚宴不超过 20 桌（农村每桌不超过 300 元，城区不超过 600 元），白酒（农村不超过 50 元，城区不超过 100 元），烟（农村不超过 10 元，城区不超过 20 元），车辆不超过 8 辆，婚丧嫁娶非亲属随礼（农村不超过 50 元，城区不超过 100 元）等，切实做到了婚嫁习俗有标准，整治彩礼有依据，工作落实有抓手。同时，在全区还推行了婚嫁彩礼登记备案、婚姻登记彩礼报备、婚事承诺等制度，建立了纪律处分、约谈批评、公开曝光等惩戒措施，对违背承诺、大操大办、买卖婚姻等违法违纪行为加大监督问责和依法打压，使整治高价彩礼工作能落到实处。

再次，在健全组织方面，尤其是推进群众自治工作上尤为重视。突出抓好党员干部"关键少数"、红白理事会"关键组织"和职业媒婆"关键队伍"，带好头、管好事、服好务，推动村民自我教育、自我管理、自我提升。就此，崆峒区制定了《领导干部婚丧喜庆有关事宜报备制度》，全区党员干部、公职人员、"两代表一委员"签订了承诺书 11000 余份，严禁党员干部以任何方式大操大办、借机敛财，全区累计报备婚丧喜庆有关事宜 196 人（次）。有效引领规范家庭、亲朋好友主动抵制婚丧嫁娶中的不良风气。充分发挥村民委员会、红白理事会等群众自治组织作用，在全区 252 个行政村均成立了红白理事会，覆盖率达 100%，并结合村情民意制定了《红白理事会章程》《村规民约》，抓建移风易俗示范点 60 多个。例如，崆峒镇太统村、四十里铺镇七府村、柳湖镇泾滩村通过村级配建红白喜事便民服务大厅、推行丧事不设宴席、理事会"总管"主导、村级指导等举措，有效遏制了相互攀比、铺张浪费等不良风气。同时，民政等部门牵头组建了区婚嫁行业协会，成立 19 个乡村级婚介所，培训、登记管理职业媒婆 39 人，促进婚介组织规范运行、婚介人员持证上岗、公益婚介逐步扩大，有效抵制了"职业媒婆"哄抬彩礼等行为。

另外，不断强化宣传工作，注重移风易俗教育的引导方式。充分利用泾河文艺小分队、百姓宣讲团、新时代文明实践中心（所、站）等平台，通过理论宣讲、舆论宣传、文化熏陶，不断深化群众理想信念、文明新风和法制教育，组织开展广场舞比赛、民间艺术表演等群众性文化活动 600 余场（次），编排了《彩礼风波》、《都是彩礼惹的祸》等贴近群众生活的文艺节目在城乡巡演 50 余场（次），开展新时代文明实践民风引导宣传活动 100 余场（次），以"抵制高价彩礼、倡导文明婚俗""向高价彩礼说不"为主题，发布移风易俗信息 300 余条，发放《崆峒区文明市民手册》、"抵制高价彩礼，树立文明新风"倡议书等移风易俗宣传资料 3 万余份，手提袋、围裙、水杯、雨伞、鼠标垫等宣传品 2000 余个，刷写社会主义核心价值观、移风易俗等主题固定宣传标语 3000 余条，绘制主题文化墙 80 余面，制作宣传栏（橱窗）800 个，建成融入"崆峒好人""身边好人"及村规民约等内容的文化墙 300 多处，在全社会倡树了文明乡风、婚嫁新风、和谐民风和社会清风。

最后，在工作中不断创新载体，开展了与移风易俗相关的主题活动。崆峒区把治理高价彩礼、推动移风易俗工作作为评选文明单位、文明村镇、文明社区的首要条件，大力开展家规家训征集、亮家风传家训、集体婚礼等主题实践活动。如拍摄移风易俗专题宣传片《治理高价彩礼、推动移风易俗、建设文明崆峒》，在集体婚礼现场循环播放，积极倡导集体婚礼、旅游结婚等节俭适度的纪念意义的婚礼，杜绝讲排场、摆阔气、互攀比的婚事，连续两年举办了崆峒区"治理高价彩礼、推动移风易俗"婚嫁文化节，为 46 对新人举行了集体婚礼，树立毛鑫、高静夫妇等"零彩礼"典型 6 对。持续深化各类道德模范、感动人物和优秀红白理事会、移风易俗示范户等创评活动，培育创建宋红社家庭、苏惠琴家庭等"文明家庭"16户，每年均评选"和谐五星"农户7000户，"崆峒好人""首届感动崆峒人物""文明市民"等模范人物300余人，优秀红白理事会40个，移风易俗示范户20户以上，在全社会倡树了文明乡风、婚嫁新风、和谐民风和社会清风。

二、优化环境：培养环保意识

人类居住环境对于社会生活的影响是根本而且深远的，中共中央办公厅、国务院办公厅2017年发布的《农村人居环境整治三年行动方案》中指出："改善农村人居环境，建设美丽宜居乡村，是实施乡村振兴战略的一项重要任务，事关全面建成小康社会，事关广大农民根本福祉，事关农村社会文明和谐。"人居环境并不单单是环境问题，而是与更为整体性的观念和思维联系在一起，环境与人是一种结构化的关系，人居环境与文化建设紧密相连。

崆峒区从农村生活垃圾治理、厕所粪污治理、生活污水治理、村容村貌等多个方面对农村人居环境进行整体提升，并借此培养人们的环境保护意识。按照"产业兴旺、生态宜居、乡风文明、治理有效、生活富裕"的总要求，加大农村人居环境整治、脱贫攻坚、乡村绿色发展和乡村治理，推进乡村振兴行动，加快美丽乡村建设，着力营造良好的农村人居环境和发展环境。首先，确保乡村绿色发展稳步推进。牢固树立"绿水青山就是金山银山"的理念，以创建国家森林城市和生态文明建设示范区为统揽，加大退耕还林、天然林保护、三北五期、重点生态公益林建设力度。积极引导群众因地制宜搞好村旁、宅旁、水旁、路旁"四旁"绿化、庭院绿化和村庄公共绿地建设，加快村庄宜林荒山荒地绿化和环村防护林带建设步伐。2018年至2019年，共完成造林绿化5.87万亩，乡村道路绿化299公里，区域生态环境进一步好转。严格落实畜禽养殖禁养区禁养措施，2019年全区 237 个畜禽养殖大户和 99 家规模养殖场污染得到有效治理，实现了乡村的地更绿、水更清、空气更清新。其次，乡村环境整治持续加强。以实施"千村美丽、万村整洁"行动为抓手，开展了以农村生活垃圾、污水治理和村容村貌改善为重点的农村环境连片综合整治，加强与启迪桑德公司合作，为行政村配置垃圾箱（桶）、分类收集仓、清扫工具、清运车辆，截至 2019 年 10 月，对 230 个行政村进行全天候保洁，实现了农村生活垃圾日产日清、无害化处理。启动"厕所革命"三年计划，推进农村改水、改灶、改暖、改圈、改厕等工程，2019 年完成居民清洁取暖改造 9000 户，建成美丽乡村 16 个，环境整洁示范村 34 个，新建乡镇垃圾转运站 2 个，建成白庙、草峰等 5 个污水处理站，农村人居环境大幅改善。以岭后村为例，通过易地扶贫搬迁和危旧房改造工程，解决了全村 20 户群众的住房问题，实现了安全住房全覆盖。通过对水电路房网等硬件设施的建设完善，极大改善了落后的村容村貌，让群众享受到了现代化带来的翻天覆地的变化。在农村环境卫生综合整治上也下足了功夫，建立以党支部委员为组长的环境卫生综合整治小组，对村组道路及生产生活垃圾坚持1 天一清扫，3 天一转运。引导群众养成良好的生活习惯，增强了环保意识，形成"人人促保洁，卫生靠大家"的良好局面。

三、重视宣讲：激发内生动力

在宣讲工作方面，崆峒区所开展的精准扶贫"百姓宣讲"活动最具代表性。首先，在深入宣讲习近平新时代中国特色社会主义思想方面，编印了《习近平新时代中国特色社会主义思想学习资料》，印发了习近平新时代中国特色社会主义思想和党的十九大精神主题《宣讲方案》，列出宣讲课题"菜单"，突出对象化、分众化、互动化，推进党的创新理论进企业、进农村、进机关、进校园、进社区、进网站。全区各级党组织通过"党组织书记带头讲党课""党员干部轮流讲党课"等形式，到 2019 年 10 月，已开展习近平新时代中国特色社会主义思想及党的十九大精神宣讲活动 3000 多场次。统战、团委、妇联、工会、民宗等部门组织开展了面向党外人士、宗教人士、工青妇等群体的宣讲活动；各乡镇、帮扶单位结合精准扶贫，组织党员干部深入联系村和联系户，进村入户"面对面""零距离"为农民群众解读十九大报告和扶贫新思路、新政策；区委党校举办党的十九大、"全区村党组织书记集中培训班"等专题培训班 51 期，培训党员干部 5000 多人。"百姓宣讲团"20 名宣讲员开展宣讲 200 余场（次）。组建了"泾河新时代文艺小分队"，编排了《纵情高歌十九大》等文艺节目，开展基层巡演 200 多场次，让群众在参与中学习、在娱乐中深化理解。乡镇、街道充分利用群众文化社团，采取"露天讲堂""板凳学习会"等灵活多样的方式，群众自编自演了《都说十九大》快板书、《老两口学文件》民间说唱等文艺节目，把理论知识送到居民小区、建筑工地、商场门店、农家院落、街头巷尾。

其次，在宣讲新时期党和国家的各项理论政策法规方面，百姓宣讲团成员围绕破解群众学法用法欠缺、法律法规观念淡薄这一问题，充分发挥百姓宣讲的特色优势，最大限度地把党和国家的各项理论法律法规给群众讲清楚。深入宣讲中国特色社会主义和中国梦，社会主义核心价值观，加强爱国主义、社会主义和集体主义教育。深入宣讲党的民族理论和政策，夯实民族团结进步基础，形成团结、稳定、和谐的强大合力。紧紧围绕"精神扶贫"主题，深入宣传中央和省、市、区委关于脱贫攻坚的重大政策、决策部署，深入宣讲习近平总书记关于扶贫开发和脱贫攻坚的重要论述、重要指示精神，党和国家关于脱贫攻坚、实施乡村振兴战略的重大决策部署，各级党委、政府全力推进脱贫攻坚"一号工程"的重要举措和已经取得的巨大成就。深入宣讲中华民族劳动光荣、勤俭持家、邻里和睦、敬老孝亲等传统美德，教育和引导群众用自己的双手光荣脱贫、勤劳致富。

再次，在宣讲新时期党中央和省、市、区委各项重大决策部署方面，深入宣讲习近平总书记最新讲话精神，十九届二中、三中全会以及省第十三次党代会和市、区第四次党代会精神，宣讲中央、省、市委关于精准扶贫、文明礼仪、政策法规、生态建设、健康养生等相关内容，结合全区年度重点任务和区委、区政府中心工作，深入组织开展了"新时代新气象新作为"主题采访、"逐梦之路城乡行"集中采访，精心策划开展了脱贫攻坚、乡村振兴等集中性宣传战役，深入挖掘脱贫致富带头人和先进经验，截至2019年10月，先后在广播电视台、门户网站开设了"脱贫攻坚""全域无垃圾""推动移风易俗树立文明新风"等专栏专题20多个，先后在《平凉日报》刊发脱贫攻坚、产业扶贫、"文明崆峒"提升行动系列报道3期，制作播出电视专题节目717期、广播节目1751期，播发电视新闻235条，切实把全区广大干部群众的思想和行动统一到省、市、区委的决策部署上来，引导鼓励贫困群众自尊、自信、自强、自立，激发自主脱贫和自我发展内生动力，引导全社会积极参与到打赢脱贫攻坚战中，为决胜全面建成小康社会、建设宜居宜业宜游美丽新崆峒努力奋斗。

最后，在宣讲干部群众普遍关心的热点难点问题方面，紧扣理论的重点、生活的热点、群众关心的焦点问题，运用典型案例，生动讲解劳动就业、社会保障、收入分配、全民创业、扶贫开发、环境保护、安全生产、民政救助、医疗卫生、土地流转和棚户区改造等领域的改革政策，做好传统文化、道德建设、法律法规、科学技术、生产技能、养生保健等多方面内容的宣讲，满足干部群众多样化的精神文化需求，教育引导广大干部群众坚定信心，凝聚共识，推动经济社会全面发展。各级党组织充分利用"新时代农民讲习所"、道德讲堂、"市民学校"、远程教育接收站点等学习阵地，通过理论辅导、讨论交流、文艺展演等多种形式，不断深化习近平新时代中国特色社会主义思想、形势政策、能力素质教育。到2019年10月，共组织全区领导干部1000多人参加市委大讲堂、富民兴陇讲座10期。

四、树立榜样：弘扬社会清风

典型就是榜样，毛泽东同志讲过，"榜样的力量是无穷的，哪里有榜样，哪里就有新气象"。2018 年至 2019 年间，平凉市开展了各类树立榜样楷模的学习活动，以期进一步弘扬社会清风，结合"最美人物""陇人骄子""平凉好人""崆峒好人"等各级各类先进典型人物评选表彰活动，积极主动推荐报送精神扶贫中涌现出来的各类典型。崆峒区持续开展以"崆峒好人"为主题的道德模范推荐评选活动，先后推出省级"文明家庭"宋红社家庭、"陇原美德少年"邹宝虎、"平凉好人"张世奇等市级以上各类道德模范人物 50 人。评选出"首届感动崆峒人物"王桂林、"崆峒好人"马雪峰、"文明市民"白海云等模范人物 283 人，在全社会形成了崇德向善、见贤思齐、德行天下的浓厚氛围。

崆峒区内联外引抓新闻宣传，强化示范引领让群众学有榜样。充分发挥广播、电视、网络、政务新媒体传播优势，深入组织开展脱贫攻坚集中主题宣传，在崆峒门户网、崆峒区广播电视台开设脱贫攻坚专题专栏，深入宣传党中央决策部署、政策举措，宣传脱贫攻坚进展成效，宣传涌现出的先进人物，宣传创造的典型经验，及时转载各级媒体刊发的崆峒区脱贫攻坚相关报道。持续加强与中央、省、市媒体的联系沟通，通过对接选题、报送线索、邀请采访、上推稿件等方式，对区内脱贫攻坚工作进行全方位、广角度、推介式宣传。中央电视台、《人民日报》、新华社、中国新闻社、《甘肃日报》、甘肃卫视，多次对崆峒区脱贫攻坚亮点工作、特色经验进行专题采访报道。《甘肃日报》头版头条刊发了《小康路上的"铿锵脚步"》《找准路子摘穷帽——关注贫困县脱贫摘帽之崆峒篇》等重要报道，甘肃卫视《扶贫第一线》《平凉日报》刊发崆峒区脱贫攻坚系列报道近 20 篇，引起了强烈反响。峡门乡颉岭村、麻武乡城子村、大寨乡桂花村一度成为各路媒体竞相追逐的焦点，自力更生、自主脱贫的草根网红马盼单，敢闯敢干、敢为人先的明星书记纳军，让广大贫困群众重拾致富信心，对未来生活充满了希望。广泛开展"和谐五星"创评活动，精心策划典型宣传，选树自强致富的先进典型，广泛宣传他们的"创业史"和"致富经"，帮助贫困群众树立主动脱贫意识，激励贫困群众奋发自强，引导广大群众向先进人物学习，不断激发贫困群众自力更生、勤劳致富的意识。

五、文化惠民：丰富精神生活

崆峒区围绕不断满足群众文化需求，大力实施城乡文化建设行动，统筹城乡公共文化设施布局，均衡配置公共文化资源，创新创办文化娱乐活动，不断丰富群众精神文化生活。首先，在文旅产业发展方面，势头良好。2018 年至 2019 年，编制出台了《崆峒区全域旅游发展规划》《广成子故里旅游开发项目建设规划》，加快文化产业大厦、公共文化馆、图书馆等标准化文化场馆建设，建成了 34 个省级村综合性文化服务中心示范点、15 个村级体育"一村一场"、5 个社区综合文化服务中心。启动了 8 个乡镇文化馆、图书馆分馆试点建设工作，为全区 262 个农家书屋更新配发图书资料 2 万余册。全面推进"三区"文化帮扶计划和文化服务志愿者队伍建设，开展送文化下乡、全民阅读等活动 400 多场（次）。突出抓好文化企业培育，全区文化产业法人机构达到 236 个，培育规模以上文化企业 3 个，为推动崆峒文旅融合发展提供了有力支撑。其次，在文艺事业建设方面，繁荣发展。健全完善《崆峒区泾河文艺奖评选奖励办法》《崆峒区文艺作品奖励扶持办法》等奖励扶助制度，持续抓好泾河文艺奖评选、重点文艺创作资助工作。编排创作了《十九大唱响盛世乐章》文艺节目 3 个、民俗小戏 2 个，出版了《醉美崆峒》《暖泉》等文艺刊物。成功举办了第五届甘肃戏剧红梅奖大赛，新创剧目《崆峒山下》

获得省红梅剧目奖、个人表演奖及敦煌文艺奖，《彩礼风波》入选文化部 2017 年度戏曲剧本孵化资助项目。积极推进民间协会组织和民营艺术团体发展，新建柳湖八里"乡村记忆"和柳湖春酒业"历史再现"博物馆，与 15 所学校签订了馆校共建协议，指导 1.5 万名学生开展了文化遗产展览、民间工艺制作等社会实践活动，对 40 多位知名春官诗传承人进行了业务培训，文化事业发展成效明显。另外，在文化惠民演出方面，丰富多彩。围绕纪念改革开放 40 周年等重大节庆活动，举办歌咏比赛、广场舞大赛、乡村民俗文化旅游节等丰富多彩的文化活动 45 场（次），开展全区职工篮球运动会、万人太极拳展演等体育健身活动 12 场（次）。组织开展"千台大戏进乡镇"、"泾河新时代文艺小分队"基层巡回展演、文化科技卫生"三下乡"等群众文化活动 558 场（次），"崆峒笑谈""崆峒武术"等省级非物质文化遗产保护项目在崆峒山大景区实现常态化演出。组队参加了省、市青少年篮球、乒乓球、田径等 11 项锦标赛事。围绕特色旅游资源，举办了第三届崆峒冰雪文化旅游节、果蔬采摘节等节会活动，城乡人民群众文化生活不断丰富，全市文化影响力显著提升。

第七章

兜底保障：社区服务与社会福利支持

　　兜底保障是一项社会保障制度，是"精准扶贫""精准脱贫"的重要组成部分。我国扶贫开发已经从以解决温饱为主要任务的阶段转入巩固温饱成果、加快脱贫致富、改善生态环境、提高发展能力、缩小发展差距的新阶段。兜底保障是全面建成小康社会的底线制度安排，是坚决打赢脱贫攻坚战的最后手段，是解决深度贫困问题的必要举措，是精准扶贫"五个一批"中的最后一批。当前，农村社区尤其是贫困地区面临着基础设施不健全、公共服务短板、产业基础薄弱等诸多限制性因素。同时，农村社区社会事业发展落后，社区公共服务供给能力不足，社区社会福利支撑力较弱，公共服务体系建设相对滞后，是推进城乡公共服务均等化、协调发展进程中的突出弱项。攻克弱项补齐短板，对于保障农村社区居民尤其是贫困群众的基本生活和福祉，摆脱贫困代际传递的"恶性循环"，提高脱贫攻坚工作质量以及稳定脱贫、长效脱贫有着非常重要的意义。针对贫困程度深、贫困范围广、农民收入差距小的深度贫困社区，基本公共服务水平均等化的扶贫方式更加契合脱贫攻坚工作中的扶贫要求、脱贫需求和脱贫目标，同时基本公共服务均等化可以减少深度贫困社区机会不均等现象的发生，是实施产业扶贫政策的基础与前提。[1] 依据《国家基本公共服务体系"十二五"规划》规定，基本公共服务范围，一般包括保障基本民生需求的教育、就业、社会保障、医疗卫生、计划生育、

---

① 易柳、张少玲：《农村基本公共服务均等化：深度贫困治理的机遇与挑战》，《湖北民族学院学报（哲学社会科学版）》2019 年第 4 期。

住房保障、文化体育等领域的公共服务，广义上还包括与人民生活环境紧密关联的交通、通信、公用设施、环境保护等领域的公共服务，以及保障安全需要的公共安全、消费安全和国防安全等领域的公共服务。基本公共服务减贫的作用机理具体体现在：通过提高贫困地区农业生产率和贫困人口生产力水平、增强贫困地区人口的发展能力、降低贫困地区的脆弱性、减少社会排斥来降低贫困发生率。① 基于此，为农民提供增长自我发展能力所需的公共服务是解决农村贫困的基础。② 此外，由于现代化社会需要以社区的形式维护人类的感情和情操，社区服务的重要性日益凸显。③ 国际通行的社会服务概念一般包括福利服务、公共服务和具有社会导向的公民个人服务。有学者将社区公共服务定义为"以社区为单位提供的社会公共服务"④，也有学者指出，社区服务实际上是社区社会服务的简称，是指政府、机构与个人等在社区里开展的福利性服务和公益性服务，以及社区居民之间的互助服务⑤。总体而言，社区服务增大了社区的公共空间，也强化了居民的公共选择，作为基层治理基本行动单元，社区为贫困人口提供了最基础的社会支持平台。因此，为贫困人口提供社区服务和社会福利支持既是兜底保障这一措施的重要抓手，也是以社区为本进行反贫困工作的重要体现。

党的十八大以来，崆峒区深入学习贯彻习近平总书记关于扶贫工作的重要论述，在脱贫工作中始终严格对标"两不愁三保障"标准，

---

① 曾小溪、曾福生：《基本公共服务减贫作用机理研究》，《贵州社会科学》2012 年第 12 期。
② 贺雪峰：《中国农村反贫困问题研究：类型、误区及对策》，《社会科学》2017 年第 4 期。
③ 杨团：《推进社区公共服务的经验研究——导入新制度因素的两种方式》，《管理世界》2001 年第 4 期。
④ 杨团：《推进社区公共服务的经验研究——导入新制度因素的两种方式》，《管理世界》2001 年第 4 期。
⑤ 徐永祥：《论社区服务的本质属性与运行机制》，《华东理工大学学报（社会科学版）》2002 年第 4 期。

围绕"六个精准"和"五个一批"总体要求，相继制定出台了《关于扎实推进精准扶贫精准脱贫工作的实施意见》《关于贯彻落实省市进一步支持革命老区脱贫致富奔小康的意见的实施意见》《完善落实"一户一策"精准脱贫计划实施方案》《全区贫困人口"两不愁三保障"冲刺清零工作总体方案》等政策文件，紧抓"村级道路畅通工作、卫生和计划生育扶贫工作、贫困村信息化建设工作、电力保障工作"等精准脱贫"十项重点工作"，全力实施"3+3"冲刺清零行动（义务教育、基本医疗、安全住房、饮水安全有保障和易地扶贫搬迁、贫困人口兜底保障），下足绣花功夫，统筹各项政策，整合各类资源，全力以赴补短板，千方百计提弱项，倾心尽力惠民生。在脱贫攻坚战役中，崆峒区扎实做好治病根、兜底线、惠民生等各项兜底保障式扶贫工作，涉及水路电网、保教养医等多项内容。针对社区公共服务错位供给等现实困境，① 崆峒区在兜底扶贫工作中突出"以社区为本"，增强社区保障网络和脱贫能力，综合发挥政府、社会组织、企业、家庭等多元主体力量，权责明确，共同发力，构建四位一体的社区公共服务体系，完善社区基础设施体系，搭建并优化多元主体社区服务网络格局。脱贫攻坚期间，崆峒区基础设施日趋完善，社区公共服务供给能力显著提升，群众满意度和获得感不断提高，有效解决了贫困人口"因病致贫""因病返贫"的问题，减少了贫困在代际的传递，为完善农村社区基础设施体系、织就农村社区安全保障网络、提高脱贫攻坚工作的长效性和稳定性、增强农村社区居民尤其是贫困群众内生动力和自我发展能力夯实了坚实的基础，提供了强有力的保障。

---

① 文军、吴晓凯：《乡村振兴过程中农村社区公共服务的错位及其反思——基于重庆市 5 村的调查》，《上海大学学报（社会科学版）》2018 年第 6 期。

第一节 托住底线：综合施策织牢
医疗健康保护网

健康与贫困向来息息相关。贫困容易滋生疾病，而非健康状态亦会导致贫困，因此，贫困人口极易陷入"贫困——疾病——贫困"的恶性循环。[1] 健康冲击并影响着贫困的发生，这一机理表现为，健康贫困是一种因参与健康保障不足、获得基本医疗卫生服务机会丧失和能力剥夺而导致健康水平低下、从而带来收入的减少和贫困发生或加剧的现象。[2] 相当部分的人口"因病致贫""因病返贫"是稳定长效脱贫面临的艰巨挑战之一。为了消除健康贫困，必须要从医疗卫生公共服务和医疗保障着手，为贫困人口提供充分的基本医疗卫生服务机会。

习近平总书记曾指出："没有全民健康，就没有全面小康。"[3] 近年来，崆峒区始终将健康扶贫、医保扶贫作为脱贫攻坚的关键性战役来抓，认真贯彻落实党中央、国务院以及省、市各项相关决策部署，按照保基本、强基层、建机制的工作要求，以建档立卡贫困户为重点，不断深化医药卫生体制改革，提升基层医疗能力，着力实施健康扶贫医保扶贫巩固提升行动，持续深入细化推进健康扶贫医保扶贫工作措施，确保各项政策措施落地见效，各项工作扎实有序推进。

崆峒区相继制定出台了《基本医疗保障冲刺清零工作实施方案（医疗部分）》《基本医疗保障冲刺清零工作实施方案（医保部分）》

---

[1] 陈楚、潘杰：《健康扶贫机制与政策探讨》，《卫生经济研究》2018 年第 4 期。

[2] 胡鞍钢、孟庆国：《消除健康贫困应成为农村卫生改革与发展的优先策略》，《中国卫生资源》2000 年第 6 期。

[3] 《习近平访问世界卫生组织并会见陈冯富珍总干事》，《人民日报》2017 年 1 月 19 日。

《平凉市崆峒区建档立卡贫困人口因病致贫返贫户"一人一策"健康帮扶实施方案》《平凉市崆峒区健康先锋行动的实施方案》等针对性政策文件，开展医疗保障冲刺清零等项目行动，按照"五室分设"的标准，新建标准化卫生室242个；全面落实基本医保、大病保险、"先诊疗后付费"、"一站式"即时结报政策，加大应急救助、临时救助、慈善救助力度，贫困人口参保率、家庭医生签约率达到100%，有效解决了贫困群众看病难、看病贵问题，为贫困群众织牢了健康保护网，提升了社区医疗卫生服务供给能力和医疗保障能力。

崆峒区卫生健康局、医疗保障局紧紧围绕让贫困群众"看得上病"、"看得起病"、"看得好病"和"减少生病"这一重点，坚持聚焦贫困地区、面向贫困群众，精准发力，综合施策，内外结合，点面并举，精准管理，下足绣花功夫，用好各项政策，达到了"三升一降"（就医就诊率、疾病治愈率、身心健康率大幅上升，医疗负担大幅降低）的预期目标，各项医疗保障做到应保尽保、应补尽补、应报尽报，健康扶贫和医保扶贫工作取得了显著成效。截至2018年年底，因病致贫返贫人口已从2013年的2884人减少到879人，全区城乡居民参保率达95.66%，建档立卡贫困人口参保率100%。崆峒区在健康扶贫、医保扶贫方面的工作可总结概括为："完善医疗设施，破解保障难题；储备医疗人才，留足发展后劲；革新手段方式，探索工作思路；织牢健康网底，方便人民群众；助推扶贫攻坚，力促社会发展"。

一、让群众看得上病：筑牢医疗基础优化资源配置

精准扶贫工作开展以来，崆峒区以加强贫困村社区卫生室建设为重点，持续加大投入，筑牢村级医疗网底，延伸区乡医疗基础建设，形成了以市二院、市中医医院为龙头的区、乡、村三级医疗网络，推

动了全区医疗资源配置、使用均衡化，使贫困群众能够享受到高效、便捷的优质医疗服务。具体工作层面主要施行了以下三项举措：

（一）"三大工程"提升硬件

"三大工程"具体为区级医院提升工程、乡镇卫生院优化工程和村卫生室达标工程，前后共累计投入 7282 万元，以推进社区医疗卫生基础设施建设。建成区级医院重点专科 5 个，完成区疾控中心和 11 个乡镇卫生院业务用房建设，新建标准化农村社区卫生室 141 个，实现了 252 个行政村标准化卫生室全覆盖，城乡医疗条件和环境得到极大改善；同时，崆峒区创新性开拓新思路，采取新方式，与社会组织合作，开展总投资 1.48 亿元的区域卫生发展精准扶贫项目，为区、乡、村医疗机构配置医疗设备 800 余台，实现村级社区卫生室基本医疗设备全覆盖，彻底解决制约基层医疗卫生事业发展的"瓶颈"问题，有效解决了群众看病就医"最后一公里"问题。

（二）"三诊联动"送医上门

崆峒区通过采用定期"问诊"、集中"义诊"、常态"送诊"多种方式推动多个层级医疗服务资源的下沉，落实建档立卡贫困人口"一人一策、一病一方"帮扶措施，为贫困群众提供强有力的医疗保障。崆峒区推行签约医生定期"问诊"，组建家庭医生服务团队 248 个，精选 390 名巡访医师联系帮扶因病致贫家庭，扎实开展"一人一策"帮扶救助，截至 2019 年 1 月，全区共完成家庭医生签约 50417 人，确诊并办理门诊慢特病证 3017 人，实现了贫困人口家庭医生签约率、履约率、服务率三个百分百；推行专家和乡镇卫生院集中"义诊"，变基层群众"找上来"看病为专家团队"沉下去"服务，组成 8 支专家巡回服务团队，深入乡镇村社宣传政策、开展义诊、免费体检；推行村医常态"送诊"，对小病小患及时上门服务，对慢病患者定期服务关心，有效缓解贫困群众看病难问题。

（三）"分级诊疗"优享资源

崆峒区始终坚持"基层首诊、双向转诊、急慢分治、上下联动"，以常见病、多发病、慢性病分级诊疗为突破口，明确区、乡、村三级医疗机构功能定位，从顶层设计推动各级医疗机构体系合理分工，有效运作。截止到 2018 年年底，全区乡级医疗机构门诊量较去年同期增加了 40.33%，住院病人较去年同期增长了 43.2%，药占比下降了 23%，业务收入提高了 35%，医务人员收入得到一定提高，群众满意度显著提升。2018 年共落实分级诊疗住院管理 5.04 万人次，占区内住院人数的 100%，真正实现了"小病不出村，常见病不出乡，大病不出区"。

二、让群众看得起病：减轻就医负担，健全保障防线

脱贫攻坚战役中，崆峒区不断健全农村社区医疗保障体系，全面开展健康扶贫政策及医保扶贫政策宣传，深入实施大病集中救治、慢性病签约、重病兜底保障"三个一批"行动，落实建档立卡贫困人口"一人一策、一病一方"帮扶措施，全力构筑基本医保、大病保险、城乡医疗救助"三道防线"，发挥其反贫困功能，健全保障防线，完善兜底政策，推动快捷就医，减轻就医负担，助推精准脱贫。

（一）深入宣传促"民知"

崆峒区在健康扶贫医保扶贫工作中坚持把政策宣传作为一项基础工作来抓，制定宣传方案，印制宣传手册，分级开展政策培训会议，规范宣传基本医保、大病保险、医疗救助等健康扶贫政策和医疗保障政策，切实提高了群众政策知晓率，营造了良好的参保氛围。

区卫健局制定下发《关于进一步做好健康扶贫政策宣传工作的通知》，召开了乡镇政府、乡镇社区卫生服务中心、城区医疗机构

负责人及业务专干健康扶贫政策宣传安排及培训会议，并采取制作宣传牌、宣传彩页、集中宣讲、入户宣传、微信等方式，组织包村干部、乡村医生入户开展健康扶贫政策宣传，面对面对群众进行健康扶贫政策讲解，提高了群众健康扶贫政策知晓率。截至 2019 年 1 月，共计制作户内宣传彩页 31500 份，制作宣传牌 286 个，建立健康扶贫微信群 254 个，乡村干部深入到 252 个行政村开展入户宣传。

区医保局紧紧围绕"得病找谁看、病重怎么转、报销如何办"等群众关心的问题，制定了《医保扶贫政策宣传培训工作方案》。截至 2019 年 9 月，印制宣传单、政策解答 25 问、医保扶贫明白卡等宣传资料 13 万份，免费发放至乡、村、社、户和医疗机构、社区卫生服务中心、社区卫生服务站，达到乡村干部、帮扶队员、贫困人口人手有政策资料的目标。开展"四个走进"政策培训活动：走进医疗机构，邀请专家，先后在平凉市人民医院等 4 家医疗机构举办业务培训班 4 期，对 2100 多名医务人员进行集中培训；走进乡镇，由局党组成员带队，分成三个政策宣讲小组，赴 17 个乡镇，对乡镇干部、驻村帮扶工作队员、村社干部开展医保扶贫政策培训；走进贫困村，每个乡镇确定 1—2 个贫困村，对该村建档立卡贫困户、低保户、生活困难人员进行政策培训，使广大群众明白医保扶贫政策，知晓就医报销流程；走进乡村集市，利用乡村集市日，通过播放音频资料、发放宣传资料和医保扶贫明白卡等形式，面对面为群众讲解政策。截至 2019 年 9 月，区医保局累计在全区 17 个乡镇举办医保政策培训会 17 次，在 34 个贫困村召开医保政策宣传会 34 次，设置集市集中宣传点 17 次，入户讲解 640 余户，为 8000 余人次现场解答政策问题，累计发放宣传资料 7.9 万余份、《医保政策解答 25 问》3.1 万余份、医保扶贫明白卡 1.3 万余份，有效提升了广大群众尤其是贫困社区居民的政策知晓率。

（二）深化医改促"降费"

崆峒区大力推进医疗制度改革，开展控费工作切实有效减轻群众看病负担。全面推行基本药物制度，基层医疗机构药品全部实现"零差率"销售，所有区级公立医院全面取消"以药养医"。二级以上医疗机构均成立控费工作领导小组，专人负责，严格把控，严防医疗费用不合理增长，医疗费用增幅有效遏制，群众看病负担进一步减轻，截至 2019 年 1 月，门诊次均费用平均下降了 8.11%，住院次均费用平均下降了 5.13%。

（三）多措并举促"减负"

崆峒区施行多种措施以精简优化就医、报销程序，方便群众。加快医疗保障信息化建设，"五险合一"管理系统、"城乡居民基本医疗保险管理系统"、"医疗保险智能监控系统"相继建成并投入使用，社区参保人员可以采取网站、柜台等方式办理异地就医结算备案，持社会保障卡在全国（除西藏外）就医，都可以实现住院费用直接结算。2019 年前三季度，全区异地就医直接结算 112 人次，报销住院费用 122 万元。

崆峒区深入实施定点医疗机构医保专网改造，全面落实"一站式"结报服务，全区 44 家定点医疗机构（其中乡镇社区卫生服务中心 17 家、公立医院 10 家、民营医院 17 家），248 家村卫生室全部设立了"一站式"直报窗口，实现贫困人口身份信息自动识别、医疗费用报销金额自动核定、自付费用即时结报，截至 2019 年 10 月，即时结报 6844 人次 464.24 万元；全面推行"先看病、后付费"，为贫困人口开通医疗救治"绿色通道"，入院时不需缴纳住院押金，由定点医疗机构与医保经办管理机构之间进行结算，保障了"病急"、"缺钱"患者在第一时间得到安全有效的诊疗，截至 2018 年年底，共为 28415 万人次的贫困患者减轻了垫资压力；全面梳理服务事项，梳理的公共服务事项全部进驻市区政务服务中心医疗保险区，进驻工作人员 12 人，涵盖参保核定及查询、个人权益记录、审核支付、政策咨询、异地备案、慢病备案、个人账户查询、异地定点医疗机构查询等经办服务，确保群众办事"只进一扇门、最多跑一次"。

（四）提标降线促"兜底"

崆峒区通过提升补助标准、降低保险起付线等"兜民生"措施，不断提高社区基本医保保障水平，人均补助标准由每人每年 420 元提高到 450 元，贫困户住院报销比例提高 10 个百分点，参合患者罹患50 种重大疾病转往省内省级医疗机构住院实现出院即时结报。通过严格执行省、市医保扶贫各项政策，不断加大应急救助、临时救助、慈善救助力度，确保工作落到实处。

1. 严格落实建档立卡贫困人口特惠政策。2018 年按照"建档立卡贫困人口政策范围内住院补偿比例较普通群众提高 10 个百分点"的规定，共为 12408 人次贫困人口落实提高 10% 补偿资金 486.51 万元，人均提高 392.09 元。2019 年政策调整后，按照"建档立卡贫困人口政策范围内住院费用报销比例提高 5 个百分点"文件规定，截至2019 年 9 月底，共为 10180 人次贫困人口落实提高 5% 补偿资金280.41 万元，人均提高 275.45 元。

2. 严格落实大病保险政策。2018 年贫困人口大病保险报销起付线由 3000 元降至 2000 元，共计赔付 1244 人次 286.76 万元；2019 年前三季度共计赔付 3703 人次 623.77 万元。

3. 严格落实"10 元 85%"政策。区医保局按照甘肃省政府《关于完善甘肃省城乡居民基本医疗保险保障政策的通知》精神，"将2018 年大病保险人均筹资标准新增的 20 元中的 10 元，用于对建档立卡贫困人员合规医疗费用经基本医保报销后，达不到大病保险条件，当次实际补偿比低于 85% 的部分，或者经过基本医保和大病保险报销后，达不到医疗救助条件，当次实际补偿比低于 85% 的部分进行补偿"。2018 年共落实"10 元 85%"补偿 5326 人次 235.59 万元；2019 年 1 月至 4 月，共落实"10 元 85%"补偿 6898 人次 274.91 万元；2019 年 4 月 15 日后，按照省医保局《关于贯彻落实健康扶贫验收标准及验收判定说明的通知》精神，不再执行此项政策。

4. 严格落实医疗救助政策。区医保局 2018 年对建档立卡贫困人口个人负担住院合规医疗费用，经基本医保、大病保险、大病保险再报销后，个人负担的合规费用年累计超过 3000 元以上部分，由民政部门通过医疗救助资金全部兜底解决。2019 年 4 月 1 日起贫困人口住院及门诊慢特病经基本医保、大病保险报销后按合规费用的 70% 予以救助，年均审核办理慢特病证 6500 本，截至 2019 年 10 月，救助 6844 人次 464.24 万元。

在一系列医疗保障政策的执行落实下，崆峒区健康扶贫和医保扶贫工作得到有序有效推进，很大程度上提升了其社区医疗保障能力，有力助推了精准扶贫脱贫。2017 年共为 67229 人次参保人员支付医疗保险待遇 17917.1 万元，住院率 17.46%（其中：贫困人口住院 6837 人次，住院率 13.03%）；2018 年为 88777 人次参保人员支付医疗保险待遇 23140.4 万元，住院率 22.59%（其中：贫困人口住院 12074 人次，住院率 23.95%）；截至 2019 年 9 月底，全区城乡居民住院报销 65936 人次，住院总费用 33338.13 万元，基本医保报销 17860.4 万元。建档立卡贫困人口住院报销 10180 人次，住院总费用 4285.73 万元，报销 3418.41 万元（其中：基本医保报销 2448.4 万元，大病保险报销 505.77 万元，医疗救助报销 464.24 万元）。经过三重保障后，贫困人口住院政策范围内报销比例平均达到 85% 以上，杜绝了"小病拖大、大病硬抗、因病失能、全家致贫"现象。

（五）严格监管保"安全"

区医保局严格有效执行基金监管，为医疗保障基金的安全有效运行保驾护航：一是制定《崆峒区严防欺诈骗取医疗保障基金行动实施方案》，在全区开展了"打击欺诈骗保，维护基金安全"集中宣传月活动，取得了较好的舆论氛围。二是结合 2016 年至 2018 年各医疗机构床位数量、住院人次、次均费用、平均住院日等指标测算确定医疗保险次均费用、基金总额等控制指标，与 44 家医疗机构签订《2019 年医疗保险服务协议》，切实强化基金监管，保障基金安全运行。三是采取不打招呼、不定时间、不定单位的"三不"模式，截至 2019 年 10 月共计 4 次"夜查"4 家定点医疗机构，随机抽取 44 家医疗机构住院病历 5000 份，委托第三方机构进行专业审查，对查出的违规问题，按违规金额的 2—5 倍扣减补偿费用，对发现欺诈骗保和屡查屡犯问题的定点医药机构终止协议，停止医保资格。

三、让群众看得好病：建设人才队伍强化专业能力

崆峒区在大力保障社区群众健康需求的工作进程中，始终把医疗机构和医务人员服务能力作为健康扶贫的关键因素，以医疗质量提升为抓手，采取学科建设、进修培训、引进技术、创新机制等多种方式，大力实施服务能力提升工程，加强医疗能力建设，切实达到了"敢看病、会看病、能看好病"的良好效果。

（一）提高医疗机构服务质量

崆峒区在医疗体系构建中探索建立医联体、医药联盟、专科联盟等互联互助模式，发挥东西部扶贫协作合力优势，着力构建整合型、立体化医疗服务体系。天津河西区 3 家医疗机构、平凉市第二人民医院、中医医院分别与各乡镇卫生院签订医联体建设服务协议和中医药联盟建设协议，通过驻点诊疗、跟踪随访、巡察会诊，提供人员培训、上下转诊、远程会诊服务，为群众提供包括院前预防、院中诊疗、院后康复在内的全程医疗健康服务，推动各级医疗机构服务水平整体提升。

（二）补齐医务人员能力短板

作为关乎医疗服务质量水平的关键因素，医务工作人员队伍的建设和巩固提升是崆峒区医疗卫生事业中的重要环节：注重人才增量，搭好引培平台，着力在"引进来、送出去、放下去"上下功夫。截至2019年1月，崆峒区共面向全国为区级医院公开引进8名副高以上卫生专业技术人才，签约医药院校应届毕业生140名，邀请省内外医疗领域专家开展讲学144场次，选派区、乡、村三级医务人员到省市医疗机构学习进修192人次，选派至天津市河西区进修学习100人次，实行岗位培训和村医每月到乡镇卫生院跟班学习464人次，选派258名二级以上医疗机构医技人员到乡镇卫生院开展医师多点执业工作，带动医务人员服务能力大幅提升。

（三）激发广大职工干事活力

崆峒区通过机制创新，激发人员活力。在全市率先出台《平凉市崆峒区人民政府办公室关于进一步完善基层医疗卫生机构绩效分配制度的实施意见（试行）》，并严格执行，制定下发了《关于进一步完善村医养老政策提高乡村医生待遇的通知》，累计投入616万元，为在岗、离岗村医购买城乡居民养老保险，极大激发了基层医务人员的工作活力，营造了爱岗敬业、积极进取的良好氛围。

四、让群众减少生病：加强疾病防控全力护航健康

崆峒区坚持"一手抓治疗减存量，一手抓预防控增量"的工作思路，围绕疾病预防和健康促进两大核心，从前端入手、多方位干预、全过程服务，践行各项预防保健工作，努力使群众不生病、少生病，树立健康观念。

（一）充分发挥公卫服务"护城河"作用

区医保局全面落实基本公共卫生服务项目，加强卫生应急管理，强化免疫规划接种，有力提升妇女儿童保健水平。区居民健康档案电子建档率达90%，贫困人口健康档案建档率、重点人群体检率、随访率均达到100%，贫困家庭儿童"九苗"接种率达到90%，目标人群"两癌"筛查率、孕前优生健康检查率均实现全覆盖，确保了大小病早发现、早治疗、早康复。

（二）充分发挥健康行动"拦河坝"作用

区医保局深入实施健康知识宣传、健康促进普及、环境卫生整洁、全民健身等健康行动，在区电视台每周播放公益广告及"养生大讲堂"等健康专栏，努力营造全民重视健康的浓厚氛围。近年来，共开展健康教育巡讲179场次，累计制作健康文化墙6433面，组织健康沙龙538场次，参与群众达到1.6万人次，真正把健康扶贫各项政策及健康知识送到了群众的心坎上。

（三）充分发挥中医药"治未病"作用

区医保局深入推进中华崆峒养生地建设，着力打造中医药服务品牌，加强中医药适宜技术培训，实施中医师承教育，持续提升中医药服务能力，不断放大中医治未病优势。全区共建成中医馆17个、中医药综合服务区10个，乡镇卫生院、社区卫生服务中心均设置了中医科、中药房，配备了常用的诊疗设备和300种以上中药饮片，村社区卫生室、社区卫生服务站配备了必需的中医诊疗设备和200种以上中药饮片，充分发挥中医治未病及保健作用，切实让贫困群众有效预防疾病、拥有健康、脱离贫困。

第二节 夯实基础：完善社区 基础设施体系建设

从公平的角度考虑，政府应着眼于使全体居民和社区能够享受大体公平的公共服务，包括社区性基础设施在内的农村基础设施供给以及农户迫切需要的，例如交通、水利、卫生等普遍需求。只有通过农村社区基础设施供给制度的创新，为市民、农民提供均等化的公共服务，并管好公共资源，才能逐步建立城乡一体化的基础设施供给机制，逐步缩小城乡差别，[①] 为脱贫攻坚战役取得胜利打下坚实基础。

崆峒区在脱贫攻坚战役中把握以推动农村社区基本公共服务均等化方式治理深度贫困的机遇，结合地方脱贫与发展实际需求，整合资金，紧盯短板，稳步实施涉及水电路网等多项群众突出关切的基础设施巩固提升工程，大力推进村级道路畅通工作、贫困村信息化建设工作、电力保障工作，有效落实相关政策、传递资源和服务，打通脱贫攻坚政策落实"最后一公里"，补齐基础设施短板弱项，以高质量基础设施建设助脱贫促发展。

一、开展交通扶贫，畅通脱贫致富路

作为基础设施体系建设中的关键领域，交通运输是扶贫开发工作中的重要领域，有效的交通供给也是实现脱贫的基础性和先导性条件。加快实施交通扶贫脱贫攻坚，是实现精准扶贫、精准脱贫的先手

---

① 余佶：《我国农村基础设施：政府、社区与市场供给——基于公共品供给的理论分析》，《农业经济问题》2006 年第 10 期。

棋，是破解贫困地区经济社会发展瓶颈的关键，也是扩大内需、促进交通运输自身发展的重要举措，对全面建成小康社会具有重要战略意义。①

党的十八大以来，习近平总书记明确强调指出，"交通基础设施建设具有很强的先导作用。特别是在一些贫困地区，改一条溜索、修一段公路就能给群众打开一扇脱贫致富的大门"，"要通过创新体制、完善政策，进一步把农村公路建好、管好、护好、运营好，逐步消除制约农村发展的交通瓶颈，为广大农民致富奔小康提供更好的保障"。② 脱贫攻坚工作中，崆峒区交通运输局坚决贯彻落实中央和省市区精准扶贫精准脱贫一系列决策部署，抢抓交通扶贫攻坚机遇，紧紧围绕改善贫困地区道路交通基础条件这一工作目标，以更大的决心、更高的标准、更实的举措，扎实落实交通支持扶贫攻坚各项工作任务。

崆峒区在交通扶贫工作中坚持干线和农村公路齐抓，建设、养护和管理并举，全区交通基础设施建设条件得到明显改善，特别是农村公路建设实现了提质增速：坚持交通先行的发展思路，加快推进产业路、资源路、旅游路等道路建设，实施窄路基路面农村公路合理加宽改造和危桥改造，修复水毁路面，不断巩固建制村通硬化路成果；结合实施乡村振兴战略和农村人居环境整治，有序推进自然村组道路建设；加强对已建成的农村道路、桥梁的监测和巡查，完善配套公路标志标线和安全服务设施，提高农村公路行车安全系数。区交通运输局不断进取以治理消除乡道及以上行政等级公路安全隐患，实现全区农村公路路况良好稳定。截至 2019 年 10 月，崆峒区全区 252 个行政村通沥青（水泥）硬化路通畅率达到 100%、105 个贫困村村内道路硬化和砂化率达到 100%、行政村通客运班车率达到 100%，交通基础

① 戴东昌：《确保打赢交通扶贫脱贫攻坚战》，《行政管理改革》2016 年第 4 期。
② 交通运输部等编：《交通运输大事记：1949—2019》，人民出版社 2021 年版，第 142 页。

设施的建设有力助推了全区精准扶贫精准脱贫。

（一）坚持交通先行，加快农村路网建设

崆峒区坚持把加强交通基础设施建设作为改善贫困社区、脱贫攻坚的基础性和先导性工作来抓，始终按照"五个优先"思路，即优先考虑贫困乡村交通条件改善，优先支持人口密集、辐射面广、带动能力强的开发路、致富路，优先支持农村公路通畅工程、农村客运站点建设和城市公交向乡村延伸，优先支持出境路、打通"断头路"，优先支持现代物流和文化旅游业发展的交通道路建设。截至 2019 年 10 月，全区累计完成通村沥青（水泥）硬化路 1067 公里，社道砂化路 831 公里，对具备通农用机动车条件的村组道路全部进行了砂化，实施安全生命防护工程 1023 公里。全区通客运班车的行政村达到 241 个，建成贫困村停靠点 105 个，建立城区及乡镇物流节点 19 个。通过一系列的建设改造，崆峒区全区农村道路通行条件进一步改善，从泾河两岸到南北二塬，硬化路内接外联，顺畅快捷，过去"晴天一身土、雨天满腿泥"的道路通行环境得到彻底改变。全区交通运输基础条件的改善，有效助推了农业增产和农民增收，增强了城乡互动，缩小了城乡差距，加快了城乡一体化进程，优化了农村居住和出行环境，带动了红牛养殖、苹果种植和农村电商、乡村旅游等特色产业发展，为群众打开了脱贫致富奔小康的大门，为崆峒区实施乡村振兴战略提供了坚实的交通支撑。

（二）推动机制创新，提升道路建管水平

农村公路是广大群众生产生活的"生命线"和"致富线"，建设质量差不得，建设速度慢不得。崆峒区在交通扶贫工作中不断创新方式方法，提升管理效率，完善质量控制体系，追求便民惠民实效，有效解决了农村公路建设过程中存在的种种矛盾和问题，促进了农村社区公路建设由粗放型向质量效益型的转变，具体举措

如下：

1. 创新建设机制

为充分调动乡村两级修建"致富路""产业路"的积极性，崆峒区创造性地推行了"区抓质量进度、乡镇组织实施、村社群众监督"的"三级同抓"建管模式，将通畅工程建设主体由交通部门转变为各乡镇。这一模式的实行，使交通部门从实施项目的具体事务中解脱出来，能腾出更多的精力和时间抓好涉及全局的工作，也调动了乡村两级的建设积极性和受益区群众建路护路的热情，有效解决了阻工现象和监督难等问题，促进了项目质量和进度。

2. 多方整合资金

农村公路工程省补资金虽然逐年增加，但随着原材料、人工价格的上涨，资金缺口仍然是道路建设的最大障碍。崆峒区交通运输局在用足用好国省项目建设资金的同时，积极整合以工代赈、整村推进、"一事一议"财政奖补、"两个共同"等项目资金，有效缓解了农村公路建设资金短缺的问题。同时，积极推行以政府投资为主，群众投资投劳、社会捐资相结合的资金筹措方式，补充了资金缺口。

3. 强化质量监管

交通扶贫工作中，崆峒区交通运输局始终把质量作为农村公路建设的"生命线"，严格招标程序，选择资质优、技术力量雄厚、信誉好的施工队伍参与项目建设。严抓过程监管，项目实行周报告、旬调度、月总结制度，定期召开现场调度会，及时发现问题，及时推动整改。严格监管责任，崆峒区采取班子成员包抓重点项目的工作机制，从项目谋划、开工、建设到验收全过程跟进，开展经常性督查指导，有效保证了农村公路的建设质量。

（三）完善客运网络，保障安全便捷出行

崆峒区始终坚持"路修到哪里，客运站点就建到哪里"的目标，在加快道路建设的同时，努力打造"班车到村、安全便捷"的客运网络。截至 2019 年 10 月，共建成乡镇客运站 14 个，行政村停靠站 34 个，村社停靠亭 401 个。基本形成了以城区为中心，乡镇为节点，村社站场为依托的覆盖全区的客运网络体系，较好地解决了贫困乡村群众出行难的问题。客运网络体系的建设整合了运力资源，由一家公司统一经营所有乡镇 49 条城乡公交线路，减少了经营矛盾，提高了服务质量；拓展了城市公交线路，共许可 7 条城市公交线路延伸至周边乡镇，实现了一票直达、中心城区与周边乡镇零换乘；增强了运营灵活性，推广了极偏远村社公交预约服务，结合乡情民意，加开了学生上学放学班次、集市和节假日班次，满足了农村群众差异化需求，提高了乡村班车载客率。

二、推进电力扶贫，"电亮" 扶贫发展之光

崆峒区在大力发展交通运输助推打赢脱贫攻坚战役的同时，不断推进电力扶贫工作，保障农村社区电力供应，加快推进农村电网改造升级，着力提升供电服务质量效率，为崆峒区精准扶贫精准脱贫工作提供充足能源动力。

电力网络的改造升级对扶贫产业的落地运营有着至关重要的影响，关系着脱贫攻坚工作的成效。

崆峒区在电力扶贫工作中适应农村社区扶贫发展道路上快速增长的用电需求，以建档立卡贫困村为重点，加快农村电网改造升级和增压扩容，实施自然村动力电扩容增压改造工程，推进农村电网升级改造工程，全面提升电力服务水平，切实解决农村生产生活用电"卡脖子"问题，解决贫困村发展动力电问题，"电亮"扶贫发展希望之光。

针对部分自然村供电电压低、供电能力不足、可靠性差、网架不合理等问题，2013 年至 2019 年，崆峒区通过工程配套、改造、升级、联网等方式，先后整合农网改造、低电压治理、新增农网、东西

帮扶工程等项目，投资 1.28 亿元，实施了自然村动力电覆盖工程，累计新建、改造配变电设施 335 台，容量 54205 千伏安，0.4 千伏线路 889.39 公里，10 千伏线路 10.1 公里，改造户表 25448 户。截至 2019 年 10 月，全区确定的 105 个贫困村 486 个自然村动力电实现全覆盖。

通过动力电覆盖工程的实施，崆峒区解决了贫困村低电压、网架不合理、动力电不足等问题，有效改善了贫困地区生产生活用电条件，进一步提升了电网供电能力，优化了电网结构，供电半径更趋合理，线路设备承载能力增强，为贫困社区提高了供电能力和电能质量，满足农村社区用电快速增长需要，为农村社区的整体脱贫致富提供了坚强的电力保障。

此外，崆峒区大力推进光伏扶贫项目，以发展农村新能源，增加贫困群众收入为目标，在西阳、峡门等 7 个乡镇建成联村光伏扶贫电站 7 座，扶持 51 个贫困村 293 户贫困户。通过设置公益岗位、开展公益事业以及设立奖补等形式，分配光伏扶贫收益，激发贫困户内生动力，为脱贫工作长效稳定推行提供了强有力的支持。

三、着力网络扶贫，织信息网助减贫

互联网新兴技术的迅猛发展为精准扶贫精准脱贫工作的开展带来了新的重要契机，在脱贫攻坚工作中担当着日益重要的角色。2015 年 11 月，中共中央、国务院颁布的《中共中央国务院关于打赢脱贫攻坚战的决定》中明确指出，要加大互联网扶贫力度，在网络设施、移动终端、信息内容、电商平台、公共服务等五个方面进行了系统的部署，充分动员社会各界力量以多种形式和手段进行扶贫模式探索与创新。[①] 2016 年 10 月，中央网信办、国家发展改革委、国务院扶贫

---

① 孙久文：《网络扶贫为农民"拔穷根"》，《人民论坛》2017 年第 2 期。

办联合发布的《网络扶贫行动计划》中提出要实施五大工程，即"网络覆盖工程、农村电商工程、网络扶智工程、信息服务工程、网络公益工程"，建立起网络扶贫信息服务体系，实现网络覆盖、信息覆盖、服务覆盖。网络扶贫模式的出现，成为解决精准扶贫中所遇困难的强有力工具，[1] 为缩小城乡数字鸿沟，增强农村贫困社区脱贫致富内生动力，促进脱贫摘帽的长效稳定可持续打下了坚实基础。

崆峒区在精准扶贫精准脱贫工作中依照"武装脑袋、丰富口袋；贴近实际、补齐短板；系统部署、多措并举；统筹协调、形成合力"的工作基本原则，着力推进网络扶贫，大力发展互联网信息技术，加大对贫困社区通信基础设施建设和维护，解决了部分地区无线信号较差的问题，保障了农村社区宽带基础设施建设，提高了贫困社区信息通信服务质量和水平，织就农村社区信息网，从而助推扶贫工作，促进社区内生发展。

崆峒区工业和信息化局在网络扶贫工作中积极与乡镇进行项目对接，切实了解群众实际需求，制定具体工作计划目标，及时向市工信委、区政府汇报协调，主动与中国电信平凉分公司、中国联通平凉分公司、中国移动平凉分公司协调对接，准确掌握全区通信和宽带网络建设情况。区工信局在摸清底数、掌握真实数据的基础上，实施光缆入乡、入村、入户工程，加强项目工程调度，做好协调服务。通过三大运营商的交叉覆盖，截至 2018 年年底，崆峒区 252 个行政村光纤通村或 3G、4G 无线网络覆盖已实现全覆盖，覆盖达到 100%；其中 105 个贫困村光纤通村或 3G、4G 无线网络覆盖率达 100%。此外，崆峒区还大力实施广播电视基础设施建设和广播电视节目数字化覆盖工程，在全区实现电视"村村通""户户通"，覆盖率达到 94%，贫困户覆盖率达到 100%。

---

① 孙久文：《网络扶贫为农民"拔穷根"》，《人民论坛》2017 年第 2 期。

第三节　弱有所依：健全优化
社会保障体系框架

社会保障体系在促进国家收入再分配当中是最为重要的工具，通过对社会不同阶层收入的重新分配，社会保障制度在缓解贫困方面作用重大。[①] 在社会保障制度发展史中具有里程碑意义的《贝弗里奇报告——社会保险和相关服务》中曾提出，"摆脱贫困之路"应首先改进国家的社会保险制度，其次应给予相应的社会救助措施。[②] 依据社会保障制度的反贫困效应研究，社会保险制度的预防性作用和社会救助的兜底作用，两者缺一不可。

习近平总书记在党的十九大报告中明确提出："按照兜底线、织密网、建机制的要求，全面建成覆盖全民、城乡统筹、权责清晰、保障适度、可持续的多层次社会保障体系。"[③] 为了准确把握习近平总书记关于低保政策的基本要求和丰富内涵，认真完成报告提出的目标任务，甘肃省委、省政府"两办"印发了《脱贫攻坚冲刺清零六个筛查工作方案》，其中之一就是《兜底保障冲刺清零筛查工作方案》。为指导全省准确把握兜底保障相关政策规定，扎实开展兜底保障冲刺清零筛查工作，省民政厅编印了《全省兜底保障冲刺清零筛查工作指导手册》。崆峒区按照上述低保政策的要求，逐项、逐人、逐户、逐村、逐乡扎实开展兜底保障冲刺清零筛查工作，做到应兜尽兜、应

---

① 杨宜勇、张强：《我国社会保障制度反贫效应研究——基于全国省际面板数据的分析》，《经济学动态》2016 年第 6 期。

② 杨宜勇、张强：《我国社会保障制度反贫效应研究——基于全国省际面板数据的分析》，《经济学动态》2016 年第 6 期。

③ 《决胜全面建成小康社会　夺取新时代中国特色社会主义伟大胜利——在中国共产党第十九次全国代表大会上的报告》，《人民日报》2017 年 10 月 28 日。

保尽保、应退即退，确保不漏保、不错保一户一人，全力兜住兜牢困难群众基本生活的底线，做到弱有所依，为健全和优化社会保障体系付出了巨大的努力。崆峒区通过实施"3+3"冲刺清零行动，切实解决了全区脱贫攻坚纵深推进中遇到的一些难点和瓶颈问题，巩固提升了脱贫摘帽成果，确保了贫困群众稳定脱贫不返贫。

一、落实普惠：保障困难群众有效应对社会风险

崆峒区政府紧盯"两不愁三保障"突出问题，积极落实教育、医疗、救助等普惠政策，健全城乡低保、大病医疗救助等制度，做到应扶尽扶，应保尽保，不断提升社会保障水平，有效帮助困难群众应对社会风险。

（一）社会风险的内涵

德国社会学家贝克（Ulrich Beck）和英国社会学家吉登斯（Anthony Giddens）在其现代性危机的反思中告诫人们，随着现代技术和制度的发展，人类正进入一个前所未有的风险社会。① 可以认为，社会风险，是危及社会稳定、社会秩序和导致社会冲突的可能性及各类相关因素的总和。② 按照吉登斯所述，社会风险可以分为内部风险和外部风险。外部风险是指来自外部的、由传统和自然的不变性和固定性所带来的风险，如各种灾害等；内部风险是指由于人们不断增长的知识，在没有任何历史经验的情况下所制造出来的风险，如全球变暖等。③ 无论是哪一种社会风险，都会对人们造成一定的社会伤害。而当下的中国社会正面临一系列风险挑战，无论是在宏观的制度结构，

---

① 梁波：《中国社会风险变迁与民生建设的回应》，《探索与争鸣》2019 年第 6 期。
② 胡洪彬：《化解社会风险：新中国成立 70 年来的历程、经验与启示》，《求实》2019 年第 4 期。
③ 白维军：《精准扶贫的风险识别与治理》，《社会科学辑刊》2018 年第 3 期。

还是微观的生活层面。

20 世纪 80 年代，随着改革开放这一重大决策的提出，中国的社会经济面貌发生了翻天覆地的变化，也逐步迈入了市场化转型阶段。这一阶段主要以追求经济增长和效率为主要目标，社会发展获得了源源不断的动力。然而，在人民生活水平日益提高的同时，伴随着市场竞争意识的过度张扬和社会利益的分化，不同阶层之间的风险也出现了高度分化，尤其是底层社会群体抗风险能力逐渐弱化。可能的社会风险所造成的后果已成为威胁社会和谐稳定的因素。在新的发展环境下，贫困呈现多维性和复杂性的特点。在应对多维贫困的过程中，帮助贫困人口获得抵御社会风险的能力成为关键。①

2020 年，是中国全面打赢脱贫攻坚战，确保所有贫困地区和贫困人口一道迈入小康社会的一年。如何把握社会风险的内涵，帮助底层社会群体应对社会风险，保障其基本生活，实现全面建成小康社会的伟大目标已成为社会各界都需要共同努力和考虑的议题。

（二）形成和完善制度性的民生建设框架

面对"风险社会"这一复杂现实，崆峒区始终将脱贫攻坚作为最大的政治、最大的任务、最大的民生，全力以赴补齐短板弱项，用好各项政策，倾心尽力惠及民生，为贫困人口撑起"保障网"。崆峒区从体制与制度层面展开，加强社会保障制度的建构，覆盖受风险影响的贫困人口。

1. 完善社会救助体系，着力保障和改善民生

崆峒区民政局在脱贫攻坚工作中，认真贯彻落实国务院《社会救助暂行办法》和《甘肃省社会救助办法》，健全社会救助体系：一是低保救助。按照省市要求，及时提高城乡低保标准。既要"弱有所扶"，又要规范管理，健全低保动态核查机制，查处非法取得低保

---

① 张彦琛：《当代资本主义的福利治理与多维贫困》，《国外理论动态》2018 年第 5 期。

资格行为，推进低保规范化管理，打造"阳光低保"。二是灾害救助。加强对灾害救助资金管理的使用和监督，完善各级灾害救助应急预案，建设区级救灾物资储备库，规范避灾安置场所建设，加大综合减灾宣传，增强防灾减灾救灾能力。三是医、住、学救助。加大临时救助、医疗救助、慈善救助等工作力度。推进申请救助家庭经济状况核对工作的开展，按照有机制、有办法、有人员、有平台的"四有"要求，建立工作机制，推进部门间信息共享，完善救助对象的经济状况核对工作。四是特殊群体救助。抓好孤儿、困境儿童基本生活保障工作，做好全区孤儿动态管理、信息录入和核查、补助金发放工作；加大对重症精神病人医疗救助和流浪乞讨人员的救助力度，保护受助人员合法权益。区民政局积极协调，多方争取，努力做大慈善"蛋糕"，为贫困群众谋福利。

2. 提高补助标准，强化救助与扶贫政策衔接

崆峒区民政局致力于完善最低生活保障、特困人员供养、医疗救助、临时救助等保障性扶贫政策，拓展政策衔接范围，提高发放标准，建立信息比对机制，将建档立卡贫困户中符合条件的对象随时纳入农村低保范围，低保政策与"渐退帮扶"、医疗救助、临时救助政策做到了有效衔接、实现了无缝对接。为了贯彻落实国家、省、市关于做好农村最低生活保障制度与扶贫开发政策有效衔接的文件精神，区民政局下发了《全区农村低保专项治理实施方案的通知》（区民发〔2018〕16 号）、《关于进一步加强建档立卡贫困人口医疗救助工作的通知》（区民发〔2018〕5 号）、《关于转发平凉市民政局平凉市财政局〈关于进一步加强和完善临时救助工作的实施意见〉的通知》（区民发〔2018〕99 号），切实加强低保与扶贫开发政策在政策、对象、标准等方面的衔接。

崆峒区民政局加强低保对象与扶贫对象核查工作，全面推行低保线与扶贫线"两线合一"，全力解决低保、五保、残疾、重病等重点人群生活保障问题，将所有符合条件的贫困家庭全部纳入低保，农村

一二类低保补助标准分别提高到每人每年 4020 元、3816 元，农村五保集中供养、分散供养补助标准分别提高到每人每年 7020 元、5280元，做到了应保尽保；对重度残疾人和农村五保供养人员，由区财政全额代缴养老保险费，贫困人口养老保险参保率达到 100%。同时，区民政局结合扶贫领域涉作风和腐败问题专项治理工作，按照"3+1"测评办法进行评定，共清理退出农村一二类低保对象 1640人，坚决做到救助对象有进有出、应保尽保、应扶尽扶。崆峒区符合参保条件人数达到 37725 人，代缴 30009 人，发放 7716 人，代缴率、发放率均达到 100%，实现了基本养老保险全覆盖，城乡居民基本养老保险扶贫政策全面落实到位，有效解决了贫困人口的后顾之忧，为脱贫奔小康、建设新农村和精准扶贫工作奠定了坚实基础。

3. 加大工作力度，促进社保扶贫广覆盖

崆峒区人力资源和社会保障局在脱贫攻坚中，实施了一系列举措落实社保扶贫工作：

（1）抓组织领导促覆盖。为了全面推进城乡居民基本养老保险扶贫工作，区、乡镇、村分别成立由主要领导任组长的工作领导小组，组建三级组织网络，实行一把手负责制和一线工作制；制定工作方案和行事历，印发《关于进一步做好城乡居民基本养老保险扶贫工作的通知》；严格实行政府推动、部门联动、典型带动、考核促动工作机制，确保组织机构、办公场所、经办人员、工作经费、办公设备、工作职责"六到位"，形成横向到边、纵向到底、不留空白的工作网络，有效推进了城乡居民基本养老保险扶贫工作进展。

（2）抓宣传培训促覆盖。崆峒区长期采取"入户宣传、阵地宣传、媒体宣传"三管齐下的全方位宣传模式，充分利用网络、报纸、"崆峒社保"微信公众号、业务交流 QQ 群等途径，广泛宣传社保扶贫政策，累计印发宣传资料 30 余万份。经过全方位、深层次、广范围宣传，使贫困人员对社保扶贫政策明明白白、清清楚楚，吸引贫困人员积极主动参保缴费。组织工作人员对全区农商行 41 个代办网点、乡镇、村社200多名经办人员定期进行集中培训，系统学习扶贫政策、信息系统操作、业务经办等知识，一对一指导实践，进一步提高了业务人员政策理论水平和经办服务能力。

（3）抓部门联动促覆盖。崆峒区积极衔接财政、公安、教育、卫健、民政、扶贫、乡镇等相关部门，强化沟通协调，建立信息共享机制，定期比对、及时更新精准扶贫管理系统、城乡居民基本养老保险管理信息系统和人社部扶贫信息平台数据，做到底子清、情况明，织密扎牢社保扶贫保障网。按照建档立卡贫困人员"不漏一人、不错一人"的原则，及时准确地代缴保险费、发放养老金。自2011年10月以来，累计为5.3万名待遇享受人员发放养老金4.1亿元，真正把党的扶贫政策落到实处，确保城乡居民基本生活不下降，长远生计有保障。

（4）抓信息核实促覆盖。崆峒区对城乡居民基本养老保险系统、精准扶贫系统、人社部扶贫信息平台中建档立卡贫困人口、农村一二类低保、重度残疾、五保户和计划生育"两户"人员信息数据定期进行比对核实，对疑似信息，采取村社摸底、乡镇初审、部门（财政、扶贫、民政、残联、计生）认定、人社复核的经办模式，逐人逐项一一甄别，确保扶贫政策精准落实到位。崆峒区经过6次修正，为建档立卡贫困人员、农村一二类低保、重度残疾及五保户33815人代缴保险费338.15万元，为计划生育"两户"家庭2676人代缴保险费8.028万元。针对全区农村3万多困难人员因身份证照片不符合制卡要求，导致个人信息无法采集，不能制发社保卡的问题，崆峒区积极筹措经费，投入近20万元上门为困难人员采集照片信息。

（5）抓动态管理促覆盖。崆峒区重点对建档立卡贫困人员中即将或已满16周岁的在校学生、服役军人、农民工、服刑人员、企业职工基本养老保险参保人员动向予以关注，做好动态跟踪管理服务，紧盯大中专院校和初高中学生"毕业季"、军人"退役月"、春节"返乡季"等关键时间节点，及时通过代缴等方式将符合参保条件的建档立卡贫困人员纳入城乡居民基本养老保险覆盖范围，做到"应参尽参、应保尽保、应代尽代、应发尽发"，真正实现全覆盖。

（6）抓队伍建设促覆盖。全区加强区、乡镇、村三级社保服务平台建设；开展"解民忧转作风"专项行动，落实"四减一加"，减流程、减表格、减材料、减跑腿，在在线服务上做加法，切实解决服务群众堵点问题；强化小窗口、大服务，小环境、大职能，小角色、大奉献"三小三大"服务意识；推行一体化管理、一网化运行、一站式办公、一条龙服务、一次性办结"五个一"服务模式；按照"数据向上集中，服务向下延伸"的原则，纵向实现省、市、区、乡镇四级联通的信息网络平台，横向实现人社、财政、税务与金融代办机构联网，真正实现"让数据多跑路，群众少跑腿"的目标，为贫困人口提供便捷、优质、高效的经办服务。

（7）抓督查调度促覆盖。崆峒区城乡居民基本养老保险扶贫工作严格实行周评比、月调度、季考核制度和一通报、二约谈、三问责机制。崆峒区城乡居民基本养老保险扶贫工作领导小组定期不定期深入乡镇、村社、贫困户家中督查检查，及时协调解决工作中存在的问题，严防"数字脱贫、虚假脱贫"，坚决杜绝"假核实、假数据、假参保、假代缴、假发放"，确保城乡居民基本养老保险扶贫政策落实到位。

二、聚焦特惠：以特殊困难人群为脱贫攻坚重点

崆峒区将贫困老年人、留守儿童、残疾人等特殊群体作为脱贫攻坚重点，及时将建档立卡贫困残疾人家庭中主要成员重度残疾、缺失劳动力、基本没有收入来源的纳入农村低保和城乡医疗救助范围。对符合条件的因病、因学等支出型困难家庭及时纳入救助范围，做到应保尽保、应救尽救。因地制宜开展特殊贫困人口集中照料和集中供养，试行政府购买服务，推广邻里照料、互助养老，鼓励通过社会捐

赠等方式设立孝善基金，落实家庭监护照料、赡养等法定义务。完善贫困残疾人关爱服务体系，进一步健全困难残疾人生活补贴和重度残疾人护理补贴制度。崆峒区持续提高社会保障水平，兜底保障特殊困难人群基本生活，使特殊困难人群实现政策性脱贫。

（一）织密织牢贫困老年人社会福利保障网

2016 年 5 月 27 日，习近平总书记在主持中共中央政治局就我国人口老龄化的形势和对策举行的第三十二次集体学习时指出，人口老龄化是世界性问题，对人类社会产生的影响是深刻持久的。我国是世界上人口老龄化程度比较高的国家之一，老年人口数量最多，老龄化速度最快，应对人口老龄化任务最重。满足数量庞大的老年群众多方面需求、妥善解决人口老龄化带来的社会问题，事关国家发展全局，事关百姓福祉，需要我们下大气力来应对。他强调，要完善老年人权益保障法的配套政策法规，统筹好生育、就业、退休、养老等政策。要完善养老和医疗保险制度，落实支持养老服务业发展、促进医疗卫生和养老服务融合发展的政策措施。要建立老年人状况统计调查和发布制度、相关保险和福利及救助相衔接的长期照护保障制度、老年人监护制度、养老机构分类管理制度，制定家庭养老支持政策、农村留守老人关爱服务政策、扶助老年人慈善支持政策、为老服务人才激励政策，促进各种政策制度衔接，增强政策合力。[①]

针对贫困老年人的精准扶贫，一方面可以帮助老年人脱离困境，实现老有所养；另一方面也是我国衡量精准扶贫成效的重要环节。按照省、市两级人民政府《关于建立经济困难老人补贴制度》的要求，崆峒区民政局每年对全区 60 岁以上老人进行摸底，为符合条件的困难老人按照每人每月 100 元的标准发放补贴，并为老年人免费办理老

---

① 《习近平在中共中央政治局第三十二次集体学习时强调 党委领导政府主导社会参与全民行动 推动老龄事业全面协调可持续发展》，《人民日报》2016 年 5 月 29 日。

年证、发放居家养老服务代金券和"一键通"老年机。结合养老服务业供给侧结构性改革的要求，崆峒区积极做大居家养老，规范提高居家养老信息服务平台建设运营水平，引入专业服务团队负责运营管理居家养老服务平台，先行在城区内进行试点，围绕建立"15 分钟养老服务圈"，对城区 138 名三无老人、贫困老人和空巢独居老人，由政府出资每月购买 100 元居家养老社会服务项目，优先保证政府"兜底"的保障对象的服务需求。另外，崆峒区也大力开展敬老院和社区老年人日间照料中心的建设项目。

（二）织密织牢农村留守儿童社会福利保障网

崆峒区认真贯彻落实党的十九大提出的关于保障儿童合法权益、健全农村留守儿童关爱服务体系的决策部署，以促进儿童全面发展为根本，以依法保护农村留守儿童和困境儿童合法权益为目标，以加强制度保障、健全组织领导和运行机制、完善服务体系为主要内容，全面落实社会救助、社会福利和社会保障等关爱保护措施，建立健全政府主导、民政牵头、部门协作、社会参与的关爱保护机制，为留守儿童营造了良好的成长环境。

根据学者研究，农村留守儿童面临的社会风险中，发生频率最高的是教育失效风险、交往不足风险、环境不良风险、心理亚健康风险和身体亚健康风险。[①] 针对全区留守儿童的风险管理工作，崆峒区成立了区、乡、村三级关爱留守儿童工作领导组织，区民政局和区综治办、区公安局等 8 个部门联合出台了《平凉市崆峒区农村留守儿童"合力监护、相伴成长"关爱保护专项行动实施方案》，成立了区级农村留守儿童"合力监护、相伴成长"关爱保护专项行动领导小组，切实保障了农村留守儿童的各项权益。按照上级民政部门要求，将

---

① 戴建兵：《农村留守儿童多维风险评估与干预——基于风险的社会放大理论框架》，《西北农林科技大学学报（社会科学版）》2017 年第 6 期。

1205 条留守儿童台账信息全部录入全国农村留守儿童和困境儿童信息系统，和监护人签订农村留守儿童监护责任确认书和监护协议，落实监护责任。另外，崆峒区及时足额发放孤儿生活补助资金，为 62 名孤儿发放生活费 35.7 万元。

（三）织密织牢残疾人社会福利保障网

残疾人扶贫是整个社会"精准扶贫"框架下的有机组成部分，是国家扶贫政策大背景下的重要内容。绝大多数贫困残疾人生活在欠发达地区的农村社区，对贫困农村社区残疾人精准扶贫，推动贫困农村社区发展，是国家战略与制度、政策的具体体现。[1] 2014 年至 2018 年，崆峒区累计减贫 1.1 万户 4.55 万人，其中残疾人累计脱贫 1329 人。全区共有 1311 名建档立卡贫困残疾人实现稳定脱贫，占到建档立卡贫困残疾人的 76.2%。

崆峒区残疾人联合会（以下简称"区残联"）在积极争取和相关职能部门的大力配合下，全力落实建档立卡贫困残疾人的各项优惠政策。第一，全力完善残疾人"两项补贴"制度。区残联积极与民政部门配合，全力落实残疾人"两项补贴"政策，并从 2018 年开始，将三类低保残疾人纳入特困残疾人生活补贴发放范围，发放标准为每人每月 40 元。截至 2019 年 10 月，全区共有 5691 名残疾人享受残疾人"两项补贴"，其中享受重度残疾人护理补贴共 4216 人；享受特困残疾人生活补贴共 3458 人；同时享受两项补贴 1967 人。第二，全面落实残疾学生就学资助政策。区残联按学年开展残疾人摸底，每年为约 15 名学前教育阶段、228 名医务教育阶段、22 名高中阶段残疾学生和 12 名高考录取大学生发放助学金 20.3 万元。第三，提高城乡重度残疾人医保住院报销比例。经与崆峒区人力资源与社会保障局

---

[1] 周沛：《"+康复"残疾人精准扶贫模式及其运作路径研究——基于协同治理视角》，《社会科学研究》2017 年第 3 期。

协调，从 2018 年 8 月起，城乡持证重度残疾人医保住院报销比例，由以前住院报销比例比健全人高 5%，提高到比健全人高 10%。第四，全力落实 70 岁以上残疾人生活补贴政策。从 2016 年开始，对全区约 1164 名 70 岁以上残疾人按每月 60 元标准，每年发放生活补贴约 83 万元。第五，全力落实重度残疾人养老保险、医疗保险代缴制度。按照政策规定，每年度为约 1964 名一二级重度残疾人代缴新农合参保费和养老保险费。第六，建立重度残疾人家庭用水、用电、用暖补贴制度。从 2019 年开始，在全区城乡范围内，对持一二级重度残疾人证的残疾人人均每月补贴 10 元的家庭用水、用电、用暖资金。

三、创新模式：助力建成多层次社会保障体系

在脱贫攻坚战役中，为全面建成覆盖全民、城乡统筹、权责清晰、保障适度、可持续的多层次社会保障体系，崆峒区不断加强社会保障体系建设，牢牢把握"脱贫攻坚贵在精准，重在精准，成败之举在于精准"的要求，严格把好入口关、动态调整关和退出关，因村因户施策，保证脱贫工作务实、扎实、有成效。在此基础上，崆峒区民政局按照低保政策的要求，通过政府购买社会服务的方式，以竞争性招标遴选甘肃慧谷科技咨询有限公司（以下简称"慧谷咨询"），实施了"崆峒区四十里铺镇嵋岘村农村低保精准识别和认定示范项目"。慧谷咨询团队邀请在"精准扶贫"和低保工作方面经验非常丰富的兰州大学资源环境学院博士生导师丁文广教授为专家，带领 11 人团队，于 2019 年 6 月 10 日至 2019 年 7 月 11 日，实施了低保精准认定识别试点工作，成功创建了"6123"低保认定新模式。

"6123"中"6"代表"六位一体"，即县（区）民政局、乡镇政府、村委会、第三方评估机构、妇女评议小组和参与式民主评议小组；"12"代表低保评估的 12 个流程；"3"代表给低保申请户和村民赋予三项基本权利：知情权、抱怨申诉权和评议权。

"六位一体"是在村委会、乡镇政府和县（区）民政局的基础上，增加了第三方评估机构、妇女评估小组和参与式民主评议小组。有经验的第三方评估机构的介入，可有效规避"人情保""关系保"等低保认定中出现的问题，而且通过低保认定前的政策宣传、解读及入户访谈，让有意愿申请低保的农户充分了解低保政策及申请程序，给村民充分的知情权。妇女评估小组是低保认定中的一个新的评议群体。因农村人口结构发生的重大变化，青壮年劳动力外出打工，妇女是留守群体中的中坚力量，而且妇女因心细、观察力强等特点，对全村的基本情况比较了解，包括熟悉每家每户的生活变迁和收入变化，为低保认定提供了有力补充。此外，第三方评估小组将妇女评估小组作为低保认定动态管理的一个载体，对她们进行低保认定政策的培训和辅导后，让妇女实时跟进低保群体的动态信息，并对新申请者进行初步评议，与第三方评估机构保持常态化联系。参与式民主背靠背评估方式，既为低保申请户提供了评议权，而且能够显著减少村民的抱怨情绪。因此，"六位一体"有效弥补了原有评估主体的不足。

"12个评估流程"包括：（1）召开村民动员大会；（2）接受低保申请材料；（3）召开妇女小组评议会；（4）对原低保户进行入户核查；（5）利用参与式分组民主评议认定低保对象；（6）对低保申请户进行入户核查；（7）第三方综合评议；（8）与村委确认第三方评估结果；（9）向区民政局和镇政府反馈低保认定名单；（10）第三方对评估的低保户进行信息核查；（11）村委会与镇政府先后审核并公示；（12）评估团队对低保对象进行"动态管理"。

"三项权利"包括知情权、抱怨申诉权和评议权。在嵋岘村的试点项目中，给低保申请户和村民赋予这三项权利的结果远远超出了预期效果。知情权不仅使低保申请户了解了低保政策、申请程序，而且显著减少了村民的抱怨。抱怨申诉权是低保认定过程中的一个创新。嵋岘村建立了由村—乡镇政府—县（区）民政局—第三方评估机构的逐级抱怨申诉机制，而且在村民动员大会上详细介绍了抱怨申诉机制，并公示了处理抱怨申诉的联系人的手机号和处理程序，这一创新得到了老百姓的普遍好评。试点经验表明，抱怨申诉机制的建立，将村民上访的几率减少到了最低限度，充分发挥了第三方的缓冲作用，提高了政府的公信力。试点结果表明，"6123"模式得到了地方政府部门和村民的普遍好评，而且操作简单，评议结果可靠真实，弥补了传统模式的不足，为当代农村社会治理提供了一个可借鉴的机制。

崆峒区民政局勇于创新，积极落实党的十九大关于政府购买社会服务的精神及低保兜底清零的政策，通过购买有经验的第三方服务机构，通过合作成功探索出的低保认定"6123"模式既解决了低保认定工作中人力资源不足的问题，又实现了低保认定的目标，是"兜底线、织密网、建机制"的一种成功试点，是以社区为本，为全面建成多层次社会保障体系进行的一次有益探索，也为新时期农村社会治理模式提供了很好的参考，具有示范推广价值。

第四节　综合发力：臻善多元主体
社区服务网络格局

社区，作为个体与环境互动的载体，常常用作公共服务推展的基本平台。杰曼（Carel B. Germain）和吉特曼（Alex Gitterman）提出，人们会寻找可以用来应对问题的措施和帮助自己所需要的资源。这些资源不仅指外在环境，如衣食住行和社会支持网络及人际氛围等，也包括个体内在应对困难的资源，如自我效能感、自我价值感等。[1] 社区，既是人们聚居生活的地方，也是解决社会问题、调节和处理社会

---

① 徐文艳等：《"社区为本"的综合社会服务：灾后重建中的社会工作实务》，《西北师大学报（社会科学版）》2009年第3期。

矛盾的场域。以社区为本提供公共服务，既能帮助社区成员培育积极的社会资源，也能够为他们解决实际问题，满足社区成员不同层面的需求。当然，仅依靠政府提供公共服务是远远不够的，不仅内容有限而且会给政府带来巨大压力。而社区成员多样化的需求则要求多元主体共同参与，综合发力。因此，崆峒区鼓励、支持多元主体为贫困群体开展社区公共服务，积极参与脱贫攻坚工作。这一举措有利于帮助困难群众解决基本需求和改善生活，有利于创新和完善人人皆愿为、人人皆可为、人人都能为的社会扶贫参与机制，形成多元主体协同推进的大扶贫格局，助推崆峒区实现脱贫摘帽，率先全面建成小康社会。

一、四位一体：多元主体参与社区服务的结构探索

福利三角理论认为，一个社会的整体福利是由国家、市场和社会共同提供。之后，由于社会中非营利机构等也在提供福利，志愿部门因此被加入了福利架构之中，福利多元主义（welfare pluralism）的基本分析框架由此形成。[1] 福利多元主义主张福利来源的多元化，认为政府不应是提供福利的唯一来源，除政府部门以外，非营利部门、商业部门和非正式部门都应是福利的提供方，在多部门的参与下，实现由福利国家向福利社会的转型。[2] 随着社会的不断发展与转向，福利主义的内涵也愈加丰富。

改革开放以来，随着经济体制转轨和社会结构转型，我国的社会治理格局由"单位制"转向"社区制"。这一转变也促使我国的社会福利制度从国家中心主义转向福利多元主义模式。同时转变的还有作为社会福利重要组成部分的社区服务，由传统的政府一元主体的供给

---

[1] 彭青云：《多元主体视角下社区居家养老服务路径探索》，《浙江工商大学学报》2019年第3期。
[2] 陈雅丽：《分散与整合：社区服务多元主体的互动关系研究》，《求实》2016年第3期。

方式变成多主体共同参与的合作供给方式。① 基于此，多元主体在参与社区服务的过程中，互相之间如何实现良性互动与功能整合，在很大程度上决定了社区服务能够达到何种质量和效率。总的来看，学界普遍认为，社区服务的效果取决于多元主体之间的互动与整合水平。只有各部门间合理分工、有效沟通、相互合作，才能构成一个立体高效的福利服务供给网络，为社区居民提供"无缝隙的服务"。②

那么，依据福利多元主义理论，崆峒区在社区服务当中，可概括为：福利供给主体由"政府—社会组织—企业—家庭"四个角色共同承担。福利四角构成了崆峒区"四位一体"的社区服务模式。

二、合力互补：多元主体协同构建社区服务的关键路径

（一）发挥政府主导功能，确保服务方向

20 世纪 70 年代，西方社会面临政府和市场的"双重失灵"，开始倡导"重塑政府"，即将企业管理经验引入政府中来。政府在进行社会治理和宏观调控时，要让社会力量充分参与公共服务的提供，建立以政府为主导，多主体协作的公共服务供给模式。③ 因此，政府在社区公共服务供给的环节中主要扮演规划者、购买者和监督者的角色。④ 在服务生产和具体运营中都要允许服务提供者有创新服务的合理空间，以促进社区公共服务更好地发展。在这个过程中，政府职能应从领导者的角色向服务者转型。同时，政府应完善相关法律法规，

---

① 陈雅丽：《分散与整合：社区服务多元主体的互动关系研究》，《求实》2016 年第 3 期。
② 陈雅丽：《分散与整合：社区服务多元主体的互动关系研究》，《求实》2016 年第 3 期。
③ 林士俊、张薇：《农村社区公共服务合作供给机制创新研究——以西北民族地区为例》，《湖北民族学院学报（哲学社会科学版）》2019 年第 1 期。
④ 彭青云：《多元主体视角下社区居家养老服务路径探索》，《浙江工商大学学报》2019 年第 3 期。

监督和评估服务执行，为社区公共服务的提供引导正确方向，保障服务质量。

1. 加大宣传力度，鼓励引导其他主体参与脱贫攻坚工作

崆峒区工商联、工商局、民政局等部门将中央和省、市、区开展脱贫攻坚工作情况向工商企业、社会组织进行宣传，鼓励、引导工商企业、社会组织承担社会责任，积极参与扶贫开发，充分发挥其在资金、技术、市场、管理等方面的优势，通过资源开发、产业培育、市场开拓、村企共建、培训技能、吸纳就业、捐赠捐助等多种形式，投身到脱贫攻坚工作中来，以实际行动回报社会和人民。重点带动结对帮扶村的经济发展，解决贫困群众生产生活中的实际困难和问题，帮助他们脱贫致富，实现先富帮后富、共同奔小康的目标。

2. 深入调查研究，制定切实可行的帮扶计划和帮扶措施

在深入推进社会帮扶过程中，崆峒区工商联、工商局、民政局等部门主动作为，对工商企业、社会组织开展帮扶工作进行指导，带领工商企业、社会组织进村入户，深入扎实地开展调研，摸清帮扶村底子，分析致贫原因，根据贫困村、贫困户的实际情况，制定具体帮扶计划、帮扶措施和年度目标任务。在帮扶项目上，结合企业实际和当地产业发展情况，以村为单位，做到贫困村的致富项目与本地发展培育主导产业相结合，与企业经营产品相关联，使结对帮扶村能够在产业和企业的带动下长期受益，步入良性循环发展轨道。在贫困户的帮扶上，具有针对性和可操作性，对于因学、因病、因灾等因素致贫的贫困户，重点从资金方面给予支持，帮助他们渡过难关；对于家庭劳动力富余、无支柱产业的贫困户，从技能培训、吸纳就业和产业培育上进行重点帮扶。

（二）施展社会组织专业特长，提升服务品质

社会组织在提供专业化服务时，应充分评估社区成员的需求，并根据服务对象的不同状态提供和改善相应服务。另外，社会组织应充当政府与社区之间的中介与桥梁，并以其专业性提高两者之间的沟通效率。社会组织扮演着资源链接者和协调者的角色，在此过程中，促进社区服务管理向精细化、专业化、标准化迈进，从而有效补充服务的不足，提升服务的品质。① 更重要的是，社会组织还应以专业性促进社会资源平等共享，为弱势社区发声，帮助弱势群体争取发展的权益。②

　　崆峒区坚持政府主导与社会参与相结合的方式，搭建平台，开展了多种形式的社区服务。比如建成城市老年人日间照料中心 1 个，全区养老床位达到 2240 张。在东关办的宝塔社区和中街办的东大街社区开展"微养老"服务试点，为社区老年服务对象提供生活照料、配餐就餐、心理疏导等基本服务，全面开启短期托养、日间照护和居家养老服务输出的嵌入式社区"微"养老服务模式。再如，崆峒区结合脱贫攻坚行动，深入开展"返乡手拉手、共筑小康梦""非公经济人士精准扶贫建功行动"等主题实践活动，引导 2945 名先富群体积极履行社会责任，帮助留守和困境儿童家庭发展产业、改善条件；发挥妇联、共青团、工会、残联等群团组织优势，组织干部职工、共青团员、民营企业、志愿服务组织开展关爱保护、康复救助。另外，依托各类学校建成"留守儿童之家"78 所，开设心理咨询室，配套读书角，开通"亲情电话"，经常性开展幼儿学龄前辅导和校外辅导，实行家庭式管理。同时开展"代理家长"活动。动员非公经济人士和志愿者担任留守儿童"代理家长"，做到"五个一"，即每月与留守儿童联系一次、与班主任联系一次、与临时监护人沟通一次、指导孩子与父母通话一次、每年陪孩子过一次节日，在生活关怀、心理抚慰、学习辅导、安全教育等方面给予关爱。

---

① 胡雯等：《社区治理与服务创新：社区培力助力"三社联动"》，《理论探索》2019 年第 4 期。

② 胡雯等：《社区治理与服务创新：社区培力助力"三社联动"》，《理论探索》2019 年第 4 期。

（三）推进企业结对帮扶，深化服务成效

为了化解社会矛盾，满足社区成员的多元需求，提高社会整合能力，企业也逐渐参与到社区服务的体系之中。有学者认为，企业开展社区服务是企业对社区中的利益相关者进行的社会公益活动。这是企业承担社会责任的重要方式，通过捐赠、战略慈善、员工志愿等社区慈善项目与其利益相关者协同合作，[①] 发挥自身价值。一方面，社区希望提升服务品质；另一方面，企业能够在社区中获取合法性资源。因此，企业应当被积极纳入社区的服务供给环节之中。

崆峒区动员引导平凉城建集团、鑫新公司、金伟源、惠丰、金宸等 27 户企业，在 11 个乡镇 24 个贫困村投入资金 3.7 亿元。深入推进"百企帮百村"精准扶贫行动，动员 105 家民营企业和社会组织开展扶贫济困、慈善捐赠等活动 44 场次，进一步调动民营企业、商会参与精准扶贫的积极性，充分发挥社会力量的扶贫作用。统筹整合社会帮扶资源，探索推广扶贫志愿服务活动，支持引导志愿服务力量积极参与精准扶贫，建立扶贫志愿服务人员库，鼓励企业实行常态化帮扶。比如，崆峒区坚持聚焦深度贫困乡村和贫困残疾人群体，坚持"扶贫先扶志，扶志必扶智"的原则，围绕残疾人"牛、林果、蔬菜、中药材"等特色产业，培育发展贫困村农业新型经营主体。大力推广"龙头企业+残疾人""农村合作社定向合作"等创新模式，以社区为本，助推残疾人精准脱贫。2018 年，天津帮扶崆峒区扶贫项目 5 个，总投资 2174 万元，用于残疾人贫困户产业脱贫入股配股项目资金 618 万元，占 28.4%。对 2017 年年底未脱贫且符合条件的 309 名建档立卡贫困残疾户给予户均不高于 2 万元的产业补助资

---

① 刘蕾：《合法性视角下企业参与社区治理战略研究》，《南通大学学报（社会科学版）》2019 年第 2 期。

金，按照"入股配股、托管代营、固定分红"的办法，稳定增加贫困户收入。同年，天津河西区爱心企业捐助崆峒区资金 5 万元，用于残疾人的帮扶工作，解决贫困残疾人温暖安全过冬的问题，在全区范围内对 100 名 2018 年年底前未脱贫建档立卡贫困残疾人每人发放 500 元补助金。

（四）发挥家庭力量，提升服务效率

家庭是社区公共服务体系的核心和落脚点。家庭成员在社区服务中发挥着重要的作用。供给的社区服务能否被利用，服务标准能否落到实处，能否真正分担家庭的压力，都需要获得家庭成员的认可。家庭成员也承担了部分社区服务的供给。以社区养老服务为例，在美国，老年人的家庭成员也承担社区老年照护服务。西方的社区养老服务实践充分展现了福利多元主义的理论视角，除广泛发动社会组织、民间组织积极参与到社区服务中来，还强调老年人之间、社区居民之间的互助和资源共享，这种社会化的养老方式不仅提升了养老服务水平、扩大了养老服务覆盖面，还充分发挥了家庭成员在社区照护的作用，创造了较高的服务效率，产生了较大的资源优势，分散了政府的养老职责。[1] 家庭的力量不可小觑。

崆峒区建立了"巾帼家美扶贫积分超市"，以点带面，示范带动，以积分制方式在超市兑换相应的物品，积极推行"积分改变习惯、勤劳改变生活、环境提振精神、共建美好家园"的模式，以家庭为单位开展寻找"最美家庭"活动，鼓励社区成员创建"美丽庭院"，将房屋打扫干净、物品摆放整齐，营造夫妻和睦、孝老爱亲、科学教子、勤俭持家、邻里互助、勤劳致富、遵纪守法、绿色环保、热心公益等良好氛围。倡导社区成员积极参与脱贫攻坚、乡村振兴等

---

[1] 彭青云：《多元主体视角下社区居家养老服务路径探索》，《浙江工商大学学报》2019 年第 3 期。

各项重点工作，参与村集体事务、村义务劳动、村庄卫生打扫、绿化美化等村容村貌整治。以积分带动家庭文明建设，充分发挥家庭的力量，参与到社区的公共事务当中。

三、创新治理：多元主体参与社区服务的可持续发展

社区服务要获得可持续发展必然要建立有效的回应和服务机制，精准对接社区治理的需求。社区治理可以且应当依据不同要素条件，寻求有效的社区治理实现形式，其中关键应当是谁和如何使得社区治理更有持续性。[1] 时代的发展要求社会治理不断创新，但归根到底，社区治理的最终目标仍是"以人为本"。因此，通过社区治理创新，满足社区成员需求，激发社区参与的积极性，推进社区体制机制改革，才能赋予社区服务可持续性。

（一）以居民需求为导向，激发社区参与的积极性

1. 以居民需求为本

张开云等学者认为，在传统社区管理模式中，社区服务基本是政府单一供给的，即供给决定需求，政府提供何种服务，居民只能得到这种服务，没有选择权。[2] 在这种模式中，政府提供的服务总量往往无法满足居民的需求，同时，能提供的服务类别也无法有效匹配居民的需求。这就是所说的"供不应求""供需失衡"。张开云等学者表示，在新时代，社区服务应强调"需求为本"，即超越"供给决定需求"这个格局，实现供给重构，打破社区服务供给主体单一和服务不足的格局，通过整合社会力量，多元联动，以居民

---

① 卢福营、熊兢：《优势主导——多元共治模式下社区治理体制创新》，《河南社会科学》2017 年第 9 期。

② 张开云等：《党建引领、多元联动与居民为本：社区治理创新的基本向度——基于"赤岗经验"的研究》，《福建论坛（人文社会科学版）》2019 年第 6 期。

需求为导向，推动社区服务提供社会化、专业化和精准化发展，真正实现"居民为本"。[①] 崆峒区在脱贫攻坚的工作中，注重城乡社区居民需求，依托国家建档立卡信息系统，通过大数据管理模式，经过多轮的建档立卡动态管理和调整，扶贫对象、需求、措施更加精准有效，逐户逐人制定"点穴式"帮扶计划，坚持因户施法、因人施策，做到了有的放矢，精准扶贫理念深入人心，扶贫效果得到进一步提升。

2. 激发居民社区参与积极性

社区参与积极与否体现了居民对社区归属感和认同感的程度。居民参与意识的激发，民主协商、互动协作及技术创新等参与能力的增强，催生了居民参与行动，推动了组织内造与参与效能的提升，由此增强了广大居民对社区的整体认知、认同、适应及调控能力。[②] 只有激发出社区居民的"主人翁"意识，提升社区居民参与社区公共事务的积极性，才能真正实现自主的资源和行动动员，并最终形成凝聚和吸引社会多元力量共同参与社区治理的新格局。[③] 如此，社区居民在社区公共服务的制定中才具有话语权和影响力，有利于提高社区公共服务与居民需求的匹配度。崆峒区坚持自治与法治、德治相统一、相融合，以自治为基，以党的领导统揽全局，创新村民自治有效形式，推动社会治理和服务重心向基层下移。

（二）抓发展提服务，扎实推进社区体制机制改革

在社区治理条件复杂化、多样化的背景下，社区治理实现方式应该基于不同情况进行差异化选择，这涉及不同资源要素整合、治理过

---

① 张开云等：《党建引领、多元联动与居民为本：社区治理创新的基本向度——基于"赤岗经验"的研究》，《福建论坛（人文社会科学版）》2019年第6期。

② 袁方成：《增能居民：社区参与的主体性逻辑与行动路径》，《行政论坛》2019年第1期。

③ 胡雯等：《社区治理与服务创新：社区培力助力"三社联动"》，《理论探索》2019年第4期。

程改善和维持治理网络有效性。① 因此，需要不断推进社区体制机制加以改革，臻善多元主体社区服务格局。

崆峒区在社区治理改革中，按照《崆峒区城市街道社区工作体制机制改革实施方案》及城市街道社区工作体制机制改革现场会部署要求，紧扣"街道搞行政、社区搞服务"这一中心任务，全面落实城市街道社区工作体制机制改革在建制度、建机制、建平台、夯基础、强服务、理权责的各项工作。

一是建制度。在抓好《关于推进城市社区治理工作的实施方案》《关于加强城乡社区协商的实施方案》《崆峒区城市街道社区工作体制机制改革实施方案》落地见效的同时，加紧制定《关于建立社区工作准入制度的实施方案》、街道办事处的权力清单、社区居委会依法履职事项和协助政府工作事项的制度性文件，为街道社区体制机制改革提供政策指引和文件依据。

二是建机制。积极推动建立以街道大工委为核心，社区"大党委"为引领的新型城市街道社区基层治理机制，构建领导权、决策权、执行权、监督权、经营权相互分离、运转协调的运行机制。推行社区党组织、社区居委会、驻区单位、社区社会组织、物业服务组织、业主委员会等社区利益相关各方联席协商会议制度，开展灵活多样的协商活动。建立驻区单位社区建设责任评价激励机制，推动共驻共建、资源共享，充分发挥居民公约在基层治理中的作用，激发居民群众自治活力。

三是夯基础。开展社区建设调研，制定社区工作规划，细化实施标准，量化指标评价体系，推动社区建设部署落到实处。特别对社区去行政化后上交的各项业务要扎口管理、统筹推进，实现街区改革中遗漏工作有人抓、有人管。同时，按照一年解决一个社区办公场所的既定目标，积极争取项目资金。

---

① 卢福营、熊兢：《优势主导——多元共治模式下社区治理体制创新》，《河南社会科学》2017年第9期。

第八章

生态建设：农村社区人居环境治理

　　农村生态文明建设是关系民生的重大社会问题，是推进农村现代化进程的关键所在。"建设生态文明是中华民族永续发展的千年大计"，生态环境是人类生存与发展的根基，直接影响文明兴衰演替。[①]新中国成立 70 多年来，我国农业农村发生了翻天覆地的变化，[②] 但在取得历史性成就的同时也付出了巨大的环境代价，比如农业资源趋紧、环境问题突出与生态系统退化等[③]。农村人居环境是农村生态文明建设的直观体现，作为农村居民的生活环境也时刻影响着农村居民的生活质量。农村人居环境已经成为中国社会主要矛盾的一个集中体现，[④] 破解农村环境治理难题，已是乡村振兴及全面建成小康社会的硬任务[⑤]。改善农村人居环境，是实施乡村振兴战略的重要内容，是一项系统性的民生工程。

　　崆峒区地处内陆地区，受自然环境和社会经济条件影响，农村人居环境问题较为凸显。长期存在"脏、乱、差"、基础设施缺乏等问题，严重影响了当地居民的生活质量与整体发展。近年来，崆峒区政府在党和国家一系列相关政策的号召下，积极开展农村人居环境治理

① 赫铭：《加强农村生态建设 构筑绿色美丽乡村》，《中国科学报》2019 年 3 月 26 日。
② 杜焱强：《农村环境治理 70 年：历史演变、转换逻辑与未来走向》，《中国农业大学学报（社会科学版）》2019 年第 5 期。
③ 韩冬梅、刘静、金书秦：《中国农业农村环境保护政策四十年回顾与展望》，《环境与可持续发展》2019 第 2 期。
④ 彭超、张琛：《农村人居环境质量及其影响因素研究》，《宏观质量研究》2019 年第 3 期。
⑤ 金书秦、韩冬梅：《我国农村环境保护四十年：问题演进、政策应对及机构变迁》，《南京工业大学学报（社会科学版）》2015 年第 2 期。

实践。总体而言，崆峒区农村人居环境治理实践具有以下特征：首先，崆峒区坚持党的领导，以国家政策方针为实践导向，将国家的各项要求作为农村人居环境治理指引与目标。其次，崆峒区政府将农村人居环境治理与国家整体战略相结合，实现了农村人居环境治理与"精准扶贫"工程、乡村振兴战略的有机嵌套。最后，崆峒区将"社区为本"理念融入农村人居环境治理过程之中，将社区作为农村人居环境治理实践的基本单位。具体而言，崆峒区农村人居环境治理实践以农村社区人居环境治理的形式进行，主要依循了"从旧到新"与"从无到有"两条路径：一方面，崆峒区政府以既有农村社区为平台，从当前农村社区人居环境方面所存在的各类问题入手展开治理，以达到"从旧到新"的目标；另一方面，崆峒区政府针对散居在生态环境恶劣地区的贫困人口，大力开展易地搬迁扶贫实践，通过安置社区建设的方式让这部分贫困人口"从无到有"，迁入人居环境良好的新社区。

崆峒区政府遵循"社区为本"理念，开展农村人居环境治理实践，不仅在"物"的层面以社区为平台，推动农村人居环境治理实践；同时着眼于"人"的层面，积极挖掘农村社区内生性动力、培育农村社区内部自助互助机制，以实现农村人居环境治理与社区发展、居民成长的有效衔接。经过不懈努力，崆峒区政府在农村社区人居环境治理方面取得佳绩，这也为其他地区农村人居环境治理实践的开展提供了经验和借鉴。

第一节　崆峒区农村人居环境治理概况

近年来，崆峒区政府认真贯彻落实中央和省、市各项部署要求，深入学习、推广浙江"千万工程"经验，全面落实全省村庄清洁行动现场推进会和全市农村人居环境现场推进会议精神，把改善农村人居环境作为实施乡村振兴战略的第一场硬仗，将农村人居环境治理作为精准扶贫攻坚中的重要内容。崆峒区农村人居环境治理工作主要在国家整体政策框架下开展。本节将从农村人居环境相关政策的演变历程入手，在简要介绍崆峒区农村社区人居环境历史问题的基础上，对当地农村人居环境治理实践的总体状况进行描述，以使崆峒区农村人居环境治理的整体框架与脉络得到有效呈现。

一、农村人居环境治理的政策历程

党和国家对待农村人居环境治理经历了一个从忽略到高度重视的过程，其态度转变在政策层面得到了直观体现。整体而言，农村人居环境治理政策大致经历了"政策空白期""制度初创期""领域开拓时期""全面加速时期"以及当下"总体深化期"五个阶段。[①] 在"总体深化期"，党和政府高度重视农村人居环境治理，先后印发了《关于改善农村人居环境的指导意见》《农村人居环境整治三年行动方案》《农村人居环境整治村庄清洁行动方案》《中共中央、国务院关于坚持农业农村优先发展做好"三农"工作的若干意见》《中央农办、农业农村部、国家发展改革委关于深入学习浙江"千村示范、万村整治"工程经验 扎实推进农村人居环境整治工作的报告》等一系列政策文件。

2014 年 5 月 16 日，国务院办公厅印发《关于改善农村人居环境的指导意见》（以下简称《意见》），明确提出到 2020 年，全国农村居民住房、饮水和出行等基本条件明显改善，人居环境基本实现干净、整洁、便捷，建成一批各具特色的美丽宜居村庄的要求。2017 年，

---

① 杜焱强：《农村环境治理 70 年：历史演变、转换逻辑与未来走向》，《中国农业大学学报》（社会科学版）2019 年第 5 期。

党的十九大报告指出，要走中国特色社会主义乡村振兴的道路，农村人居环境方面还存在很多问题。开展农村人居环境治理，加快补齐农村人居环境和公共服务方面的短板，是实现乡村全面振兴的必然要求，也是实现农业强、农村美、农民富这一目标不能忽略的关键一环。2018 年 2, 月中共中央办公厅和国务院办公厅为了解决中国农村人居环境质量"脏、乱、差"和治理难的问题，印发《农村人居环境整治三年行动方案》，明确改善农村人居环境，建设美丽宜居乡村，是实施乡村振兴战略的一项重要任务，事关全面建成小康社会，事关广大农民根本福祉，事关农村社会文明和谐。2019 年，中共中央办公室、国务院办公室发布中央一号文件《中共中央、国务院关于坚持农业农村优先发展 做好"三农"工作的若干意见》指出，要加快补齐农村人居环境和公共服务短板。中央农办、农业农村部、国家发展改革委发布、中共中央办公厅和国务院办公厅转发《中央农办、农业农村部、国家发展改革委关于深入学习浙江"千村示范、万村整治"工程经验 扎实推进农村人居环境整治工作的报告》，将浙江省过去 15 年在农村人居环境治理上的经验推向全国。全面推进农村人居环境治理，已经成为实现乡村全面振兴的迫切要求和必然之义。

从这一系列政策文件的演变与发展历程中，我们不难看出，一方面，从最初的"三农工作"到"精准扶贫"，再到"乡村振兴"，农村人居环境治理始终被党和政府视作重要工作内容，并且重视程度不断提高；另一方面，一系列政策的提出对农村人居环境治理工作不断提出新的要求与实施意见，这也为地方政府农村人居环境治理实践的开展提供了指引。总体而言，在党和国家高度重视和倡导下，农村人居环境治理作为农村工作的重要内容在全国各地持续推进。

二、崆峒区农村人居环境历史问题

崆峒区地处陇东黄土高原腹地，区内沟壑纵横，生态脆弱，是六盘山特困片区和陕甘宁革命老区扶贫开发重点县区。全区辖 17 个乡镇、3 个街道办事处和崆峒山大景区，有 252 个村、19 个城市社区（居委会），辖区总面积 1936 平方公里，2018 年年末常住人口 53.32 万人。贫困人口主要分布在南部阴湿林缘区、北部干旱山塬区及少数民族聚居区三个贫困片带。

受气候条件、地形因素以及传统生产方式影响，崆峒区农村社区人居环境整体情况较差，长期存在着诸多问题：其一，人畜混住严重。红牛养殖业是崆峒区的支柱性和基础性产业，农村社区基本家家户户都会散养红牛，养殖户通常将牛舍与住宅建在一起以便牧养和看管，这对社区成员的居住环境造成了较大破坏，严重时甚至会导致疫情的出现。其二，危房广泛存在。崆峒区农村社区大多历史悠久，受到经济条件限制，大量住房得不到有效维护与修缮，众多居民居住在危房之中，这对居民的生命安全造成了潜在威胁。其三，饮水安全缺乏保障。崆峒区地处内陆，水资源并不充裕，农村社区的供水网络和污水处理系统亦不完备，社区居民的供水和饮水安全都缺乏有效保障。其四，卫生环境较差。一方面，崆峒区农村社区家庭以传统厕所为主，卫生条件较差；另一方面，社区内也缺少垃圾集中丢弃点和处理点，垃圾乱扔、乱堆现象严重。这些问题对农村社区的卫生环境造成了极大破坏，进而影响到社区居民的生活质量和生理健康。其五，公共服务缺失。崆峒区农村社区不仅基础设施建设落后，医疗、文化等公共服务也处于缺失状态，农村社区居民的合法权益往往得不到维护。上述问题是崆峒区各农村社区所面临的普遍性、集体性问题，这些问题的存在对崆峒区农村社区人居环境造成了极大破坏，严重影响了社区居民的生活质量，限制了社区整体的发展。

在认识到农村社区人居环境方面所存在的共性问题的同时，我们也必须清醒地认识到崆峒区由于地形复杂，在南部山区仍有大量贫困人口散居在偏远地区、面临着更加严重的生活困境，其贫困根源更深、更难改变。在农村人居环境治理过程中，不仅既有农村社区存在大量问题亟待解决，这部分散居在偏远山区的贫困人口也必须得到重视。

三、社区为本：崆峒区农村人居环境治理实践

针对崆峒区农村社区人居环境现状与问题，崆峒区政府将"社区为本"理念融入农村人居环境治理过程中，以社区为平台开展农村社区人居环境治理实践。具体而言，崆峒区农村社区人居环境治理主要采取了"从旧到新"以及"从无到有"两条路径：一方面，崆峒区政府"从旧到新"，从现有农村社区人居环境的各项问题入手展开治理。具体工作由崆峒区扶贫办牵头，住建局、水利局等部门共同参与，秉持着"补齐短板"的思路，从农村社区的危房破房、旧式旱厕、人畜混住、饮水安全等问题入手改善社区人居环境，以提高农村社区居民生活质量、便利农村社区居民生产。另一方面，崆峒区农村地域尤其是南部山区存在着大量居民散布在偏远且交通条件差的偏远地区，这部分群体的生活环境极差，甚至面临"不通电、不通水、不通路"的难题。对于这部分常规帮扶手段难以取得成效的贫困人口，崆峒区政府采取了"从无到有"的路径，将易地搬迁扶贫与人居环境治理相结合，通过建设安置社区的方式改善散居于偏远地区贫困人口的居住环境进而帮助其摆脱贫困。崆峒区易地搬迁扶贫工作由发展和改革局负责，根据自愿原则将生活在交通情况较差、生产生活不便、贫困状况难以改善的贫困人口搬迁至集中安置点，并将集中安置点作为安置社区展开生产生活设施建设，在改善搬迁民众居住环境的同时，也为其进一步发展提供了便利条件。

截至2019年年底，崆峒区农村人居环境治理工作已经基本完成，为脱贫攻坚战的胜利提供助力。一方面，针对已有农村社区的人居环境改造工作已经完成，社区内的所有危房都得到改造，安全隐患已经消除，农村社区"厕所革命""垃圾革命""风貌革命"基本完成，

供水保障与饮水安全已经实现，农村社区清洁生产工作稳步推进，传统农村社区整体面貌焕然一新，居民生产生活条件得到了极大改善。另一方面，崆峒区全区范围内已经建成安置社区 44 处，并且完成了安置社区配套生产、生活设施建设以及公共服务供给，保证每个安置社区都有自己的社区党建中心、社区卫生中心以及社区文化活动中心"三个中心"。通过易地扶贫搬迁的实施，累积帮助 1467 户 5783 人搬进社区、住进新居，基本实现了"搬得出、稳得住、能致富"目标。

第二节　从旧到新：既有贫困社区改造

崆峒区政府着眼于既有农村社区内部所存在的诸多问题，以《农村人居环境整治三年行动方案》文件精神为导向，有效结合党中央"两不愁三保障"的工作思路，"从旧到新"开展农村人居环境治理实践。具体工作由区扶贫办牵头，按照统一部署，从农村工作大局出发，加强沟通与协调，整合各种资源，共同制定并执行农村人居环境治理的实施方案，共同承担规范村庄治理和保护农民利益的责任。[①]

一、社区居住环境：住房保障兜底

农村危房改造工程是一个复杂的系统工程，涉及多级政府部门、村民、施工人员等多方，必须综合考虑组织、结构、技术、经济、社会、政治等多方面因素，方能使有限的资金与资源得到合理配置，帮

---

① 汪光焘：《搞好村庄规划和治理　改善农村人居环境》，《求是》2006 年第 9 期。

助真正贫困的农村危房住户解决问题。① 崆峒区危房修缮改造工程主要由当地住建局牵头负责，经过精准施策、合力攻坚，截至 2019 年 9 月，全面完成省、市、区下达的 13508 户农村危房改造任务，累计改造房屋面积 135 万平方米，改造住房全部达到抗震设防要求和安全住房标准，兑付补助资金 18762.65 万元，完成投资 128326 万元，中央及省、市、区危改补助资金及配套资金拨付率、档案信息系统录入率均达到 100%。具体而言，崆峒区住建局建立了班子成员包抓乡镇制度，指导各乡镇成立了专职领导小组，并将危改任务下沉捆绑到村社一级，形成了"一级抓一级、层层抓落实"的危房改造责任体系，其中主要涉及了住房鉴定与危房修缮、改造两大环节。

（一）住房鉴定与评级

"精准识别"作为"精准扶贫"的首要环节与基本要求，在危房改造工作中直观体现在住房鉴定环节，即由区住建局负责，组织专业人士依据特定的鉴定标准体系对扶贫片区内的住房进行安全等级鉴定，进而为"一户一策"的制定与实施提供依据。住房鉴定环节主要包括了标准建立、入户识别、标识悬挂三大步骤。

首先，崆峒区住建局结合房屋结构、材料、破损程度等衡量维度，构建了专用住房安全等级标准体系，住房安全被划分为"A、B、C、D"四个等级，安全系数由高到低，"A"级与"B"级属于安全住房的范畴，"C"级与"D"级则属于危房的范畴，其中"C"级住房危险程度相对较低，处置方式以修缮为主，"D"级住房危险程度相对较高，处置方式以拆除重建为主。住房安全等级标准体系的建立为下一步工作的开展提供了依据与支撑。

其次，崆峒区住建局按照"住房最危险、经济最贫困""先危房

---

① 曹小琳、向小玉：《农村危房改造的影响因素分析及对策建议》，《重庆大学学报（社会科学版）》2015 年第 5 期。

后旧房、先贫困户后一般户"的原则，组织各方专业人士成立专门的房屋鉴定团队进村入户，认真开展危房改造调查摸底，并采取"户内申请、村民评议、乡镇审核、区级审批和逐级公示"的方式，精准确定改造对象，同时与全国扩大农村危房改造试点农户档案管理信息系统、甘肃省精准扶贫大数据管理平台对接比对分析，确保危房户数据真实准确。

最后，崆峒区住建局按照《甘肃省建设厅关于统一核发住房安全达标认定书并对危房改造农户进行标识的通知》（甘建函〔2018〕338）、《甘肃省建设厅关于进一步做好农村危房改造标识工作的通知》（甘建函〔2019〕38）文件要求，对全区71124户常住房屋，组织专业鉴定团队依据住房安全等级标准体系，以"入户"的方式进行检测与统计，最终形成住房鉴定报告，并且在所有房屋上悬挂上明确的安全等级标识，从中识别、筛选出危房改造对象。

（二）住房修缮与改造

待住房鉴定、筛查工作完成后，住建局根据鉴定结果，针对不同安全等级的住房采取相应的改造措施，以实现住房安全兜底保障。其中，被鉴定为"C"级与"D"级的住房进行修缮和改造，前者需要进行房屋修缮，后者依靠常规修缮手段无法根除危险源，需要采取改造或者拆除重建等手段彻底实现住房安全保障。

为了贯彻落实"精准帮扶"的工作要求，危房修缮与改造工作在"精准识别"的基础上展开，即依据房屋鉴定报告，制定、实施"一户一策"，根据贫困人口的不同情况采取不同的帮扶措施。具体而言，崆峒区在危房修缮与改造工作中，主要依据劳动能力、资源多寡，将目标人群划分为三类，并采取相应措施。其一，针对五保户、特困低保户、贫困残疾人家庭等不具备筹资能力而无力改造现有住房的对象，全面实施分级分类差异化补助政策，实行政府兜底解决，由政府代建的方式为这一部分群体完成危房改造工作。其二，针对劳动力少的贫困家庭，采取"亲帮亲、邻帮邻"、投工投劳等方式，通过农村社区内部互助机制来弥补此类家庭劳动力不足的缺陷，帮助其住进"安全房、舒心房"。其三，针对具有劳动能力和责任能力的家庭，则采取"政府帮扶、农户自建"的方式，由农户自主负责房屋的修缮与改造工作，但是政府会为其提供一定的资金补助与技术指导。

在崆峒区危房改造与住房保障工作中，有三处做法值得注意：一是就住房保障对象而言，除建档立卡贫困人口外，崆峒区政府还将未被纳入"建档立卡"贫困人口、但实际生活处于贫困状态的群体纳入保障范畴。二是"C"级住房与"D"级住房的保障差别更多地体现在补助力度上，而非处置方式。简言之，"C"级与"D"级住房对应不同的补助金额，住户在保证住房安全的基础上可以自主选择处置方式，但超出部分需要住户自费。三是住房鉴定环节并非单次的静态筛查，而是一个持续的动态过程。崆峒区住建局将房屋日常损耗、工程质量问题等因素纳入考量范围，建立了动态的住房鉴定与复查体系，一方面能够将新发生的危房纳入保障范围；另一方面，也对危房改造工程的质量起到了监管作用。

二、社区卫生环境：农村清洁革命

卫生环境往往是社区整体环境的直观体现，处于社会经济条件相对较差地区的农村社区卫生环境常常因基础设施缺失、生产方式落后等原因而遭到破坏，进而影响到社区整体环境以及社区居民生活质量。针对卫生环境而开展的农村清洁革命成为农村社区人居环境治理过程中的重要内容。崆峒区政府在农村社区人居环境治理过程中，以"治脏""治乱""治污"为重点，全力推进农村厕所、垃圾、风貌"三大革命"，以改善农村社区卫生环境。

（一）厕所革命

农耕文明背景下中国传统的厕所及其相关问题是中国社会一个长期难以绕开的困扰，中国社会曾在不同时期自上而下地进行过一系列厕所改良实践。[1] 厕所革命是农村卫生环境的革命，亦是乡村生活方式的革命，目的在于让更多乡村居民养成文明习惯，引发现代乡村文明变革。[2]《全国城乡环境卫生整洁行动方案（2015—2020 年）》中也提出，到 2020 年年底农村卫生厕所普及率要提高到 85%。崆峒区积极响应党中央号召，针对农村社区家庭旧式厕所不卫生、公共厕所缺失等问题，积极开展"厕所革命"，并将其嵌入"精准扶贫"工程。针对现存问题，崆峒区同时将"公"与"私"纳入保障范畴，从家庭私厕改造和公共厕所修建两方面共同推进农村社区"厕所革命"。

就家庭私厕改造而言，住建局坚持"宜水则水、宜旱则旱"原则，因村、因户施策，合理选择改厕模式。[3] 具体而言，崆峒区农村社区家庭厕所改造主要包括以下三种模式：其一，在川区、城郊等污水管网覆盖区域，推广有完整上下水系统的"水冲式"厕所；其二，在群众居住相对集中的川塬区，推广"三格化粪池式"无害化卫生厕所；其三，在群众居住分散、偏远的干旱和高寒山区，推广"双瓮漏斗式"卫生旱厕。就公共厕所修建而言，首先从各村、镇具体情况出发，根据区域人口密度以及实际需求，本着"利民、便民"原则，完成"乡镇—行政村"区域内公共厕所选址与规划工作，再经由专业的施工团队负责公厕的修建工作。公厕修建通过项目发包的形式交由专门的施工团队负责，住建局在其中主要负责监管与验收工

---

[1] 周星、周超：《"厕所革命"在中国的缘起、现状与言说》，《中原文化研究》2018 年第 1 期。
[2] 于法稳：《农村厕所革命：路在何方？》，《群言》2019 年第 9 期。
[3] 沈峥、刘洪波、张亚雷：《中国"厕所革命"的现状、问题及其对策思考》，《中国环境管理》2018 年第 2 期。

作。该举措设立了"一村一公厕"的最低目标，旨在填补村镇范围内公厕的缺失。

在厕所建设过程中，崆峒区住建局严把质量关，按照《农村户厕建设规范》要求，先后选派 40 多名专业技术人员驻村开展技术培训和指导，规范施工标准，确保工程质量。截至 2019 年 9 月 30 日，全区累计完成户用改厕 12829 座，占下达任务的 183%；已建成乡镇和村级公厕 71 座，开工建设 101 座，配发吸粪车 63 辆。"家家用上新式厕所，村村都有公共厕所"的目标基本实现。

（二）垃圾革命

随着农村社会经济的快速发展和变革，农村生活垃圾已经成为农村环境污染的主要来源之一。[①] 在传统农村社区，由于垃圾堆放点设置较少、农村居民环保观念淡薄、约束力量较弱等原因，垃圾随意堆放等现象屡见不鲜，其危害不仅仅在于会对农村社区的直观面貌造成破坏，甚至会对农村的土地、水体以及空气造成破坏。[②] 与此同时，随着农村生活水平的提高，农村生活垃圾种类和数量都绝对的增多，[③] 这使得农村垃圾问题日益严重，"垃圾革命"迫在眉睫。崆峒区主要从技术和观念两个层面展开农村社区"垃圾革命"。

一方面，积极引进垃圾处理技术，为农村社区"垃圾革命"提供技术支撑。崆峒区政府认识到了高新技术在垃圾处理、资源回收环节中的决定性作用，进而以"农村环卫一体化处理"项目为媒介，与北京启迪桑德公司展开合作。按照"日产日清不落地、收集运输全封闭"的标准，全力以赴消除"盲点"、疏通"堵点"、治理"乱

---

① 刘莹、王凤：《农户生活垃圾处置方式的实证分析》，《中国农村经济》2012 年第 3 期。

② 章也微：《从农村垃圾问题谈政府在农村基本公共事务中的职责》，《农村经济》2004 年第 3 期。

③ 乐小芳：《我国农村生活方式对农村环境的影响分析》，《农业环境与发展》2004 年第 4 期。

点"，做到保洁区域全覆盖、保洁时段全覆盖、精细化保洁全覆盖。目前，启迪桑德公司已进驻 17 个乡镇 230 个行政村，日均清理垃圾 100 多吨，为崆峒区农村社区"垃圾革命"的持续推进提供了强劲的技术支撑。

另一方面，加强引导，促进"垃圾分类"环保理念培育。习近平总书记始终关注着垃圾分类这件民生"小事"，强调要"推行垃圾分类，关键是要加强科学管理、形成长效机制、推动习惯养成"。崆峒区政府深入学习习近平总书记讲话精神，采取积极引导和加强约束相结合的方式，共同促进社区居民"垃圾分类"环保理念的培育。就前者而言，崆峒区政府通过宣传教育手段，积极引导农户认识"环境保护"的必要性及其益处，进而养成良好的垃圾分类处置习惯——对生活垃圾集中投放，对餐厨垃圾进行沤肥处理，对废弃电池等不可降解的有毒有害垃圾专门收集。就后者而言，崆峒区各农村社区将"保护环境"作为一项基本要求纳入到村规民约之中，并且辅以一定的惩罚措施，例如罚款、通报批评等，通过加强外部约束的方式促进社区居民环保习惯的形成。

崆峒区政府从技术和观念层面共同推进农村社区垃圾革命，走出了一条"户分类、村收集、乡转运、区处理"的市场化垃圾收集处理新路子，使得农村社区垃圾"乱丢""乱堆"问题得到了有效整治，同时通过垃圾分类和技术引进，也使得资源的可再生利用率得到了极大提高。

（三）风貌革命

农村社区的风貌代表着社区的形象，既是社区整体发展水平的直观体现，也反映并影响着该社区的精神风貌。社区风貌建设实际上同时涵盖了物质与精神两个层面的内容，鉴于社区精神风貌建设更多地属于文化扶贫的范畴，前文中已有细述，本章节将更加侧重于从人居环境角度对农村社区风貌建设进行探讨。崆峒区在农村社区主要从

"家庭"和"社区"两个层面开展"风貌革命"。

就家庭层面而言，崆峒区政府采取统一整治与加强动员相结合的方式，推进家庭风貌治理。一方面，由崆峒区政府统一领导、各级村居委员会实际负责，积极组织开展以"四清三增两拆一改"（即清垃圾、清粪污、清柴草、清塘沟，增绿、增美、增亮，拆旧宅破屋、拆残垣断壁，改变群众落后的生活习惯）为主要内容的社区家庭清洁行动，对农户房前屋后和巷道的柴堆、土堆、粪堆和陈年垃圾进行集中清理，以整治农村社区家庭风貌。另一方面，崆峒区政府采取"改造补贴+奖励"的方式，通过为农户发放补贴以及进行"清洁家庭"评比，提高社区居民的参与积极性。

就社区层面而言，崆峒区主要采取了"先清理，后建设"方式。首先，崆峒区政府针对农村社区的人居环境以及自然环境进行清理，一方面加大力度拆除废弃房屋和残垣断壁，依法清理乱搭乱建和违章建筑；另一方面对社区内的沟渠进行清理。在完成清理任务的基础上，再对社区整体风貌展开建设，主要包括社区绿化美化、安装太阳能路灯、合理设置柴草堆放场、建筑垃圾填埋场等措施，全力营造干净整洁的社区环境。截至 2019 年，崆峒区共创建"清洁社区"62个，清理村内沟渠 1362 公里，清理淤泥 2498 吨，拆残垣断壁 563 处6882 平方米、违章建筑 9749 平方米，整治乱堆乱放 5810 处、乱贴乱画及墙体广告 3.6 万平方米，村庄绿化美化 24.5 万平方米，安装太阳能路灯 272 盏，崆峒区农村社区风貌焕然一新。

崆峒区政府农村社区"风貌革命"虽然从"家庭"和"社区"两个层面共同入手，但两者间并非是相互独立，而是相互结合，将"家庭"风貌整治嵌套于社区整体风貌革命之中。

三、社区生产环境：推进清洁生产

农业清洁生产是现代农业发展的必然趋势，是未来农业可持续发展的重要内容，世界各国都在围绕农业清洁生产进行积极的实践和探索。实施农村清洁生产，突破资源与环境"瓶颈"，发展循环经济，是新农村建设面临的重要任务。① 崆峒区农村社区以第一产业为主，红牛养殖业与苹果种植业是当地的支柱性产业。在传统农业生产模式下，崆峒区农村社区的自然环境和人居环境都遭到破坏。基于此，推进农业清洁生产是崆峒区农村人居环境治理的"重中之重"。崆峒区农村社区清洁生产工作主要由畜牧局、住建局等多个部门共同负责，主要从生产理念、生产技术以及生产设施三方面着手。

（一）教育先行，培育清洁农业生产理念

农村社区清洁生产的实现必须从农民的观念层面入手，培育农业清洁生产理念，进而转变成农业清洁生产实践。农业清洁生产理念是一种与传统粗放式农业生产理念相区别的一种新式生产理念，将"环境友好、资源持续高效利用、低污染或污染减量"作为基本原则。在农业清洁生产理念指导下，世界范围内广泛开展了诸如循环农业、有机农业、绿色农业、生态农业等优于传统农业的替代农业实践。崆峒区农村社区清洁生产理念的培育主要通过直接培训与间接濡化两种方式，分别由区畜牧局和各地村委会负责。

就直接培训而言，是由崆峒区畜牧局联系相关专业人士，组建专门的教育培训团队，深入农村社区内部，以"培训班"的形式对社区内的居民展开农业清洁生产理念教育。这种方式的优势在于培训人员与农民能够进行面对面的直接互动，相对而言教育效果更佳；其劣势在于，崆峒区很多农村社区都属于贫困社区，社区居民的整体文化水平偏低，对培训内容的接受能力也相对较差，这就需要培训人员在课程内容设置上考虑到社区居民的整体素质，尽可能做到"生动活泼接地气"。

---

① 洪绂曾：《农村清洁生产与循环经济》，《中国人口·资源与环境》2008 年第 1 期。

就间接濡化而言，主要是由各农村社区的村民委员会负责，通过日常宣传的方式，使得社区居民的传统粗放式生产理念潜移默化地向农业清洁生产理念转变。就崆峒区农村社区的具体实践而言，各村委会普遍采取了传统与现代宣传方式相结合的路径，一方面采用大字报、社区广播等传统形式，在日常生活中向社区居民进行宣传；另一方面，充分借助现代信息优势，有效利用微信等社交平台，对社区居民进行动态宣传。

（二）实践为本，优化传统农业生产方式

单凭单一的宣传教育手段难以促成社区居民农业生产理念的有效转变，[①] 崆峒区政府坚持"教育先行，实践为本"的工作思路，更多地将宣传教育作为"引子"放在工作前期，在后续实践中促成居民农业生产理念的实际转变。在农业清洁生产实践推进过程中，崆峒区政府主要从改进生产技术和加强农业生产基础设施建设两方面入手。

崆峒区农村社区清洁生产技术的改进主要从农业生产废弃物再利用环节入手，具体包括种植业生产废弃物处理与养殖业残余物处理两方面。前者主要包括废旧农膜回收利用、尾菜处理利用以及秸秆利用。截至 2019 年，崆峒区已与 7 家废旧农膜回收企业签订了包片区协议，已回收废旧农膜 870 吨，回收率达到 72.5%；引进和培育尾菜处理企业 5 家，集中处理尾菜 2 万吨；扶持农户新建青贮窖 147 座，建成天源玉米秸秆气喷破壁示范场 1 座，全区玉米秸秆青贮利用率达到 80% 以上。后者主要针对养殖过程中所产生的粪污进行回收再利用。崆峒区政府鼓励引导农户发展绿色养殖，全区所有规模养殖小区均实现粪污集中收集处理，具体处理方式包括两类：一者是建造沼气池，利用粪污产生沼气进而为社区提供生活能源；二者是将粪污进行

---

① 梁伟军、胡世文：《农民理性视角下的农村生态文明建设研究——基于荆门市 X 镇农民的调查》，《华中农业大学学报（社会科学版）》2018 年第 4 期。

简单处理转化为绿肥而用于种植业中。

在引进清洁生产技术的同时，崆峒区不断加强农村社区基础生产设施建设，为农业清洁生产实践提供平台。崆峒区农业清洁生产基础设施建设主要围绕养殖过程和农业生产废弃物处理环节展开。后者主要与生产技术的引进相配套，主要包括沼气池、尾菜处理中心、秸秆处理中心等。前者主要从生产环节入手，其中最为典型也是最为重要的是"养牛小区"建设工程。红牛养殖业是崆峒区的基础性产业，但传统"人畜混住"的养殖方式也严重破坏了农村社区人居环境，严重损害了当地居民的生活质量。出于上述原因，崆峒区在扶贫攻坚过程中，将社区产业发展与社区生态环境建设相结合，展开了"养牛小区"工程建设。具体而言，"养牛小区"是指在农村社区内，综合考虑地理位置、交通情况、水源条件等因素，选定合适的区域建造专门的集中养牛区域。每个"养牛小区"会辅以配套的集中供水、饲料处理、粪污再利用设施，"养牛小区"内部被分隔成了诸多单间，每个养牛户都可以认领一间作生产养殖使用。"养牛小区"工程的实施既方便了社区居民的养殖生产活动，也实现了人畜居所的分离，在崆峒区农业清洁生产推进过程中具有重要意义。

四、社区生活环境：供水安全保障

按照"两不愁三保障"要求，不愁吃首先是不愁水吃，让广大群众吃上安全放心水，是水务系统打赢脱贫攻坚战的主要任务。一直以来，崆峒区水务局始终坚持把保障农村人饮安全作为头等大事，坚持因地制宜、因户施策，多举措、多方式解决农户生产生活用水中的困难。供水安全保障目标实际上包括了"量"与"质"两个范畴，既要在"量"上实现水资源供给保障，也要在"质"上实现饮用水安全保障。崆峒区扶贫攻坚过程中，供水安全保障工作主要由区水利局统一负责，主要根据上述"量"与"质"的要求，从生活供水保障、饮水安全保障两方面展开工作。

（一）生活供水保障

就生活供水保障而言，崆峒区水利局的工作主要包括两方面：一方面，根据实际情况合理开发水资源，加强水资源供给；另一方面，在保证水资源供给的基础上，建立健全供水输送体系，以实现"引水入户"。

崆峒区水利局主要通过"人饮工程"加强水资源供给保障。在"人饮工程"的规划和建设上，崆峒区水利局坚持"整体布局、合理规划，高标准实施、全农户覆盖"的原则，因地制宜，根据不同区域的不同情况具体实施。水利局根据各片区实际情况，将全区划分为北部塬区、泾河川区、南部山区三大片区：其一，北部塬区人饮工程由泾水北调工程、草峰农村饮水工程和索罗农村饮水工程组成，截至2019年年底，解决了北部塬区安国、西阳等8个乡（镇）2.69万户11.83万人的饮水问题。其二，泾河川区人饮工程由泾河川水厂、七府水厂、庙底水厂工程组成，解决了泾河川区柳湖、四十里铺等4个乡（镇）3.06万户12.59万人的饮水问题。其三，南部山区由于农户居住非常分散，采用因地制宜的做法，截至2019年年底，建成中、小型工程19处，主要由四十里铺境内的5207水厂、上杨农村饮水安全工程、麻川工程、桂井工程、马山工程、峡门水厂组成，解决大寨、峡门等5个乡（镇）1.83万户7.23万人的饮水安全问题。

在实现水资源供给保障的基础上，崆峒区水利局进一步开展"引水入户"工程，建立健全供水输送体系。由于崆峒区山大沟深，地形复杂，且农户居住非常分散，崆峒区水利局因地制宜，结合不同村、社和农户的具体情况，从社区居民的实际需求出发，多举措、多方式保障农户饮水安全，具体包括自来水供水、大口井供水、小电井供水、引泉供水、场窖供水这5种供水方式。这些供水方式的实现往往离不开基础设施建设，供水方面的基础设施建设主要由崆峒区水利局利用专项资金进行。需要注意的是，供水输送体系建设主要以农村社区为单位而展开，在建设施工过程中，崆峒区水利局采取了"以工代赈"的方式，在为社区居民提供就业机会的同时，也促进了居民的社区参与。

截至 2019 年上半年，崆峒区全区农村人饮覆盖率达 100%，入户率达 98% 以上，供水保证率达 95% 以上。安全饮水保障工作取得了阶段性成效，全力助推了崆峒区贫困县顺利脱贫摘帽。

（二）饮水安全保障

饮水安全影响到人的健康甚至生命，是涉及国计民生的重大问题。[①] 不仅要让家家户户喝上水，还要让家家户户喝上安全水、放心水。在完成生活用水供给保障的基础上，崆峒区水利局还努力完成"质"的目标，以实现饮水安全保障。具体而言，崆峒区饮水安全保障的实现主要从排放、源头以及外部监管三方面入手。

首先，从排放入手，加强生活污水治理。农村生活污水治理方面，主要包括两方面的内容：一方面，由崆峒区水利局统一负责，组织协调各级政府、村居委员会在农村社区内，因地制宜，加强生活污水排放系统建设，以改变传统的直接排放方式。另一方面，崆峒区水利局还以乡镇为单位，通过建设污水处理站的方式对生活、生产污水进行统一处理再排放，以减少污水直接排放所带来的破坏。截至 2019 年年底，安国、白水等 5 个乡镇污水处理站已建成使用，西阳、大秦等 9 个乡镇污水处理站正在加紧建设。

其次，从源头入手，加大水源地保护力度。崆峒区水利局把保护饮用水源和保证供水水质作为重点，进一步加大农村水源保护力度，推进水质检测规范化，稳步提高供水水质。崆峒区水利局抽组专门力

---

① 戴向前、刘昌明、李丽娟：《我国农村饮水安全问题探讨与对策》，《地理学报》2007 年第 9 期。

量对农村饮用水水源地进行了全面普查，对水源地隐患点逐一登记造册，制定了详细的整治保护计划，重新评估划分和调整了集中式饮用水水源地保护区，完成了"三牌一网一界桩"的规范化建设。与此同时，崆峒区水利局加大水质检测人员技能培训，建立健全水源地动态检测体系，以实现水源检测全覆盖。

最后，从外部入手，加强水质量检测。一方面，成立了崆峒区农村水质检测中心，负责全区 108 个集中供水点的月度、季度水质检测工作以及 1018 个分散式供水点定期、不定期水质检测工作。截至2019 年年底，崆峒区水质检测覆盖率已达 100%。水治理检测主要依据《生活饮用水卫生标准》（GB5749-2006）判定，经检测水样均符合国家生活饮用水卫生标准。另一方面，建立了完备的农村饮水安全专管机构。2012 年成立了崆峒区水利管理总站和崆峒区人畜饮水工程管理所，下设 17 个水厂，专门负责全区农村人畜饮水工程运行管理、农村饮用水水源地保护和水质监管工作。

崆峒区水利局从排放、源头以及外部监管三方面共同入手，并且实现了三方面工作内容之间的有效衔接，建立了"从源头到龙头再回源头"的水质保障与污水处理机制，为居民饮水安全提供了有效保障。

第三节　从无到有：易地扶贫搬迁社区建设

实施易地扶贫搬迁是从根本上解决生存环境恶劣地区极度贫困问题的治本之策，是新时期扶贫开发工作的重要举措，也是我国扶贫政策的重要组成部分。[①] 崆峒区政府在扶贫攻坚过程中充分利用易地扶

---

① 王晓毅：《异地搬迁如何实现精准扶贫》，《学习时报》2017 年 1 月 20 日。

贫搬迁这一措施，与其他工程相互嵌套，最终实现了易地扶贫搬迁与"精准扶贫"、农村人居环境改善、农村社区"五位一体"发展模式的有效结合。具体而言，崆峒区易地扶贫搬迁项目主要由当地发改部门牵头负责，结合搬迁前、搬迁实施以及搬迁后的发展三大阶段，有步骤地从"精准识别""搬迁建设""后续融入"以及"持续发展"四个环节具体开展工作。

一、精准识别：搬迁户与迁入地的筛选

"精准识别"是精准扶贫的基本要求之一，也是精准扶贫的起点与基础，对扶贫成效具有决定性和先局作用。[①] "精准识别"不仅在针对个人和家庭展开的扶贫模式中极为重要，在围绕社区展开的集中式易地扶贫搬迁中也非常重要。但与其他常规性扶贫方式不同，易地扶贫搬迁不仅要精准识别易地搬迁对象，同时在迁入地的选择上也要做到精准识别。易地扶贫搬迁成效的实现有赖于搬迁民众与迁入地两方面的精准识别以及有效衔接。

（一）搬迁人口的识别："一户一策"

搬迁人口的主体是居住在交通条件落后、自然资源匮乏或开发难度大的偏远山区的建档立卡贫困户。易地扶贫搬迁对象的认定是一个双向选择的过程，一方面搬迁对象要符合包括经济水平、居住位置等维度的申请条件；另一方面，按照"自愿原则"，搬迁人口必须持有参与易地扶贫搬迁的意愿。但由于中国传统社会的乡土性质，农村社区居民尤其是年长居民普遍有着较浓的土地依赖与乡土眷恋，不愿搬迁。因此，政府部门在易地扶贫搬迁过程中不仅需要负责搬迁人口认定工作，同时还肩负着群众动员工作。

---

① 易棉阳：《论习近平的精准扶贫战略思想》，《贵州社会科学》2016 年第 5 期。

易地扶贫搬迁对象的识别由发改部门牵头组织，扶贫办配合，采取"实地入户"的方式对符合条件且有搬迁意愿的建档立卡贫困人口进行认真摸底，逐户进行了核对，具体包括两个步骤：第一步是建档立卡贫困人口的识别；第二步是从建档立卡贫困人口中识别出搬迁人口。第一步工作由崆峒区扶贫办负责，采取"12345"的识别思路，第二步工作以"自主申报、政府审核"的方式进行，符合条件且具有搬迁意愿的民众可以向当地村民委员会申请，相关单位会深入农村社区，对申请者的基本情况进行审核，通过审核者便被纳入易地扶贫搬迁对象。搬迁对象确定后，农户、村、乡、区、市各级还需要自下而上签订搬迁承诺书，以确保对搬迁对象的精准识别和责任制承诺。需要注意的是，崆峒区易地扶贫搬迁对象不仅在建档立卡贫困人口中筛选出，还将部分非建档立卡贫困人口但实际生活水平接近于贫困状态、地处偏远且不易发展的群体纳入在内。

在实际认定过程中，搬迁人口识别工作的开展面临诸多困难。一方面由于地处偏远、贫困程度较深、文化程度较低、信息沟通不畅，易地扶贫搬迁潜在对象难以充分得知或较好地理解相关政策；另一方面，乡土情结往往限制着潜在搬迁对象的搬迁意愿。对此，崆峒区发改局有效采取了针对措施：一方面，发改局以农村社区为单位，委派村委会成员入户讲解相关政策，做好本行政区域易地扶贫搬迁政策普及和讲解工作；另一方面，对于部分抗拒搬迁的民众，村委会进一步加强沟通，向其讲解、分析易地扶贫搬迁的实际益处以及相关政策，但最终搬迁与否还是以民众意愿为准。

（二）迁入地的筛选：离土不离乡

迁入地的选择对易地扶贫搬迁而言具有重要意义，不仅影响着搬迁社区的后续发展，还涉及搬迁民众社会融入与适应等一系列问题。具体而言，迁入地的选择一般需要考虑以下三方面因素：一是迁入地的自然地理条件；二是迁入地的社会文化环境；三是迁入地与搬迁地之间的空间距离，即迁移距离。

　　首先，就迁入地的自然地理条件而言，一般选择地势相对平坦、交通条件相对便利、自然灾害相对较少、自然资源相对丰富的区域。崆峒区易地扶贫搬迁多发生在南部山区，通常采取"从山上到山下"的搬迁方式，迁入地多选择在地势较低、相对平坦的山谷地区。其次，就迁入地的社会文化环境而言，搬迁地与迁入地之间在生活习惯、宗教信仰、社会习俗等方面的契合或差异都会对搬迁后的社会融入以及经济发展产生重要影响。若两地之间在上述方面契合性较高，迁入民众在社会适应与融入方面则相对顺利，也有利于后期发展；反之，则会对迁入民众的社会适应与融入产生较大阻碍。由于崆峒区属于回汉混居区域，回汉之间的民族差异是迁入地选择过程中需要着重考虑的问题。最后，就迁移距离而言，迁出地与迁入地之间的差异以及迁移成本一般会随着迁移距离的增长而扩大，进而为易地扶贫搬迁过程带来阻碍；反之，若迁移距离过近，迁入地较之迁出地在交通条件、自然资源等方面都难以有较大改善，对扶贫攻坚助力有限。综合考虑上述因素，迁入地的选择应当从实际情况出发，在迁移距离上需要在远近之间把握住平衡——崆峒区易地扶贫搬迁工作中提出了"起底一公里，最远不离乡"的要求。

二、共同参与：易地扶贫搬迁社区开发修建

　　"精准识别"环节之后，下一步工作是易地扶贫搬迁的主体部分——搬迁实施与安置社区建设。社区治理是政府与社区组织、社区公民共同管理社区公共事务的活动。① 安置社区的修建工作主要由政府部门牵头负责，崆峒区发改局在易地扶贫搬迁过程中积极引导各方

---

① 魏娜：《我国城市社区治理模式：发展演变与制度创新》，《中国人民大学学报》2003 年第 1 期。

力量，尤其是搬迁人口共同参与到搬迁社区开发修建过程中，实现了社区治理多元化。

（一）多元参与，共同助力搬迁社区建设

崆峒区易地扶贫搬迁工作由区发改局牵头负责，积极引导相关群体参与、链接可借助资源，逐渐形成了政府部门主导、社会力量加入、搬迁人口参与的"多元参与"格局，共同助力搬迁社区建设。

首先，政府部门在易地扶贫搬迁工作过程中，扮演着推动者、支持者、领导者的角色。易地扶贫搬迁涉及居民搬迁、社区建设、后续发展等方面，涉及大量人力、物力以及行政资源，因此，易地扶贫搬迁工作的开展离不开政府部门的推动与支持。崆峒区易地扶贫搬迁实践主要由区发改局负责，住建局、水利局、畜牧局、宣传部等部门也参与其中，共同助力易地扶贫搬迁。

其次，社会主义市场经济时代，易地扶贫搬迁安置社区的建设与发展都深受其影响，离不开社会、市场力量的参与。易地扶贫搬迁过程中，政府部门通过直接购买、政策优惠等方式直接、间接地促进社会力量参与：一方面，政府部门以项目发包的方式，将安置社区的工程建设交由专门的建筑公司，政府部门主要负责监督和检测工作；另一方面，在后续发展阶段，崆峒区政府通过各项优惠政策的制定，吸引各类企业和社会组织入驻安置社区，以助力易地扶贫搬迁社区发展。[①]

最后，崆峒区发改局成立专门的以工代赈办公室，通过"以工代赈"的方式鼓励搬迁人口参与搬迁社区建设过程，将搬迁环节与提高社区居民经济收入相结合，将社区建设环节与社区发展环节相衔接。就其效果而言，一方面"以工代赈"的方式能够为当地贫困人口提供

---

① 殷丹丹、孙淼：《新时代社会组织参与农村精准扶贫的研究》，《法制与社会》2019 第 3 期。

大量就业岗位与就业机会，直接增加当地搬迁民众的经济收入，提高其生活水平；另一方面，"以工代赈"的方式能够让当地居民直接参与到安置社区建设过程中，进而增强搬迁民众的认同感与归属感。

（二）接续发展，生活与生产措施并举

易地扶贫搬迁，搬迁只是手段，扶贫才是目的。易地扶贫搬迁是以易地搬迁安置的方式，改善贫困人口生活水平的重要扶贫举措之一。因此，在易地扶贫搬迁过程中，不能仅仅着眼于搬迁、安置环节，而是需要在易地搬迁与社区发展之间保持动态平衡，实现两者间的有效衔接。崆峒区在安置社区建设过程中，一方面不断加强基础设施建设，切实改善搬迁民众的生活质量；另一方面坚持产业引领，推动易地扶贫搬迁安置社区的后续发展。为了积极探索易地扶贫搬迁的新模式，崆峒区委区政府坚持"因地制宜、统筹规划、基础先行、产业配套"的原则，结合各乡镇实际，进行安置社区建设。

崆峒区发改局坚持"基础先行"，在安置社区基础设施建设方面加大资金投入，确保安置社区人居环境、居民生活质量得到切实改善与提高。具体而言，崆峒区发改局从以下几个方面推进安置社区基础设施建设：首先，以安置住房为核心，为搬迁民众提供安全、舒适、功能齐全的安置住房。其次，关注搬迁民众的物质生活环境。崆峒区发改局根据各安置社区实际情况，投资建设了太阳能路灯、光伏发电、供水网络、道路硬化工程等，大大改善了安置社区的人居环境。最后，公共服务设施并重。崆峒区政府不仅注重安置社区的物质生活环境，还注重安置社区公共服务设施建设，力求做到每个安置社区都有自己的"三个中心"，即社区党建中心、社区卫生中心以及社区文化活动中心。安置社区基础设施建设力度的加大，有效解决了群众居住分散、基础设施无法配套的难题，实现了生活方式城镇化、居住环境优美化，搬迁民众的生活质量明显提高，基本上实现了"搬得出、稳得住"的第一步目标。

此外，崆峒区在加强安置社区基础设施建设的同时，坚持"产业配套"原则，将安置社区建设与产业发展相结合，进而实现"能致富"的第二阶段目标。一方面，崆峒区政府因地制宜，依托安置社区优势资源，通过引进先进技术、改进生产设施的方式，将传统种植业和红牛养殖业与安置社区发展相结合，推动社区经济发展。另一方面，崆峒区政府将生态环境保护与产业发展相结合，积极推动生态环境良好、交通条件便利的安置社区发展第三产业，如旅游业、农家乐等，不仅实现了"绿水青山就是金山银山"的可持续发展模式，同时还优化了当地的产业结构。此外，崆峒区政府还通过各项优惠政策的制定、颁布，吸引外来企业入驻，实现了安置社区与外界企业之间的联动发展。

"十三五"期间，崆峒区易地扶贫搬迁安置社区建设过程中，共配套建设集中式养殖小区 29 处 29965 平方米，种植核桃、苹果、花椒等经济作物 603 亩，外出务工 1054 人。搬迁群众的生产方式由原来的单一种植业向畜牧养殖、果菜开发、商贸服务、劳务输出等多元化转变，改变了以往"靠天吃饭"的状况，实现了"搬得出、稳得住、有事做、能致富"的目标，脱贫致富步伐不断加快。

三、多元并进：关注社区健康持续发展

"精准扶贫"与传统粗放式扶贫相比，未将摆脱经济上的贫困视作单一目标，而是强调贫困人口、贫困社区"五位一体"的全面发展。在易地扶贫搬迁社区建设方面，崆峒区政府在强调以产业发展为引领的同时，坚持三个同步：一是生态环境建设同步，二是精神文明建设同步，三是帮扶政策接续同步。

（一）生态和谐：搬迁与旧地复绿相结合

"绿水青山就是金山银山"，易地扶贫搬迁不应以破坏生态环境

为代价。但在实际情况中，易地扶贫搬迁涉及旧房拆除、安置社区建设与发展等多个环节，这些环节都极易对生态环境产生破坏。在易地扶贫搬迁过程中，崆峒区发改局从安置社区建设与旧地处置两个方面共同入手，以实现生态和谐。

就安置社区建设而言，崆峒区政府以创建国家级生态文明建设示范区为目标，在移民搬迁工程中扎实开展农村人居环境改善行动。一方面，以林业助建新农村和村庄绿化为重点，在生态移民社区周围实施"封山禁牧、封山育林"，有效保护了搬迁社区整体生态环境；另一方面，崆峒区政府从生产和生活两个方面入手，共同推动安置社区内部生态建设。在安置社区建设过程中，崆峒区政府既注重安置社区内的清洁生活基础设施建设，如污水处理、垃圾分类设施等，也积极推动安置社区内清洁生产设施的建设，安置社区往往都会配套"养牛小区"、沼气池等设施。崆峒区在易地扶贫搬迁过程中，兼顾安置社区周围环境改善与社区内部环保措施建设，共同助力了安置社区生态环境的改善。

除了从安置社区建设方面入手外，崆峒区政府还对搬迁人口的原居住地实行宅基地复垦，有效促进了迁出区的生态恢复和保护。迁出区群众原居住地由于自然条件差、生存环境恶劣、生产方式落后，群众多从事放牧、开荒等活动，严重破坏了该区域的生态环境。安置社区建成后，崆峒区政府积极动员搬迁农户腾退、拆除旧宅基并按照"复垦优先"原则及时完成旧宅基地复垦复绿。经实地踏看摸底，崆峒区"十三五"易地扶贫搬迁过程中，计划共拆除符合拆除条件的旧房787套，复垦复绿363.4亩，截至2019年年底，已完成拆除580套，复垦复绿266.8亩。"原住地宅基地复垦复绿"计划有效促进了迁出区的生态恢复和保护，实现了生态搬迁与生态保护的良性发展。

（二）精神富足：关注社区精神文化建设

"扶贫先扶志"，"扶贫必扶智"，精准扶贫目标的实现不仅仅是帮助贫困人口、贫困社区摆脱经济上的贫困，文化扶贫、社区精神文化建设在精准扶贫过程中同样占据着极其重要的地位。崆峒区在易地扶贫搬迁过程中坚持"乡风文明同步"，在具体操作上坚持"加强约束，积极引导"方针，实现了易地扶贫搬迁与乡村移风易俗运动、社区精神文明建设的有效结合。

崆峒区政府在易地扶贫搬迁社区建设过程中，有效开展移风易俗运动，积极引导社会风尚不断改观。在崆峒区宣传部门的统一领导下，各安置社区村民委员会以加强外部约束的方式开展移风易俗运动。各安置社区村民委员会将去除陈规陋习纳入村规民约之中，对"红白喜事大操大办""天价彩礼"等落后行为加以约束与控制。例如，崆峒区 B 村在村规民约中便对彩礼金额提出了倡导与约束——"一般居民彩礼金额不宜超过八万元"。

在开展移风易俗运动的同时，各安置社区还坚持"积极引导"，加强社区精神文明建设。易地扶贫搬迁工程配套实施了村部、村卫生室、文化广场、文化活动室、幼儿园等公共服务设施，各安置社区村民委员会充分利用这些文化设施，以此为平台在社区范围内开展文明村社、文明家庭等各项创建活动，积极引导社区居民学习现代科学知识与理念，丰富社区居民的精神文化生活。

在一系列移风易俗运动和精神文明创建活动的影响下，搬迁人口的生活习惯、卫生习惯和思想观念等在潜移默化的过程中发生了根本转变，逐渐形成了尊重科学、追求上进、崇尚文明的社会风气，社区居民精神面貌焕然一新。

（三）政策支持：提供后续支持保障政策

易地扶贫搬迁集"搬迁—发展"于一身，是一个动态的持续发展过程，同时由于易地扶贫搬迁资金需求大，搬迁民众贫困程度较高，因此政府扮演着推动者和支持者的角色。考虑到易地扶贫搬迁的过程性和动态性，政府部门不仅要在搬迁过程中提供大量资金和政策支持，在搬迁完成的后续发展阶段，也需要辅以配套的帮扶政策，以确保搬迁对象"搬得出、稳得住、能致富"。在安置社区后续发展阶段，崆峒区政府从以下几个方面为社区居民提供政策保障：

一是接续已有保障政策。安置社区以贫困人口为主，他们往往享有建档立卡贫困户的各项政策，同时也享有社会范围内的医疗保障政策等。易地扶贫搬迁过程使得他们居住地发生了改变，户籍、档案归属等也都发生了相应改变。因此，搬迁完成后，有关政府部门必须协力完成社会保障政策接续工作，以确保搬迁民众各项原有社会保障不受损。

二是提供后续社会生活适应政策。易地扶贫搬迁集"搬迁—发展"于一身，在实现安置社区发展之前，必须解决搬迁民众的社会适应与融入问题。易地扶贫搬迁民众在搬移初期由于生活环境和社会关系网络发生变动，往往面临着社会适应方面的问题。在此阶段，崆峒区政府旨在促进搬迁民众的社会适应与社会融入，制定了相应的社会政策，例如"一户一策"政策，即从搬迁民众的具体情况出发，提供相应的帮扶。

三是提供产业和就业帮扶政策，以促进安置社区发展。一方面，崆峒区政府为安置社区产业发展提供了大量的资金支持和政策优惠，既通过政策优惠吸引产业入驻，也为已有产业提供直接补助，例如为社区居民发放红牛养殖补助。另一方面，崆峒区政府在全区所有集中安置社区开展技术就业培训，为就业创业提供指导帮助，并辅以配套的就业、创业扶持政策，如发放培训补贴、就业补贴、创业无息贷款等。

四、协调利益：促进社会公正与融入

易地扶贫搬迁实践过程中，相关部门往往将重点放在基础设施建设和产业发展上，而忽视了安置社区的社会文化环境，忽视了安置社区的社会公正、社会适应与融入问题，但这些问题也是影响安置社区发展的重要因素。实际上社会公正与社会融入、团结之间呈现出正相关关系，[①] 社会公正程度越高，社会融入和团结程度也相对较高，反之，社会团结则会出现问题。

在易地扶贫搬迁的崆峒实践中，崆峒区政府以安置社区为平台开展易地扶贫搬迁工作，在加强安置社区基础设施建设的同时，还对安置社区的社会公正、社会融入与社会团结予以关注，促进搬迁民众社会融入与发展。具体而言，崆峒区政府在易地扶贫搬迁过程中，本着"提高社会公正，促进社会团结"的思路，对贫困人口内部关系、贫困人口与非贫困人口之间的关系、搬迁民众与原住民之间的关系这"三对关系"进行治理，以更好地推动安置社区发展。

（一）贫困人口内部

就易地扶贫搬迁贫困人口而言，其内部有时会因彼此间政策优惠力度、补贴标准上的差距而产生间隙。崆峒区发改局在易地扶贫搬迁过程中始终坚持"一户一策"政策，即在"精准识别"的基础上，根据不同家庭的不同情况制定适应的帮扶政策。"一户一策"政策的出台是由于每一户的具体情况都不相同，其具体帮扶政策之间也势必存在差异。但这种差异仅仅是具体帮扶方式上的差异，崆峒区发改局在具体住房安置、补贴标准等方面却始终坚持"一个标准"，即所有搬迁民众在安置住房面积以及补贴上都按照统一标准进行。综合考虑实际情况，崆峒区政府并未简单按照人均面积进行安置重建，而是采取了按户进行，即根据一户的人数提供相应面积的安置住房，具体标准如下：家庭人口4人以下的，住房建筑面积以60平方米为主；家庭人口为4人的，可适当增加到80平方米；家庭人口4人以上的，住房面积控制在100平方米以内。城镇购房安置的，家庭人口4人以下

---

① 高丙中：《社团合作与中国公民社会的有机团结》，《中国社会科学》2006年第3期。

的，购房建筑面积以 60 平方米为主；家庭人口为 4 人的，购房建筑面积以 75 平方米为主；家庭人口 4 人以上的，住房面积控制在 90 平方米以内；人均住宅面积不得超过 20 平方米。

崆峒区在住房面积和补贴力度上坚持按照统一标准行使，严格控制安置住房面积超标问题的出现，以此减少、控制易地扶贫搬迁贫困人口在政策待遇上的内部差异，进而促进贫困人口内部的社会团结。

（二）贫困与非贫困人口之间

易地扶贫搬迁作为"精准扶贫"工程的重要举措之一，资金支持也是由"精准扶贫"工程专项划拨，旨在帮扶建档立卡贫困户中，因区位条件限制其他常规扶贫手段难以发挥作用的部分人群摆脱贫困。但建档立卡贫困人口认定的关键标准是可支配收入的多少，在我国农村地区，尤其是整体经济发展水平偏低的农村地区，居民之间收入差距相对较小，因此存在着因可支配收入略高出建档立卡贫困人口认定标准而无法被纳入建档立卡贫困人口保障范围，但实际上也处于贫困状态的人群。由于精准扶贫的一系列政策优惠以及补助，被认定为建档立卡贫困人口经济收入、生活质量都得到了较大提高和改善，对比之下，那部分可支配收入略高于认定标准的群体反而成为最贫困群体，这类群体也最容易产生不满情绪，进而影响社会团结与稳定。

崆峒区政府在精准扶贫过程中，并未忽视这部分群体，而是对其予以了极大的重视，不仅建立了动态的建档立卡贫困人口认定体系，对社区居民进行动态审查，确保在完成脱贫一批的同时，将新的贫困人口纳入保障范围；同时，崆峒区发改局还在易地扶贫搬迁过程中，将未被认定为建档立卡贫困户，但实际上处于贫困状态的群体纳入保障范围。具体而言，崆峒区发改局组织各村委会对行政区域内的居民进行筛查，将实际上处于贫困状态，且符合易地扶贫搬迁其他审核条件的非建档立卡贫困人口纳入保障范围。需要注意的是，受客观条件限制两者在帮扶力度上存在一定差异，但仍对贫困人口与非贫困人口之间关系的改善发挥了一定作用。除此之外，崆峒区发改局在安置社区建设过程中采取了以工代赈的方式引导居民参与，以工代赈的对象同时将贫困人口与非贫困人口囊括在内，较好地引导双方共同参与安置社区建设，促进了贫困人口与非贫困人口之间互助机制的培育。

（三）搬迁民众与原住民之间

易地扶贫搬迁是一个动态过程，不仅需要实现安置社区的发展，同时还涉及贫困人口的搬迁、安置过程。虽然集中搬迁以重新规划、建设安置社区的方式为主，但安置社区的选址往往在人口相对集中的行政村周边，因此，易地扶贫搬迁不仅涉及贫困人口与非贫困人口之间的关系问题，搬迁人口与原住民之间的关系也需要解决。搬迁过程中，搬迁民众与原住民在生活习惯、宗教信仰以及安置社区与原有农村社区基础设施上的差异等因素都会影响到搬迁民众的适应与融入。

综合考虑上述因素，崆峒区发改局一方面在"精准识别"阶段，加强对迁入地的筛选，坚持"离土不离乡"的原则，在确保安置社区发展条件的前提下，尽可能选择搬迁距离近、社会风俗等方面接近的地方作为安置地点，以减少搬迁人口与原住民之间的隔阂。另一方面，崆峒区发改局在建设安置社区的同时，住建局也会加强对原有农村社区人居环境的治理，以缩减安置社区与原有农村社区基础设施等方面的差异。与此同时，崆峒区发改局还以产业发展为核心，积极推动搬迁民众与原住民共同参与，让搬迁人口与原住民在产业发展中共同获利，该措施本身也促进了搬迁人口与原住民之间互助机制的培育。

近年来，崆峒区围绕"搬得出、稳得住、能致富"这一目标，加大项目争取和实施力度，强化措施，狠抓落实，较好解决了一批困难群众脱贫致富的问题，取得了显著成效。"十三五"期间，全区易地扶贫搬迁共投入资金 2.61 亿元，建设集中安置点 44 个，实施易地扶贫搬迁 1467 户 5783 人，建成了峡门乡颉岭村易地扶贫搬迁与扶贫开发相结合、麻武乡月明村易地扶贫搬迁与旅游产业开发相结合、大寨乡桂花村等易地扶贫搬迁与生态建设相结合的典型，对改善群众生产生活条件和生态环境、加快脱贫致富步伐、提高群众生活水平发挥了重要作用。

第四节　社区为本：农村人居环境治理的崆峒经验

社区是社会成员的生活共同体，社区环境时刻影响着社区居民的生活质量。因此，社区人居环境治理是社区整体发展的重要内容，也是"精准扶贫"工程的重要组成部分。但在当前"精准扶贫"脱贫攻坚过程中，各地实践就介入层次而言更多地靶向于个人或家庭层面；就发展取向而言，更多地侧重于经济发展，对农村社区整体层面尤其是社区人居环境缺乏足够的重视。崆峒区政府在"精准扶贫"过程中自发地将生态环境建设作为重要取向，并以农村社区为平台推进人居环境治理，这为其他地区农村人居环境治理实践的开展在理念、经验等层面提供了借鉴。

一、协调发展：经济、文化、生态环境共进

农村社区作为农村居民生活共同体集经济、文化与生态等要素于一身，具有复合性。相应地，农村社区环境不仅包括经济环境，还将文化环境与生态环境囊括在内。我国长期发展过程中的经验显示，农村社区的经济、文化以及生态环境之间的关系并非此消彼长，而是息息相关的，只注重社区单一环境建设必将导致社区整体的畸形发展。同时，"精准扶贫"目标的实现，不仅仅旨在帮助贫困人口摆脱经济

上的贫困，还要帮助贫困人口摆脱精神的贫瘠、不断改善贫困人口的生活环境、不断提高贫困人口的生活质量。社区环境的复合性以及"精准扶贫"目标的多元化都对农村社区环境建设提出了新的要求——协调发展，经济、文化与生态环境共进。具体而言，崆峒区在社区环境协调发展方面为我们提供了以下几点经验借鉴：

其一，将生态环境作为社区发展的底线与基本要求。在社会主义初级阶段的探索时期，无论是在我国城市地区还是农村地区都曾经一度以经济发展水平作为衡量区域整体发展水平的唯一标准。各级政府为了追求地方经济发展，不惜以牺牲生态环境为代价，其结果是获得了经济一时的繁荣，但长远来看却承担了更大的恶果。纵观近现代我国发展历程，类似事件或情况屡见不鲜，这也为现阶段的发展敲响了警钟：绿水青山就是金山银山，经济发展绝不能以破坏生态环境作为代价，[1] 在农村社区发展过程中，必须将保护社区生态环境作为底线与基本要求。

其二，将生态环境建设与社区经济发展相结合。在市场经济取得巨大发展的今日，我国整体产业结构也发生转变：从第一产业和第二产生"两条腿走路"转向第一、第二、第三产业协同发展。与第一、二产业不同，第三产业对物质资源依赖性较小、对生态环境的破坏程度也较低，甚至很多第三产业本身便是依托于良好的生态环境而展开，扩大第三产业在国内生产总值中的比重会带来经济的良性增长。[2] 调整经济结构是转变发展方式的重要内容，对加快经济发展方式转变具有决定性意义。[3] 崆峒区大力发展乡村生态旅游业，以调整当地产业结构与发展方式，较好地将农村社区的生态优势转化成经济优势，将"绿水青山"转化成"金山银山"，进而实现生态环境建设

---

① 郇庆治：《社会主义生态文明观与"绿水青山就是金山银山"》，《学习论坛》2016 年第 5 期。

② 刘伟、李绍荣：《产业结构与经济增长》，《中国工业经济》2002 年第 5 期。

③ 李克强：《关于调整经济结构促进持续发展的几个问题》，《求是》2010 年第 11 期。

与社区经济发展的有效结合。

其三，将生态文明观念寓于社区文化建设。"精准扶贫"将"扶贫先扶志，扶贫必扶智"作为宗旨，贫困人口的脱贫不仅仅是摆脱经济上的贫困，还要摆脱精神上、文化上的贫困。因此，文化扶贫是"精准扶贫"的重要组成部分。崆峒区政府将生态文明观念作为文化扶贫的重要内容。崆峒区政府在文化扶贫过程中，在农村社区开展文化宣传，将生态文明作为重要内容，扭转了农村社区居民粗放式的生产观念，促进了当地居民生态文明观念与生态发展理念的培育。

二、社会团结：贫困与非贫困人口利益兼顾

在经济落后区域，居民收入差距较小，建档立卡贫困人口与非贫困人口之间的界限并非泾渭分明。在农村社区除认定的建档立卡贫困人口外，仍然存在大量事实上处于贫困状态、面临诸多困境的非建档立卡贫困人口。由于他们并不具备"建档立卡"的资格认定，因此无法享受建档立卡贫困人口所享受到的一系列帮扶与补助，此消彼长之下，他们往往处于"相对剥夺地位"[①]，反而陷入最为困难的境遇，进而导致贫困人口与非贫困人口之间裂痕的产生，破坏了农村社区内部的团结，限制了社区整体发展。笔者在研究过程中发现，崆峒区扶贫办在精准扶贫过程中，不仅在能力范围内有效兼顾了农村社区内部非建档立卡贫困人口的合理诉求，以消除社会隔阂；还以贫困人口与非贫困人口之间的共同问题与需求为纽带，促进双方间的互助合作。具体而言，崆峒区政府在社区环境建设过程中，从"消除隔阂"与"引领合作"两个方面入手，促进了农村社区的团结与发展：

一方面，兼顾非建档立卡贫困人口合理诉求，促进社会团结的实

---

① 所谓相对剥夺地位，指的是某一个人或社会群体与同一社会的其他成员群体相比较，所处的对有价资源占有较少或不占有的状态。（参见刘欣：《相对剥夺地位与阶层认知》，《社会学研究》2002 年第 1 期）

现。崆峒区政府在"精准扶贫"过程中，不仅依据政策对建档立卡贫困人口提供了大力援助，同时还将农村社区内的非建档立卡但事实贫困人口纳入考量范围。通过满足这部分群体合理诉求的做法，改善其相对剥夺地位、削弱其"相对剥夺感"，进而促进非建档立卡贫困人口与建档立卡贫困人口之间的社会团结。具体而言，崆峒区政府从实际情况出发，将非建档立卡贫困人口纳入危房改造和易地搬迁扶贫体系之中，为存在实际需要的非建档立卡贫困人口提供住房保障或易地搬迁补贴。虽然两者间在补助力度上存在一定差距，但这样的做法有效照顾到了当地非建档立卡贫困人口的心理感受，尤其是未被认定为建档立卡贫困户但实际处于贫困状态群体的合理诉求，有效防止了贫困人口与非贫困人口之间社会隔阂的产生，促进了贫困社区的社会团结以及易地搬迁贫困人口的社会融入。

另一方面，善用双方供求，积极引导贫困人口与非贫困人口互助发展。中国农村地区的贫困问题常常是区域性的，社区内贫困人口与非贫困人口之间的贫困差距往往是相对的，整体经济发展程度偏低的背景下，双方往往面临诸多共同问题与需要。这些共性问题与需要往往为贫困社区内部贫困人口与非贫困人口之间互助机制的培育提供了契机。崆峒区政府不仅在政策层面将非贫困人口也纳入住房保障以及易地扶贫搬迁范围内，在具体执行层面也善用双方供求，积极培育互助机制。具体而言，崆峒区政府在住房改造与搬迁社区建设过程中，采取"以工代赈"的方式，无差别地吸引贫困人口与非贫困人口共同参与到危房改造、搬迁社区建设以及后续产业发展过程之中，并且在参与过程中，积极引导、加强贫困人口与非贫困人口之间的协作，促进了农村社区内部互助机制的培育。

三、有效衔接：环境建设与社区发展相结合

"精准扶贫"是一个复合性的动态过程。农村社区人居环境治理

是农村社区整体发展战略中的重要组成部分与工作内容，同时其本身也是衡量社区发展程度的重要标准之一。社区发展就广义而言涵盖了社区的方方面面，此时社区人居环境治理是社区发展的重要内容，人居环境的优劣也是衡量社区发展程度的重要标准；就狭义而言，社区发展特指社区经济发展，与社区环境治理之间息息相关。在对"社区发展"这一概念的解读中，不难发现社区人居环境治理对于社区发展的重要意义，应当将两者紧密结合，具体而言包括以下三个层面：

首先，就微观层面而言，必须坚持农村社区人居环境治理与社区经济发展相结合。绿水青山就是金山银山，农村社区经济发展不能以牺牲社区生态环境为代价，[1] 而应充分利用生态环境优势，将社区环境治理与社区经济发展相结合。崆峒区政府在"精准扶贫"攻坚过程中，充分发挥制度优势，在整体设计层面将农村社区人居环境治理与社区产业发展相结合，通过建设养牛社区（即在农村社区内设置统一的红牛养殖区域，以取代传统分散养殖）的方式，一方面使得人畜居所分离，达到了农村社区人居环境整治的效果，另一方面也为社区内的养殖户提供了一个集体平台，有利于居民内部形成合力，共同推进社区红牛养殖业发展。

其次，就中观层面而言，必须坚持农村社区人居环境治理与"精准扶贫"相结合。农村社区人居环境治理是农村社区发展的重要面向，也是"精准扶贫"工作的重要内容。基层政府必须将农村人居环境治理置于"精准扶贫"脱贫攻坚整体工作之中，实现两者间的有效结合。具体而言，农村社区人居环境治理与"精准扶贫"工作的结合体现在以下三个层面：一是整体布局层面。各级政府应当坚持党的统一领导，加强各部门间的协作与统筹安排，充分发挥制度优

---

① 郇庆治：《社会主义生态文明观与"绿水青山就是金山银山"》，《学习论坛》2016年第5期。

势，加强农村社区人居环境治理与"精准扶贫"工作之间的统筹协作。二是资源配置与财务管理层面。各级政府不仅要在规划层面将两项工作有效结合，人居环境治理本身也是社区脱贫、发展过程中的重要内容，因此也要为农村社区人居环境治理提供相应的资金与资源支持，并通过财务资金的统一配置来提高资源利用率。三是工作目标与评价体系层面。农村社区人居环境治理是"精准扶贫"工作中的重要内容，也是衡量"精准扶贫"工作成效的重要标准，因此应当将农村社区人居环境纳入"精准扶贫"工作的目标体系以及评价考核体系之中，以提高两者间的一致性与兼容性。

最后，就宏观层面而言，必须坚持"精准扶贫"与"乡村振兴"相衔接。2020 年，"精准扶贫"脱贫攻坚这一伟大的战役胜利结束，绝对贫困在全国范围内消除，但这并不意味着我国乡村的全面发展已经实现。"精准扶贫"只是农村发展的初级阶段，全面脱贫只是农村发展过程中的阶段性成果，但也为下一步"乡村振兴"阶段的到来奠定了基础。要实现农村地区的真正发展，必须将"精准扶贫"与"乡村振兴"有效衔接。要谨防"返贫困"现象的发生，并且积极引导扶贫工作从"救助"取向转向"发展"取向，从"外部培育"转向"内源性"发展，以实现从"精准扶贫"到"乡村振兴"的有效衔接。

从上述三个层面我们不难发现，各级地方政府在"精准扶贫"过程中，应当充分发挥制度优势，加强统筹，既要将农村社区人居环境治理与社区经济发展相结合，也要将农村社区人居环境治理与"精准扶贫""乡村振兴"整体战略相结合，实现农村社区"脱贫—发展—振兴"各环节之间的有效衔接，以推动农村社区的全方位发展。①

---

① 史磊、郑珊：《"乡村振兴"战略下的农村人居环境建设机制：欧盟实践经验及启示》，《环境保护》2018 年第 10 期。

四、内生发展：培育社区居民互助参与机制

"社区为本"的反贫困工作，其中最为关键之处在于工作对象从个人、家庭延伸至社区层面，将"造血式"扶贫理念从个人、家庭"自助"层面拓展到社区居民"互助"层面。在农村社区环境建设过程中，政府不仅要积极引导社区居民参与，还要有意识地在参与过程中培育社区居民互助机制。

第一，居民参与社区环境建设的过程也是通过良性互动使得社会关系不断改善的过程。社区为本视角下的"精准扶贫"模式以社区为平台，通过社区发展带动社区内贫困人口脱贫，其中涉及社区内部的多重关系，具体包括社区成员之间的关系、社区内各群体之间的关系、个人与群体之间的关系、个人与社区之间的关系等多对关系范畴，这些关系共同构成了贫困社区内部关系网络。一方面，居民参与社区环境建设的过程实际上是居民之间、各群体之间相互协作的过程，也是一个不断磨合、相互适应以形成合力的过程，在此过程中，社区内部居民之间、群体之间、个人与群体之间的关系能够得到改善；另一方面，居民参与社区环境建设的过程同样也是居民不断了解社区、不断助力社区发展的过程，在此过程中，居民对社区的归属感和认同感都会得到提升，进而使居民与社区之间的关系得到改善。

第二，居民参与社区环境建设的过程也是居民素质不断提高的过程。"精准扶贫"是一种与传统"粗放式扶贫"相区别的扶贫方式，将"扶贫先扶志，扶贫必扶智"作为宗旨。[1] 在此理念下，"精准扶贫"的目标不再局限于贫困人口经济收入状况的改善，居民能力、素质的提升也被纳入"精准扶贫"的目标体系，能力的成长被作为

---

[1] 胡光辉：《扶贫先扶志　扶贫必扶智——谈谈如何深入推进脱贫攻坚工作》，《今日海南》2017年第2期。

衡量贫困人口是否脱贫的重要标准。居民参与社区环境建设的过程，实际上也为社区居民提供了一个提高自身能力与素质的机会。"社区为本"的反贫困工作，实际上可以看作地区发展模式与社会策划模式的集合，前者提倡社区居民自下而上地参与到社区建设过程中，推动社区发展；后者则提倡"专家策划、居民执行"的方式，自上而下地推动社区发展。因此，"社区为本"的反贫困工作实质上是专家自上而下地指导与社区居民自下而上地参与相结合的过程。居民参与社区建设的过程对于居民而言也是一个提高自身能力与素质的机会：一方面，社区居民参与到专家制定的发展规划项目中，往往需要经过培训环节，在执行过程中也会受到指导，这些培训与指导都为居民能力与素质的提升提供了机会与空间；另一方面，居民参与社区建设的过程是一种主动式参与而非被动式参与，他们需要以合作的方式解决建设过程中所遇到的各种问题与挑战，在解决问题、应对挑战的过程中，居民的主体意识与能力都会得到提升。因此，居民参与社区建设的过程也是社区居民能力与素质不断提升的过程。

第三，社区居民互助机制的培育有利于贫困社区内生性动力的挖掘。"精准扶贫"秉持"造血式"扶贫理念，强调脱贫动力源"由外及内"的转变，注重居民内生性动力的培育。在传统的扶贫模式中，更多地将目光靶向个人或家庭层面，对内生性动力的挖掘局限于个体层面。但实际上，农村社区内部民众之间、群体之间的互动也是社区重要的内生性动力源头。社区居民互助机制的培育将农村社区内部个体动力与群体动力机制联系起来，极大地推动了农村社区内部发展动力的挖掘：一方面，就个体动力机制而言，社区居民互助机制的运转离不开社区内诸多个体的参与，在此过程中，贫困个人作为参与者不仅在能力上可以得到提升，而且内生性动力也得到了增长；另一方面，就群体动力机制而言，社区居民互助机制的培育也为社区内的居民提供了一个直接参与群体互动的平台，极大地推动了社区内群体性动力的挖掘。

第九章

社区为本的反贫困模式的
特征及其反思

　　社区为本的反贫困模式具有整体性、系统性和可持续性的特征。社区为本的反贫困模式关注社区及其整体发展，强调反贫困过程中社区政治、经济、文化、社会以及生态建设各方面的综合发展，注重对贫困群体能力的提升和社区优势资源的整合，以促进社区的协调可持续发展为目标。崆峒区在反贫困实践中，坚持以"政府主导，群众主体""区域化推进""开放式扶贫""扶志为先，扶智为核，扶业为本"的反贫困理念，围绕着政治、经济、文化、社会和生态文明五大方面开展具体实践，重视社区的整体发展、优势、社会资本以及可持续发展，其反贫困实践过程表现出社区为本的反贫困实践特征。本章以崆峒区的反贫困实践为例，整理崆峒区反贫困的实践经验，归纳社区为本的反贫困模式及其特征。章末对社区为本的反贫困模式进行了反思，并对模式的未来发展提供了可行建议。

第一节　崆峒区社区为本的反贫困实践特征

　　2013 年，崆峒区建档立卡贫困村有 105 个、贫困人口 4.89 万人，贫困发生率为 14.9%。崆峒区的贫困人口主要分布在麻武、峡门等南部阴湿林缘区和安国、西阳等北部干旱山塬区以及少数民族聚居区三个片带，呈现出贫困集中连片的特点。因而，从社区层面促进该地区的整体发展来实现脱贫具有重要意义。

南山北塬沟壑区贫困片带和少数民族贫困片带地形复杂、沟壑纵横，恶劣的自然环境导致这些地区抵御自然灾害的能力较弱，自然资源受限，难以形成规模化、集约化的生产，同时由于这些地区农民思想保守，劳动力素质不高，很难应对激烈的市场竞争，引发崆峒区经济、文化、社会等多个层面处于劣势。因此，崆峒区一方面借助脱贫的优惠政策，通过外部的资源输入和对口经济合作，改善了社区发展的外部环境，促进了社区的经济发展、基础设施建设和教育与社会保障等多个层面的进步，缓解了结构性障碍的限制；另一方面整合社区的原本优势资源（如牛林果蔬产业等）推动社区经济和文化的发展，并通过提高劳动力素质，调动贫困群体的主体性，激发个体自我发展的能力，借助组织的形式（如合作社、社会各界的合作）凝聚社区力量，从而促进社区优势的有效发挥，盘活了社区活力，推动了社区的整体进步和实现社区脱贫。

在实践中，自 2013 年以来，崆峒区深入贯彻习近平总书记关于扶贫工作的重要论述，把脱贫攻坚放在工作的第一位，以"六个精准"为基本要求，以"五个一批"为主要途径，通过开展以党建引领为主的涉及产业培育和发展、文化与教育建设、公共服务保障以及生态环境建设的多方面工作，切实贯彻各项政策，扶贫工作取得了明显的成效。2018 年 7 月，崆峒区通过贫困县退出国家专项评估检查；9 月，经国务院扶贫开发领导小组同意、省政府批准，退出贫困县序列。在脱贫摘帽之后，崆峒区继续深化落实"一户一策"的脱贫措施，实施"富民产业、基础设施、政策保障、帮扶协作、机制创新、基层组织"的六大巩固提升工程，集中力量补齐短板，持续巩固脱贫攻坚的成果。截至 2018 年年底，崆峒区贫困人口人均可支配收入由 2013 年的 2470 元增加到 5526 元，累计实现了 90 个贫困村、1.1 万户、4.55 万人脱贫退出，贫困人口减少到 1382 户，共计 4874 人，贫困发生率下降到 1.42%。反贫困实践效果十分显著。

总的来说，崆峒区的反贫困实践可以从实践的理念、内容和特点三方面来归纳其主要特征。

一、反贫困实践理念

崆峒区以"政府主导，群众主体"为基本理念，坚持统筹发展，加强基础产业、基础设施、基本素质、基本保障和基本队伍建设，坚持"注重转变发展方式，增强可持续发展能力；注重人力资源开发，提高综合素质；注重基本公共服务均等化，改善生产生活条件；注重解决深度贫困乡村贫困问题，努力实现更好更快发展"的基本原则，形成了"区域化推进""开放式扶贫""扶志为先，扶智为核，扶业为本"的具体实践理念。

（一）政府主导，群众主体

崆峒区在实践中坚持政府的主导作用，积极发挥群众的主体力量。一方面，崆峒区充分发挥各级政府的主导作用，着力解决规划引领、项目支持、社会动员等难题，并依托国家建档立卡信息系统，通过大数据管理模式，经过多轮的建档立卡动态管理和调整，坚持落实"对象、项目、资金、措施、派人、成效"六个精准，着力解决"扶持谁、扶什么、怎么扶"的问题，做到扶真贫、真扶贫、真脱贫，让贫困人口获得更多实惠；另一方面，崆峒区坚持发挥群众主体作用，提高群众自我发展的能力，最大限度地释放群众的内生动力，使贫困群众通过自力更生、艰苦奋斗改变贫困面貌，从而过上幸福而有尊严的生活。

（二）区域化推进

崆峒区依据贫困户分布特点，确立北部干旱山塬区、南部阴湿林缘区、少数民族集聚区三大贫困片区为攻坚重点，并采取"因地制宜、因户施策"的策略。同时，根据部分贫困乡村地域相连、情况相似的事实，崆峒区打破村域、地域的界限，创新"财政专项资金+整合项目资金+金融信贷资金+社会帮扶资金+市场运作资金+群众投入资金"的投融资机制，实施了麻武、峡门、大寨等南部山区和安国、西阳、寨河等北部塬区整流域推进工程，以路串点、以点连线，全力推动整流域整片带基础设施、公共服务共建共享，从而实现脱贫攻坚效益的最大化。

（三）开放式扶贫

崆峒区依托专业扶贫、行业扶贫和社会扶贫的扶贫工作格局，建立对口支援等多形式的互利互惠、谋取双赢的帮扶机制，完善全社会参与扶贫的工作机制，以改革的思维推动脱贫攻坚工作，积极探索创新扶贫的机制和方式。一方面，该区破除体制机制的障碍，深入开展农村综合改革，推动资源变资产，促进资产变资本，赋予农户更多财产权和经营权，激发贫困群众自身的优势；另一方面该区不断提升开放合作的层次和水平，大力引资引技引智，不断增强脱贫攻坚的动力。如崆峒区动员经济实力强、发展后劲足、社会形象好的新世纪集团、百兴集团、宏达国盛等105户民营企业与贫困村开展"一对一"帮扶，帮助贫困村和贫困户改善基础条件、产业开发和人居环境等，为精准脱贫注入了强大的力量，形成了各方力量协同推进、合力共为、促进脱贫攻坚的良好局面。

（四）扶志为先，扶智为核，扶业为本

崆峒区坚持"扶志为先，扶智为核，扶业为本"的实践理念，在扶志的基础上，实现智能提升和产业发展。其一，通过宣传和教育引导的方式，帮助群众牢固树立"宁自立、不苦等，宁苦干、不苦熬"脱贫观念，增强摆脱贫困的信心，激发贫困群众自我发展的内生动力。其二，大力实施科技扶贫，选派科技特派员驻村开展科技扶贫，通过转化推广应用肉牛改良、果菜种植、旱作农业等技术成果，创建科技示范基地，大力培育科技示范户，同时整合各类培训资源，加大对贫困群众种养、

劳务等技能的培训力度，培育新型职业农民。这些措施有助于贫困群众提升自我技能，发挥贫困群众的自身优势，增强自我发展的能力。

由此，崆峒区形成了以"政府主导，群众主体"为基本的，以"区域化推进""开放式扶贫""扶志为先，扶智为核，扶业为本"为具体的实践理念。在这些理念中，"政府主导，群众主体"体现的是反贫困实践中"政府自上而下的推动"与"贫困群众自下而上的参与"的有效结合，这既可以实现政府发挥主导作用，充分给予资金支持，也能够激发贫困群众和贫困地区的优势，实现社区资源的整合。"区域化推进"跳脱出村域和地域的局限，突出了反贫困实践开展中区域的重要性，有助于发挥区域资源的整体效用。"开放式扶贫"体现在扶贫机制体制的不断改革创新，从"问题导向"转向"优势视角"，重视地区的资产，同时也体现在脱贫力量的多元化和包容性。崆峒区的反贫困实践理念内含着合作、共享、互助的价值观念，在某种程度上，崆峒区已然成为"共同体"和"社会"的结合。① "扶志为先，扶智为核，扶业为本"是对崆峒区全社会物质和精神的全面打造，是对"助人自助"的良好阐释，其以产业扶贫的方式促进经济发展，以技能培训的方式提升自我能力，以宣传教育的方式激发内在动力，对整个崆峒区的可持续发展起着重要的推动作用。

二、反贫困实践内容

崆峒区在深入调研与全面摸底的基础上，提出了"12345"的工

---

① 崆峒区的反贫困实践一方面体现出以统一和团结为特征的社会联系和组织方式，形成了"类共同体"，如扶贫力量的多元化而形成的社会扶贫格局；另一方面也有以利益和契约为基础的社会联系和组织方式，表现出"似社会"的特点，如脱贫机制体制的形成，因而是共同体和社会的结合。滕尼斯用二分法从人类结合的现实中抽出两种理想类型："Gemeinschaft"和"Gesellschaft"，即共同体和社会，又称"礼俗社会"和"法理社会"。（参见［德］斐迪南·滕尼斯：《共同体与社会：纯粹社会学的基本概念》，张巍卓译，商务印书馆2019年版）

作思路，包括：（1）紧盯在全市率先实现基本脱贫、2020年与全国全省一道建成全面小康社会的目标；（2）狠抓动态管理和精准施策两个关键；（3）突出富民产业培育、基础设施改善、公共服务保障三个重点；（4）强化党建统领、项目资金、责任落实、帮扶协作四项保障；（5）做到与人居环境改善、农村综合改革、乡村旅游发展、乡村治理完善、新型农民培育五个结合，同时制定了《关于扎实推进精准扶贫精准脱贫工作的实施意见》《关于贯彻落实省市进一步支持革命老区脱贫致富奔小康的意见的实施意见》和20个精准脱贫中涉及饮水、住房、教育、医疗、交通、电力等方面的相关支持方案，出台了26条聚焦深度贫困乡村推进脱贫攻坚的政策措施，明确了脱贫攻坚的主要方向。不仅如此，在脱贫摘帽后，崆峒区又以全面摸排、查漏补缺、固强补弱为重点，制定了义务教育、基本医疗、住房安全、饮水安全、兜底保障等筛查工作方案和冲刺清零方案，进一步巩固脱贫的成果，为打赢脱贫攻坚战奠定了坚实的基础。具体地说，崆峒区的反贫困实践涉及五大方面的内容：

一是组织推动和党建引领方面。区政府在统筹规划和明确目标的基础上促进组织的推动，成立了区脱贫攻坚领导小组，组建了综合协调、资金保障、基础设施和易地搬迁、产业开发、转移就业、教育扶贫等11个专责工作组，全面落实"三级书记抓扶贫"的责任，积极开展"三级书记遍访贫困对象"的行动，构建了横向到边、纵向到底的扶贫责任体系；并制订了《崆峒区脱贫攻坚工作考核办法》，建立了会商研究和督查通报制度，采取随机抽查、半年督查、年终考核等方式，督促各项任务落实，并在每年的经济工作会议上进行兑现，充分发挥考核的"指挥棒"作用。在抓党建促脱贫工作中，该区以党建统领"一强三创"① 行动为抓手，推行"党建+"模式，组建产业协会党组织、农村专业合作社等，发挥基层党组织的带动作用；同

---

① "一强三创"行动具体指的是：强化政治建设，深入推进组织创先、机制创新、作风创优。

时认真组织实施"党政干部和社会各界全参战""党建统领全保障"两项行动，不断促进党的建设与脱贫攻坚深度融合。具体实践包括：(1) 强化人才队伍建设。建设以党组织带头人、党员致富带头人和群众致富带头人为重点的农村致富带头人队伍建设，促进基层一线"先富带后富、全面奔小康"氛围的形成，同时注重在精准扶贫一线考察识别干部，制定了第一书记、驻村帮扶队员管理办法和驻村帮扶长效机制。(2) 建立"城乡双融"的工作机制。积极推行"机关融入农村、干部融入群众"为主要内容的"城乡双融"工作机制，通过组织联建、党群联动、抱团联营的三联模式，实现区直部门或单位党组织与村党组织的结对共建、党员干部与贫困户的联系对接。(3) 加强党的作风建设。习近平总书记在解决"两不愁三保障"突出问题座谈会上的讲话中提到要"切实改进作风。要把全面从严治党要求贯穿脱贫攻坚全过程，强化作风建设，确保扶贫工作务实、脱贫过程扎实、脱贫结果真实"[①]。崆峒区依据习近平总书记讲话中的精神，深入开展思想认识大提升、集中入户大走访、政策落实大排查、工作力量大整合、脱贫政策大宣讲、干部作风大整顿"六大行动"和"十查十看十补课"[②] 工作，深入推进"脱贫攻坚作风建设年""转

---

① 习近平：《在解决"两不愁三保障"突出问题座谈会上的讲话》，《求是》2019 年第 16 期。

② "十查十看十补课"：一查"一户一策"情况，看识别、帮扶、退出是否精准，补"要我脱"和"我要脱"两张皮的课；二查产业扶贫措施定得实不实，看收入是否达标，补收入不达标的课；三查扶贫贷款、农业保险落实情况，看金融、保险是否全面跟进，补因缺资金难脱贫和因灾返贫的课；四查"三变"改革情况，看入股配股是否规范、自查收益权证是否到户、分红是否按时足额，补改革滞后的课；五查"3+3"清零情况，看住房、饮水、教育、医疗是否全面落实和完成，补漏户、漏项的课；六查帮扶情况，看部门帮扶措施是否到位、驻村帮扶干部是否到岗尽责，补部门帮扶力度不大、帮扶措施不力、干部不住村不尽责不会干的课；七查兜底政策落实情况，看低保五保、公益岗、临时救助等措施是否到位，补特困家庭生产生活困难的课；八查资金使用情况，看扶贫资金是否及时到位、用途是否合理，补资金不到位、不及时、不精准的课；九查基层组织建设情况，看基层权力是否规范运行、空壳村是否消灭，补基层组织软弱涣散、集体经济薄弱的课；十查干部履职尽责情况，看四级书记和干部是否担当尽责、作风是否扎实，补责任不落实、不尽责，工作不深入、不细致、不全面的课。

变作风改善发展环境建设年"活动和"三纠三促"等专项整治,消除侵害群众利益的不正之风和腐败问题,切实维护群众的利益。

二是经济与产业发展方面。崆峒区依托当地的资源特色,以富民产业为突破口,大力实施"万千百十"规模养牛、北部塬区果产业整塬推进、设施蔬菜整川推进三大工程,形成了"牛果菜主导,多业并举"的产业体系。在实践探索的过程中,崆峒区逐步形成了"远抓苹果近抓牛,当年脱贫抓劳务"的思路。具体地说,(1)在牛产业方面,全区形成了"养牛散户—养殖小区—养殖企业"的三级产业模式,并注重实施西部肉牛种质创新基地项目,改良牛的品种,促进牛产业的发展。(2)在林果产业方面,发展苹果、核桃、花椒等果树经济,尤其是通过认证优质果园出口基地、创建苹果标准园来促进苹果产业的发展,同时建立白水史家沟、大寨刘黄锁千亩育苗示范点,推动林业育苗。(3)在蔬菜产业方面,通过组建标准化蔬菜育苗中心,运用配套技术及绿色防控技术,培育无公害的蔬菜基地。(4)在劳务输出方面,加强驻外劳务基地建设,持续做优"陇原月嫂""泾水儿女"等劳务品牌,兴办"扶贫车间",并通过技术培训提高贫困群众的劳动知识技能,促进劳动力素质的提升。此外,在旅游产业方面,通过泾河川高效农业示范园区"一园三区"和南北山塬区种养基地的建设,着力培育休闲观光、游园采摘、种养体验等为一体的田园综合体,并依托崆峒山和大寨、白庙、花所等乡镇的田园风光和乡土民俗资源,发展生态观光、文化传承等新型业态,促进乡村旅游发展。崆峒区还开拓电子商务,积极搭建农村电子商务公共服务平台,建立区乡村三级电子商务服务体系。崆峒区在推动产业发展的同时,积极创新产业的模式,推行"党支部+国有三公司—平台①+产业联盟+龙头企业+基地+农户""龙头企业+合作社+贫困户"

---

① 国有三公司—平台:三公司分别是平凉市崆峒区立信担保公司、农村产权评估鉴定服务有限责任公司、农村产权流转交易服务有限责任公司,投融资平台为平凉市崆峒宏基城市建设投资发展有限责任公司、惠农投资发展有限责任公司。

的产业扶贫模式，进一步深化产业培育。为了帮助贫困户实现稳定的收益，崆峒区还采取了农户土地、资金以及固定资产入股的方式，同时发展"五小产业"增加农户的收入。

三是文化与教育建设方面。崆峒区一方面积极开展教育扶贫，保障贫困户子女的受教育权利；另一方面通过"扶志"和"扶智"工作，激发贫困群众的内生动力，并保障贫困群众享受文化的权利。具体实践包括以下内容：（1）实施农村"全面改薄"项目，新建并改建校舍，开展困难学生发放生源地信用助学贷款、省内高职（大专）院校建档立卡户学生免学费及书本费等九项教育扶贫，确保了各学段学生不因贫困失学，努力构建贫困户子女从学前教育到大学教育资助全覆盖的精准助学体系。（2）实施文化活动广场等公共服务配套工程，加强农家书屋、"乡村舞台"、"一村一场"等文化惠民工程建设，完成乡镇综合文化站和村级综合文化服务中心的建设，并配套相关健身器材，为贫困群众享受文化生活提供保障。（3）大力实施广播电视基础设施建设和广播电视节目数字化覆盖工程，推动全区电视"村村通""户户通"的覆盖率，并实施光缆入乡、入村、入户工程，实现全区行政村通信信号全覆盖。（4）通过宣讲、媒体宣传以及采取生产奖补、以工代赈等办法，改变贫困群众"等、靠、要"的观念，激发他们的内生动力，鼓励他们参与生产活动，并开展职业技能培训，增强他们的个人技能。（5）加强社会主义核心价值观及民主法制等宣传教育，通过开展"平安乡村"创建、"和谐五星"创评、"最美家庭"以及"崆峒好人"评选等"文明崆峒"提升行动，严厉惩治不良风气，促进群众思想观念、生活习惯、精神面貌发生转变，形成崇尚科学、追求上进、健康文明的乡村风气。

四是公共服务与社区福利①方面。崆峒区开展公共服务和社区福

---

① 公共服务和社区福利涉及医疗、教育、住房、兜底保障等多个方面，重复内容不过多赘述。

利的相关内容包括医疗与健康扶贫、基础设施建设和特殊困难人群的生活保障。具体实施内容如下：（1）医疗与健康扶贫。健全完善基本医疗保险、大病保险、医疗救助"三重医疗保障"体系，实施健康扶贫"三个一批"行动计划，全面落实贫困人口定额资助和代缴参保、"先诊疗后付费"、"一站式"即时结报等政策。（2）基础设施建设。聚焦群众最关切的路、水、电、房等突出问题，改善交通条件，实现行政村通沥青路全覆盖；修建人饮工程，铺设输水管道，努力提高全区自来水入户率和饮水安全率；实施自然村动力电扩容改造工程，促进自然村动力电全覆盖；以现居住在C级和D级危房的贫困户等为重点对象，通过进行危房改造或其他有效措施，改善居住条件，保障安全住房。（3）特殊困难人群的生活保障。加强低保对象与扶贫对象核查工作，全面推行低保线与扶贫线"两线合一"，全力解决低保、五保、残疾、重病等重点人群生活保障问题，将所有符合条件的贫困家庭全部纳入低保，提高农村一二类低保补助标准、农村五保集中供养以及分散供养补助标准，做到了应保尽保；对重度残疾人和农村五保供养人员，由区财政全额代缴养老保险费，实现贫困人口养老保险参保率全覆盖，特殊困难群体实现政策性脱贫，农村社会保障水平持续提高。

五是生态环境建设方面。生态环境建设包括两大方面：人居环境和生态建设，具体而言：（1）改善人居环境。以国家森林城市、国家生态文明建设示范区创建为重点，实施"植绿、扩绿、厚绿"行动和"蓝天、碧水、洁地"工程，深入推进农村厕所、垃圾、风貌"三大革命"和生活污水治理、废旧农膜回收利用与尾菜处理利用、畜禽养殖废弃物及秸秆资源化利用、村庄规划编制、"四好农村路"建设、村级公益性设施共管共享"六项行动"等活动的开展，促进污水处理站和废旧农膜回收站的建立以及无害化卫生户厕的新建或改造，推动美丽乡村、万村整洁示范村、"三清五改"示范户工作的开展。此外，崆峒区以政府购买服务方式，引进北京启迪桑德公司对行政村的生活垃圾全天候保洁，实现了生活垃圾日产日清、无害化处理，形成了"村收集、乡转运、区处理"的农村环卫市场化、一体化运作的方式。综上所述，人居环境的改善关注贫困户的住房安全，利用各类惠农政策，结合新农村建设、易地扶贫搬迁、美丽乡村建设，进一步整合资源，加强水、电、路、文化、卫生等配套设施建设，逐步改变了困难农户的居住条件，全面提升了贫困群众的生活质量。（2）推动生态环境。崆峒区把生态建设作为转型发展和永续发展的重要动力，加强对各项林业生态工程和现有林地的安全管理，对行道树绿化、退耕还林、面山绿化治理等重点工程实行专职管护抚育，持续巩固造林绿化成果，同时打好污染防治攻坚战，着力强化突出环境问题整改，深入开展专项整治行动，持续加强环境执法监管，促进生态环境质量的提升。

从崆峒区的反贫困实践内容中可以发现，崆峒区的反贫困实践涉及政治、经济、文化、社会、生态建设多方面内容，这一方面显示了崆峒区反贫困实践的全面、扎实，另一方面更是对贫困多维度的回应。贫困不仅是物质缺乏或者经济的贫困，其背后还涉及能力与权利的剥夺、文化观念的束缚等，因而反贫困的实践是多维度的、多方面的，是一个完整的系统。

三、反贫困实践特点

纵观崆峒区反贫困实践的历程，崆峒区秉持着"高标准[①]，严要求"的态度，注重脱贫的质量和过程，脱贫效果佳。在整个反贫困的实践过程中，崆峒区根据实际情况，及时调整思路、方法，改革创新体制机制，全方位的实践措施有效地回应了贫困群众的多维度需求，为实现地区的可持续发展提供了良好的保障。

[①] 崆峒区的脱贫标准高于国家，如崆峒区 2019 年脱贫标准是年人均收入 3800 元。

　　崆峒区反贫困实践的最大特点是注重区域化推进，即注重社区整体性。崆峒区依据部分贫困乡村地域相连、情况相似的事实，突破传统村域、地域的界限，实施整区整流域推进反贫困工作，以路串点、以点连线，全力推动整流域整片带的基础设施和公共服务完善，有效地整合了区域内的资源，实现资源功能发挥的最大化。更进一步说，这种做法体现的是对社区资源的有效整合，是注重社区整体性的体现。传统意义上，社区包括社会互动、地理区域和共同关系三个特征。① 崆峒区的反贫困实践可以说就是在生活共同体中进行的，它打破了地域的限制，社区②成为崆峒区开展反贫困实践的载体或者情景化场域。

　　其次，崆峒区的反贫困实践表现出从"问题导向"转向"优势视角"取向的特点。在脱贫攻坚初期，崆峒区曾面临着扶贫资金不足、措施不够精准、驻村帮扶效果不佳等问题，问题出现的根源在于该区经济发展滞后、贫困村贫困户产业未形成规模、个别干部对脱贫攻坚政策理解不够深入。之后，崆峒区调整思路，不局限于解决问题，而是注重当地的资源与优势，依托当地的资源，统筹整合财力、人力和物力，引导金融资金重点向脱贫攻坚领域倾斜，建立脱贫攻坚正向激励机制，鼓励贫困户发展优势特色产业，从而有力地克服了前述困难。具体到产业发展方面，崆峒区更是有效利用当地的生产方式和自然条件，大力发展牛产业，借助国家的财政支持，与科研机构合作，培育优良牛种群，打造"平凉红牛"品牌。可见，崆峒区的实践思路依据实际情况在不断进行着调整，从以"解决问题"为目标转向以"有效运用地区优势"为取向，形成了由"问题导向"转向

---

① 1971 年，社会学家贝尔（Bell）和纽柏（Newby）发现社区的定义有 98 个，并通过归纳分类与统计分析得出多数社会学家同意的社区三个特征，即社区包括社会互动、地理区域和共同关系。（参见夏建中主编：《社区工作》，中国人民大学出版社 2005 年版，第 5 页）

② 这里的社区不仅仅蕴含地理意味，也包含着社会互动、关系网络、共同的价值规范等。

"优势视角"的实践特点。

再次，崆峒区营造全社会参与脱贫攻坚的良好格局，重视社会参与、合作与互助，促进社区社会资本的形成。崆峒区积极调动社会各方面力量，全区党委政府、上下各级部门、科研单位、企业以及广大干部职工和老师等社会各界纷纷加入反贫困实践。以产业发展为例，崆峒区形成了"政府主导、平台融资、联盟服务、龙头带动、市场引导"的牛果菜产业发展体系，全面推广"党支部+国有三公司一平台+产业联盟+龙头企业（合作社、家庭农场等）+基地+农户"的发展模式，这一发展模式之下，党支部、企业、合作社紧密相连，发挥各自的作用，党组织通过引导工商企业和社会资本投向乡村，带动群众以多种方式参与产业发展。在这种参与、合作、互助的过程之中，崆峒区整体的制度、规则以及社会网络不断完善，各组织之间联系不断加强，贫困群众个体通过网络获取资源的能力也随之提升，全社会参与脱贫攻坚的大扶贫格局亦形成，整个崆峒区的社会资本不断积累和增强，反贫困实践表现出重视社会资本的特点。

最后，崆峒区的反贫困实践也表现出可持续发展性。崆峒区深入贯彻习近平总书记在深度贫困地区脱贫攻坚座谈会上的讲话精神，将"注重调动贫困群众的积极性、主动性、创造性，注重培育贫困群众发展生产和务工经商的基本技能，注重激发贫困地区和贫困群众脱贫致富的内在活力，注重提高贫困地区和贫困群众自我发展能力"[①] 落到实处，具体表现在：从贫困群众个体来说，重视对贫困群众的"扶志"和"扶智"，在促进贫困群众改变懒散、消极的观念，激发内生动力的同时，注重对贫困群众的能力建设，通过各种职业培训，提升贫困群众的技能；从组织层面来说，反贫困实践中注重农村专业

---

① 中共中央党史和文献研究院编：《习近平扶贫论述摘编》，中央文献出版社 2018 年版，第 141 页。

合作社培育以及积极推动大扶贫格局的形成，有助于社区互助体系的构建；从整个地区的发展来看，该区重视科技扶贫，通过转化推广应用肉牛改良、果菜种植、旱作农业等技术成果，积极创建科技示范基地，促进全区产业的良性发展。此外，该区以"入股"的形式，带动贫困群众以多种方式参与产业发展，促进贫困群众的稳定收入，将贫困群众与企业链接，促进个人与组织的良性互动，同时借助外力天津河西区的帮扶，整合内部与外部的资源，促进社会资本的积累，有利于推动整个地区的可持续发展。

概而言之，崆峒区的反贫困实践呈现出四个特点：（1）注重社区资源整合和社区的整体性。打破地域的界限，以点连线成片，有效地整合了社区的资源，实现公共设施与服务的共享共建。（2）强调对当地资源和优势的关注。转变"问题导向"的思路，从社区的优势出发，充分利用当地的特色资源，发挥资源的最佳效用。（3）重视社区社会资本的挖掘。激发全社会参与反贫困实践的热情，通过支持网络的建立、互助体系的搭建以及资源的整合，推动贫困群众个体能力的提升和整个社区的发展进步。（4）关注社区的可持续发展。强调激发贫困群众的能动性，通过教育培训提升贫困群众的自我发展能力，增强能力建设，同时依靠技术推动产业升级，注重政治、经济、文化、社会和生态环境的综合发展，促进整个地区的可持续发展。崆峒区从社区的整体出发，关注社区的优势资源，促进资源的整合和社会资本的挖掘，使地区的政治、经济、文化、社会和生态文明建设全面发展，有效地推动了反贫困实践。[①]

结合崆峒区的实践理念、内容和特点，崆峒区实践中蕴含着以下关键要素：自上而下与自下而上的结合、优势、区域、合作、共享、互助、社会资本、可持续等，这些关键要素构成了崆峒区反贫困实践

---

① 文军、吕洁琼：《探索社区为本的反贫困工作——基于甘肃省平凉市崆峒区脱贫实践的观察》，《中国社会科学报》2019 年 12 月 6 日。

的核心内容，形成了"社区为本"①的实践特征。因此，本书将崆峒区的反贫困实践概括为"社区为本"的反贫困实践模式。可以说，崆峒区在脱贫攻坚过程中，突出把"社区及其发展"作为整体，将社区视为反贫困工作的落脚点，以社区的优势和资源出发，合理运用社区的历史文化传统以及组织、人才队伍、工作机制等多种资源，②重视社区社会资本的积累，激发社区的内在力量；同时崆峒区运用社区宣传、社区教育等多种工作方法，调动贫困群体的积极性和能动性，重视贫困群体的赋权增能，激发社区的内在活力，从政治、经济、文化、社会和生态文明多个层面全方位地促进社区环境的整体改善，促进了该地区的可持续发展，增强了社区抵御贫困风险的能力，并由此形成了社区为本的反贫困实践模式。

第二节　社区为本的反贫困模式的特征

美国从 20 世纪 60 年代后，调整侧重个人的贫困扶助政策转向社区整体发展支持，其原因在于实施多年的个人扶助政策不仅没有使贫困群众脱离贫困状态，反而使许多家庭完全成为政府救济的依赖对象，甚至产生政府依赖的代际传递现象，因此必须通过改变贫困群众

---

① "社区为本"把社区本身作为具有多面性的关系主体而置于服务模式的中心，使社区成为重新连接"个体化社会"和"社会个体构成"双重关系的中观行动载体，它采取整合性的干预取向，以聚焦于社区各层面关系的重建，而不仅仅是以社会网络、社会资本的重建为服务目标。在灾后恢复重建中，"社区为本"强调自上而下的国家权力与自下而上的社区自治共同发挥作用。（参见吴越菲、文军：《从社区导向到社区为本：重构灾害社会工作服务模式》，《华东师范大学学报（哲学社会科学版）》2016年第6期）

② 如崆峒区牛产业从散户到企业化的生产充分体现了这一点。崆峒区利用当地的自然环境以及养牛历史传统的优势促进了牛产业的发展，推动了社区经济的进步。牛产业是崆峒区以社区为本反贫困实践模式中社区经济发展中的一种体现，诸如此类的优势资源运用在其他方面均有体现。

的生活环境来实现脱贫的目的。[1] 社区本身在社区建设中被塑造为一种重要的行动取向和行动框架，用于赋权弱势群体、动员社会关系、盘活社会资本、调整不平等结构以及应对社会问题。[2] 可以说，社区在实现脱贫目标、推动反贫困实践中发挥着重要作用。崆峒区的反贫困实践以社区为核心，立足于社区的实际情况，充分利用社区的资源和优势，发挥贫困群众的主体作用，形成了社区为本的反贫困实践模式。社区为本的反贫困实践模式，在理念上注重社区的整体发展，强调贫困地区政治、经济、文化、社会以及生态文明的全方面发展；在实际操作中，把反贫困实践看成一个系统的功能发挥，激发社会各方面力量，灵活发挥各方的作用，形成政府引导的大扶贫格局；在目标上，着眼于社区发展的长远目标，重视资源的整合以及社区资本的挖掘和积累，推动贫困地区的永久脱贫和可持续发展。因而，社区为本的反贫困实践模式呈现出整体性、系统性和可持续性。

一、反贫困的整体性：社区各方面的综合提升

贫困是多层原因造成的后果，它可能是社会政策不合理导致的资源分配不均衡的结果，使得少数人没有共享到发展的成果，也可能是个体在市场竞争中失败或者处于不利地位的结果；还可能是一种生活方式，即处于贫困中的人经过长时间的社会化之后会内化为一种偏离主流文化并不断被继承的"贫困亚文化"。[3] 因而，贫困也表现在多个维度，如政治权利的剥夺、收入不平等、处于边缘文化、居住环境差等。贫困形成的多层原因和多维表现使得开展反贫困实践变得复杂

---

[1] 文军、张赛军：《社会资本与社区脱贫——对社会资本独立性功能的分析》，《西北师大学报（社会科学版）》2006 年第 3 期。

[2] 吴越菲：《"共同体"的想象与当代中国社区的塑造》，《浙江学刊》2018 年第 6 期。

[3] 潘泽泉、许新：《贫困的社会建构、再生产及应对：中国农村发展 30 年》，《学术研究》2009 年第 11 期。

而棘手。因此，为解决贫困问题，崆峒区从社区发展的整体性考虑，采取多层次、多方面的反贫困实践措施。

从整体性考虑反贫困实践是对贫困多层面和多维度的有效应对。反贫困实践在遵循整体性原则的基础上，从政治、经济、文化、社会和生态文明建设五个方面出发。第一，政治建设注重组织统筹和党建引领的作用，在依据脱贫攻坚精神的基础上，制定明确的扶贫目标和工作思路，加强人才队伍的建设，组建专责工作组，同时建立完善的考核机制、监督机制，促进组织、资金、项目等的科学运作。第二，经济建设关键在于整合当地的优势资源，调动贫困群众的积极性、主动性和创造性，在相关优惠政策的扶持下，利用社会帮扶促使贫困群众能够参与到生产活动中，此外也关注产业的多元性和可持续性，及时转化思路，引进科学技术来推动产业的升级发展。第三，文化建设依据"扶贫必扶智"的理念，首先通过宣传教育激发贫困群众的内生动力，促使他们意识和观念的转变，其次通过技术培训加强他们的职业技能，再者从宏观层面促进教育保障、文化风俗、文化基础设施建设各个方面的完善，推动整个地区文明素养的提升。第四，社会建设以保障民生为出发点，依据当地的实际情况，及时调整相关的社会保障政策，从教育、医疗、住房、饮水、交通以及兜底保障各个方面为切入点，为贫困群众提供更高质量的生活保障。第五，生态文明建设重在为贫困群众提供优良的生活环境，一方面注重人居环境的改善，加强对垃圾、污水的合理化处理；另一方面注重生态环境的改善，积极实行退耕还林，保护生态环境。社会各个层面的全力推进有助于当地的全面、综合发展，能够更好地应对贫困问题。值得注意的是，反贫困实践的整体性也强调考虑社会的当前发展和未来发展，换句话说，脱贫攻坚的目标不仅仅是现在的脱贫，更是强调永久的脱贫。故而，在完成脱贫攻坚任务的同时，崆峒区不断反思现有的脱贫经验，巩固脱贫的成果，避免返贫现象的发生。

从崆峒区的反贫困实践模式中可以看出：社区为本的反贫困模式

一方面以横向发展为出发点，聚焦于社区发展的多个层面，理解贫困的多维含义，重视社区政治、经济、文化、社会、生态的整体进步；另一方面从纵向发展出发，关注社区的长远发展，强调重视社区的当前发展和未来发展，避免贫困地区再次返贫。对贫困地区横向、纵向两个维度发展的关注，体现的正是社区为本的反贫困模式的整体性特点。

二、反贫困的系统性：社会大扶贫格局的形成

贫困的复杂性和迫切性使得贫困问题的解决需要成体系、有规划地进行。习近平总书记在深度贫困地区脱贫攻坚座谈会上的讲话中指出："加快推进深度贫困地区脱贫攻坚，要按照党中央统一部署，坚持精准扶贫精准脱贫基本方略，坚持中央统筹、省负总责、市县抓落实的管理体制，坚持党政一把手负总责的工作责任制，坚持专项扶贫、行业扶贫、社会扶贫等多方力量、多种举措有机结合和互为支撑的'三位一体'大扶贫格局，以解决突出制约问题为重点，以重大扶贫工程和到村到户帮扶措施为抓手，以补短板为突破口，强化支撑保障体系，加大政策倾斜力度，集中力量攻关，万众一心克难，确保深度贫困地区和贫困群众同全国人民一道进入全面小康社会。"[1] 崆峒区深入贯彻习近平总书记讲话精神，在实践中形成全社会参与脱贫攻坚工作的大扶贫格局，其社区为本的反贫困模式逐步在实践中形成了强大的"反贫困系统"，突出反贫困实践的系统性。这个系统中既包括内部帮扶系统，即崆峒区当地对内部资源有效整合而成的系统；又包括外部帮扶系统，即外部资源注入和外部帮扶力量所形成的系统。崆峒区的反贫困实践，其"反贫困系统"形成的过程为：

---

[1] 中共中央党史和文献研究院编：《习近平扶贫论述摘编》，中央文献出版社 2018 年版，第 21—22 页。

第一，整合当地资源，促进内部帮扶系统的形成。内部帮扶系统包括人才帮扶系统和组织帮扶系统。崆峒区县级及以上领导干部、挂职第一书记和农业科技人员是人才帮扶系统的主要构成元素，他们深入基层将信息、资源、技术传递到村到户，保障各项扶贫政策的顺利落实。组织帮扶系统由帮扶部门、驻村帮扶工作队、社会组织（如农村合作社）、企业构成，这些组织对接贫困群众，带动贫困群众参与企业生产、开展扶贫济困和慈善捐赠等活动，推动产业扶贫和社会扶贫的开展。人才帮扶系统和组织帮扶系统共同发挥作用，激发当地力量的汇聚，推动反贫困实践的进程。

第二，跨区域合作与帮扶，推动外部帮扶系统的产生。外部帮扶系统主要指的是上级政府对该区的资源注入以及跨区域的帮扶系统。跨区域的帮扶系统主要指的是外部对接的帮扶力量。如崆峒区与天津河西区签订了《东西扶贫协作框架协议》，并制定了《东西部扶贫协作三年行动规划（2018—2020）》。河西区向崆峒区注入资金，实施产业开发、基础设施建设以及劳务协作等方面的项目，开展涉及教育、医疗、农业科技、企业管理等方面的交流培训，并且崆峒区与河西区相关单位和企业建立"一对一"帮扶关系，促进对口帮扶工作向纵深发展。资金的有效注入和跨区域的合作帮扶使外部帮扶系统的功能得到了充分发挥。

从上述的系统形成过程可以看出，反贫困实践的过程是促进整个社会系统功能有效发挥的过程。崆峒区在反贫困实践的整个过程中，充分整合内部资源，有效利用外部资源，促成反贫困内部帮扶系统和外部帮扶系统的形成，最终呈现出社会帮扶的大格局，形成了"反贫困系统"。可见，反贫困工作不是单打独斗，而是各方力量与资源的整合。在具体的实践中，可以将反贫困过程视为一个大系统，而其中的人员、物力、资金等则是构成系统的元素，而每一个元素功能的有效发挥都将促进整个系统功能的发挥。因此，在"反贫困系统"内部，可以将系统内部的元素进行初步整合，形成"子系统"，然后促进"子系统"功能的逐步发挥，进而来推动整个系统的功能发挥。正如崆峒区的反贫困实践，组织帮扶系统、跨区域系统便是子系统，崆峒区依据每个子系统的特点，采取不同的方式使"子系统"的功能先得到有效发挥，继而使整个"反贫困系统"功能发挥达到最佳效果。可以看出，整个反贫困实践表现出明显的系统性，所以系统性也是社区为本的反贫困模式的特点之一。

三、反贫困的可持续性：社区资本的挖掘整合

反贫困实践强调对社区社会资本的挖掘与整合。乌沙·乔治指出，世界银行的研究曾发现社会资本涉及互助、信任、社会准则、共享、参与以及关系网络的共同命题。[①] 回归至崆峒区的反贫困过程，这些共同命题亦在实践中一一体现。崆峒区大扶贫格局的形成便呈现出关系网络、互助、社会规范、共享等具体形式，如贫困群众加入农村合作社，不仅扩展了自己的关系网络，而且能够实现在合作社互帮互助，共享合作社带来的相关成果。对社区资本的挖掘整合关键在于，通过社会资本的增加来促进地区的可持续发展。

社区为本的反贫困模式重视资本挖掘与资源整合。社区资本的挖掘整合既是指社区中个体社会资本的挖掘整合，也是指社区整体社会资本的利用。具体到崆峒区的反贫困模式中，从微观层面来说，崆峒区坚持"扶贫先扶志"的理念，鼓励贫困群众参与农村合作社，或者通过入股的形式参与企业的生产发展，贫困群众通过参与既可以借此挖掘自身的能动性和潜能，提升自我发展的能力，又能通过这种联系，搭建自身的社会网络，增加个人社会资本的积累，有利于个人通过社会网络和资源逐步摆脱贫困。更重要的是，贫困群众通过社区参

---

① 殷妙仲、高鉴国主编：《社区社会工作：中外视野中的交流》，中国社会科学出版社2006年版，第107页。

与满足自身基本需求的同时，作为最终的目标，参与使处于结构弱势的他们在发展的过程中提高了其社会和经济地位。① 从长远来看，社会和经济地位的提升能够进一步增加贫困群众的自信和个人资源，更有助于实现整个社区的资本积累和持续有效脱贫。可以说，参与既是社会资本的一种表现形式，也是反贫困实践的一种有效策略。从宏观层面来讲，崆峒区努力激发社会各界的力量，促进社会大扶贫格局的形成。大扶贫格局不仅使反贫困实践形成体系，促进各方力量更有效地发挥作用，而且体现了社会团结，使社会各界加强了联系，构建了完整的社会支持网络体系，形成了互帮互助的精神，能够提高贫困群众的社区归属感和认同感，甚至在某种意义上实现了"社区共同体"的打造。最为重要的是，不管是个人社会资本的积累，还是整个社区社会资本的汇聚，都在推动个人解决问题能力提升的同时，促使社区互助精神的形成，这种无形的资源更是成为社区可持续发展的强大动力。

所以说，社区资本的挖掘整合强调个体能力的发展，也重视社区互助、参与精神的培育。个人能力的提升或资本的增加是促进个体可持续发展的重要方式，而社区资本的挖掘整合，则有效地推动了社区的可持续发展。社区为本的反贫困模式以个人的能力发展和整个社区的进步为目标，实践中对能力建设的增强、互助精神的培育以及对"共同体"的追逐都透露着可持续发展的理念，表现出实践的可持续性。

崆峒区社区为本的反贫困模式关注地区发展的整体，从各个层面推动社区环境的整体改善，并依据当地的资源与优势，激发社会力量，整合各方资源，促使全社会积极投入到脱贫攻坚工作的行动中去，不断地强化社区社会资本的挖掘和积累，培育社区中互助、共享、参与的精神理念，试图返璞归真，寻觅最初"共同体"的构建，

---

① 沈红：《穷人主体建构与社区性制度创新》，《社会学研究》2002 年第 1 期。

该模式表现出极强的整体性、系统性和可持续性的特征。①

第三节　社区为本的反贫困模式的挑战与未来发展

　　社区为本的反贫困模式是对问题导向工作模式的一种优化，不同于以往的反贫困模式，社区为本的反贫困模式着力关注当地的资产和优势，整合各方资源，注重社会资本的积累。但需要注意的是，把社会资本独立性功能应用于社区发展和社区脱贫面临着两个关键性的问题：一是社会资本是否能够转化为经济资本，二是贫困群体是否可能在没有其他资本支持下积累社会资本。② 可见，社区为本的反贫困实践模式依然面临着很多挑战，其未来的发展道路值得深思。

一、社区为本的反贫困模式的实践困境

　　反思社区为本反贫困的实践模式，可以发现该反贫困模式本身具有一定的局限性，且在实践的过程中仍然面临诸多困境，其具体表现在：

　　第一，实践模式能否持续有效开展。社区为本的反贫困实践模式是在当前脱贫政策的支持下开展的。脱离政策的支持，还难以评估实践模式的有效程度。反思当前的脱贫政策，可以看到，政策给予贫困群体很大程度的优惠，涉及医疗、教育、住房保障、农业保险等多个

---

① 文军、吕洁琼：《探索社区为本的反贫困工作——基于甘肃省平凉市崆峒区脱贫实践的观察》，《中国社会科学报》2019年12月6日。
② 文军、张赛军：《社会资本与社区脱贫——对社会资本独立性功能的分析》，《西北师大学报（社会科学版）》2006年第3期。

方面，因而使贫困群体的生活获得各方面的提升。但是，政策的优惠需要投入大量财政资金的支持，一方面，过多的财政投入可能会加剧财政的负担，影响社会其他层面的发展；另一方面，政策优惠是否会造成贫困群体的依赖或者是抑制贫困群体自主性的发挥，这一点依然值得考量。更重要的是，优惠政策是一种短期的发展目标，难以长久持续，是对当前制度安排的"小修小补"，并未触及社会结构的不合理安排，难以从根本上消除贫困。换句话说，这些暂时的优惠政策一定程度上欠缺对政策可持续性的思考，更无法从根本上保障贫困群体的社会福利，使贫困群众获得平等享有社会发展成果的机会，而政策指导下的反贫困实践模式难以避免地含有自身的局限性，难以预料脱离政策支持的反贫困实践模式是否能够有效开展，也很难定论政策的局限对社区为本的反贫困实践的影响。因此，如何更好地保障贫困群体的社会福利，建立更加完善的社会福利保障制度是日后反贫困实践所要面临的难题。

第二，实践模式对非贫困群众的影响。这种影响既体现在政策本身所造成的排他性，也表现在社区社会资本的双重属性。在全球化的背景下，社区和社区资本所带来的社会后果都可能具有双重属性，既可能产生社会整合，也可能具有负面的功能，比如社会排斥。[1] 互惠、信任及规范是人们有效合作、创造公民社会成员所需的"社会资本"的重要来源。[2] 随着反贫困实践的逐步开展，一些处于贫困临界线边缘的非贫困户由于无法享受政策扶持而发展比较滞后，这极容易影响社会群众的整体获得感和满意度。也就是说，扶贫政策的出台虽然给予了贫困群众资源上的倾斜，却可能引发非贫困村或非贫困户感知的"不公平"，同时，需要注意的是，社区为本的反贫困实践模式对社会资本的整合也可能引发社会排斥，这些都有可能破坏原有的

---

① 吴越菲：《"共同体"的想象与当代中国社区的塑造》，《浙江学刊》2018 年第 6 期。
② 陈美萍：《共同体（Community）：一个社会学话语的演变》，《南通大学学报（社会科学版）》2009 年第 1 期。

社会网络，打破原有信任、行动共识和共享价值的状态，导致社会资本产生负面影响。反贫困实践如何更好地发挥社会资本的积极作用，提高社会群众的整体获得感和满足感是实施反贫困行动过程中需要关注的问题。

第三，实践模式之下贫困群体的身份建构。社区为本的反贫困实践模式有效地调动了贫困群体的积极性，对贫困群体的能动性、主体性的激发具有积极作用，有助于贫困群体对自我的积极认知。然而，不可忽视的是，反贫困实践开展的过程中，需要大量的评估和调查来明确贫困群众的问题，尤其是一些个性化的需求，但是在开展类似评估、调查的过程中可能引发贫困群众的羞耻感、自卑和消极心理。具体地说，反贫困实践中对贫困群体的过多关注可能会形成一种思维定势或带来标签效应，使贫困群体会认为自己是"贫困群体"，形成一种主观贫困，那么在这种思维方式之下，脱贫行动对贫困群体的身份建构产生了消极影响，给贫困群体贴上了"贫穷"的标签。这样的身份建构会促使贫困群体产生消极心理，"贫困"的身份烙印会使贫困群体产生羞耻感、自卑等不良心理。[①] 需要警惕的是，政策对贫困群体身份建构也可能促使贫困群体把政策优惠视为一种理所当然，认为贫困户或贫困村就应该享受政策优惠，从而可能引发对社会政策的依赖，形成"等、靠、要"的思想。而政策对贫困群众身份构建的消极影响也会渗透到反贫困实践模式开展的行动中。因而，为了有效避免贫困群众身份建构的消极影响，该模式在实践中要注意具体方法和技巧的使用，帮助贫困群众正视对脱贫政策，尤其是优惠政策的理解。

第四，实践中任务目标与过程目标的矛盾性。社区为本的反贫困模式以"实现脱贫目标、促进可持续发展"为总任务，以提升"社

---

① R.Walker, G.B.Kyomuhendo, E.Chase, et al., "Poverty in Global Perspective: Is Shame A Common Denominator?", *Journal of Social Policy*, Vol.42, No.2, (2013), pp.215-233.

区抗逆力和贫困群众个体自我发展能力"为过程目标，从实质上来说，任务目标和过程目标具有内在的一致性。然而，这样的目标理念在实践中产生了偏差，过于强调任务目标而可能忽视过程目标。比如，反贫困实践中的职业技能培训，其本质目的是为了促进贫困群众提升职业技能，从而增强个体的自我发展能力，实现自力更生。但是，职业技能培训却异化为应对考核的指标，实践中未能考虑不同贫困群体的技能培训需求，只是为了"培训"而培训。反贫困实践不是为了"脱贫"而脱贫，而是希望反贫困的实践过程能够促进贫困群众个体和社区整体的效能提升，促进反贫困实践中任务目标和过程目标的内在统一。

反贫困政策和实践所表现出的困境，构成了社区为本反贫困模式的挑战，但挑战亦是机遇，政策和实践的改善需要在行动中不断反思，提高反思自觉性和敏感性，立足于任务目标和过程目标的统一，从而来更好地保障贫困群体的社会福利，促进整个贫困地区的社会进步与可持续发展。

二、社区为本的反贫困模式的未来走向

社区为本的反贫困模式注重社会资本的积累和资源的整合，强调社区发展的整体性、系统性和可持续性。基于对反贫困实践的现实思考，社区为本的反贫困模式在具体的实践中可以从以下四方面入手：一是继续巩固脱贫成果。在完成脱贫攻坚任务后，贫困地区需要继续出台当地的相关政策，用2—3年时间巩固脱贫的成效，降低脱贫户的返贫风险，依实际情况及时调整脱贫政策标准。二是关注贫困临界线的贫困群体。处于贫困临界线边缘的非贫困户因无法享受扶贫政策，发展相对落后。在实践中应关注这些贫困边缘户，在产业发展、安全住房等方面出台相关政策，适当进行扶持；与此同时，关注非贫困村的路、水、电等基础设施建设，促进贫困村条件的改善，推动地

区的整体发展。三是重视反贫困实践的具体方法和技巧，关注贫困群众的心态变化，尤其关注贫困群体感知的贫困。在反贫困实践中，注重语言和行为的表达，尊重、同理贫困群体，避免对贫困群体的标签化，同时注重对贫困群体的心理疏导，引导积极、正面的身份构建。四是始终坚持可持续发展，促进任务目标和过程目标的内在一致。根据贫困地区的实际情况，开展有效的评估、调查，结合任务目标和过程目标，制定合理的反贫困实践方案，促进个人效能和整个地区的可持续发展。

从长远来看，为了巩固和深化脱贫效果，以乡村振兴助力反贫困实践是一种可行的路径。乡村振兴着眼于地区的整体发展和进步，其实施应按照产业兴旺、生态宜居、乡风文明、治理有效、生活富裕的总要求，以实现高质量发展为主线，以实现稳定脱贫为基础，以增加农民收入为核心，以壮大村级集体经济为突破口，以推进农村人居环境整治为着力点，以深化农村综合改革为根本动力，助力反贫困实践。未来社区为本的反贫困模式可以与乡村振兴的实践相结合，具体来说：

第一，充分坚持自上而下和自下而上的有效结合。发挥党统领全局的作用，继续推动社区党组织标准化建设，不断增强党引领脱贫攻坚工作和实施乡村振兴战略的本领，完善相关的考核机制，推动党组织建设，尤其注重基层组织的能力提升。在促进基层组织能力方面，不断深化"党建+"工作路子，推行支部推动、党员带动、能人引领、结对帮扶"四型"党建助推扶贫模式。在加强党组织作风建设方面，深入推进扶贫领域腐败和作风问题治理、"三纠三促"等专项行动，坚决查处侵害群众利益的不正之风和腐败问题，坚持不懈深化作风建设，为巩固和深化脱贫攻坚战的效果提供有力保障。与此同时，从贫困群体自身的优势和兴趣出发，调动贫困群体参与反贫困实践的积极性，使他们能够深度参与其中，发挥主体作用，有权利、有能力地表达自身的需求和建议，为乡村振兴的发展贡献个人的微薄之力。

第二，增加社区社会资本的积累。继续深化产业帮扶，壮大具有区域特色的农业主导产业。贫困地区要依据当地的优势资源，培育支柱产业和特色品牌，提高产业化、组织化、标准化、品牌化，逐步创新并完善产业发展模式。与此同时，建立完善的就业体系，促进就业保障，增加群众的稳定收入，充分通过增加收入来提高个人资本，增强抗风险能力，努力提升社区整体抗逆力。此外，要注重搭建社区支持体系和构建社会网络，培养社区内在的志愿精神，利用社区的信任与互惠形成自助、互助的良好氛围，促进整个社区资本的积累。

第三，逐步构建完善的社区服务和社会福利保障体系。统筹推进农村公路、供水、电网、信息等基础设施建设和教育、医疗、养老、文化等公共服务保障。一方面，集中力量解决路、水、电、房等群众关心的难点问题，并继续深入推进农村人居环境整治行动，加快实施农村环卫一体化、污水收集处理等重点项目，全面建设美丽乡村，夯实乡村振兴基础，不断提高人民群众的生活质量。另一方面，积极落实教育、医疗、救助等普惠政策，健全城乡低保、大病医疗救助等制度，完善老、弱、病、残等特殊群体关爱服务体系，做到应扶尽扶、应保尽保，不断提升社会保障水平。

第四，创新社区治理方式。社区治理是一个综合治理的过程，以治理有效为根本，推动乡村和谐发展。治理既要全面加强农村基层党组织建设，建立健全村务监督委员会，推行村级事务阳光工程，形成民事民议、民事民办、民事民管的多层次基层协商格局。同时，治理要全面加强、综合开展，包括文化、文明素养、移风易俗、不良习惯改善等各个层面，不断创新治理方式，调动居民参与社区治理的积极性，推动农村社区的整体发展。

第五，注重社区的内生性。乡村振兴和反贫困都是一项巨大的工程，其实践的推动需要整合社区的多方资源，依靠社区的各种力量，尤其是贫困群众自身。贫困群众作为反贫困的主体，内生动力的激发十分关键。因此，要在党的引领之下，一方面，探索改进帮扶方式，将帮扶措施与贫困群众参与挂钩，进一步激发贫困群众脱贫致富的内生动力；另一方面，提升农民的综合素质，要围绕本地产业发展需要和岗位技能需求，对劳动力开展技能培训和劳务输转，增加贫困群众脱贫致富的手段，增强其脱贫致富奔小康的内生动力。

贫困是一个相对概念，随着人民生活水平的不断改善和需求层次的不断提升，贫困的理解不断发生变化，贫困问题的解决愈来愈复杂。因而，反贫困实践是一个不断变化、不断探索的过程。社区为本的反贫困模式尊重社区的内生性和多元性，以社区及其整体发展为核心，重视社区的优势资源发挥和资本挖掘积累，呈现出整体性、系统性和可持续性的特征。从实践中可以看出，社区为本的反贫困模式有效地促进了崆峒区的整体进步和可持续发展，对现阶段的反贫困实践具有极强的可借鉴意义，对下一步巩固反贫困成效具有重要的积极影响，尤其是模式中以社区作为整体、关注优势和资本的理念，构成了反贫困实践的一大特色，为日后巩固和深化脱贫工作奠定了良好的基础。

主要参考文献

一、中文书目

1. 习近平:《摆脱贫困》,福建人民出版社 1992 年版。

2. 中共中央党史和文献研究室编:《习近平扶贫论述摘编》,中央文献出版社 2018 年版。

3. 中共中央宣传部、国家发展改革委员会编:《习近平经济思想学习纲要》,人民出版社、学习出版社 2022 年版。

4. 中共中央文献研究室编:《十四大以来重要文献选编》(上),人民出版社 1996 年版。

5. 〔德〕斐迪南·滕尼斯:《共同体与社会:纯粹社会学的基本概念》,张巍卓译,商务印书馆 2019 年版。

6. 〔美〕马克·罗伯特·兰克:《国富民穷:美国贫困何以影响我们每个人》,屈腾龙、朱丹译,重庆大学出版社 2014 年版。

7. 〔瑞〕冈纳·缪尔达尔:《世界贫困的挑战:世界反贫困大纲》,顾朝阳等译,北京经济学院出版社 1991 年版。

8. 〔印〕阿马蒂亚·森:《以自由看待发展》,任赜、于真译,中国人民大学出版社 2002 年版。

9. 〔印〕阿玛蒂亚·森:《贫困与饥荒:论权利与剥夺》,王宇、王文玉译,商务印书馆 2001 年版。

10. 常铁威:《新社区论》,中国社会出版社 2005 年版。

11. 杜玉华:《马克思社会结构理论与当代中国社会建设》,学林出版社 2012 年版。

12. 国家统计局农村社会经济调查司编:《中国农村贫困监测报告:2005》,中国统计出版社 2006 年版。

13．国务院贫困地区经济开发领导小组办公室编：《中国贫困地区经济开发概要》，农业出版社 1989 年版。

14．黄承伟、刘欣、周晶：《鉴往知来——十八世纪以来国际贫困与反贫困理论评述》，广西人民出版社 2017 年版。

15．交通运输部等编：《交通运输大事记：1949—2019》，人民出版社 2021 年版。

16．李瑞华：《贫困与反贫困的经济学研究：以内蒙古为例》，中央编译出版社 2014 年版。

17．潘慧、章元等：《中国战胜农村贫困——从理论到实践》，北京大学出版社 2017 年版。

18．世界银行编：《2000/2001 年世界发展报告：与贫困作斗争》，中国财政经济出版社 2001 年版。

19．王思斌主编：《社会工作概论》（第三版），高等教育出版社 2014 年版。

20．文军、吴越菲等：《社区为本的反贫困社会工作研究》，华东理工大学出版社 2020 年版。

21．文军主编：《社会工作模式：理论与应用》，高等教育出版社 2010 年版。

22．文军主编：《西方社会工作理论》，高等教育出版社 2013 年版。

23．文军主编：《中国特色社区建设——南京市秦淮区经验》，中国社会出版社 2014 年版。

24．文军主编：《中国特色社区建设——江苏省无锡市经验》，中国社会出版社 2015 年版。

25．吴海涛、丁士军：《贫困动态性：理论与实证》，武汉大学出版社 2013 年版。

26．吴越菲、文军：《转型中国的社区研究与实践》，中国社会出版社 2019 年版。

27．夏建中主编：《社区工作》，中国人民大学出版社 2005 年版。

28．向德平、黄承伟主编：《减贫与发展》，社会科学文献出版社 2016 年版。

29．徐永祥主编：《社区工作》，高等教育出版社 2004 年版。

30．闫坤、刘轶芳等：《中国特色的反贫困理论与实践研究》，中国社会科学出版社 2016 年版。

31．严陆根主编：《社区经济学》，中国发展出版社 2013 年版。

32．殷妙仲、高鉴国主编：《社区社会工作：中外视野中的交流》，中国社会科学出版社 2006 年版。

33．袁德主编：《社区文化论》，中国社会出版社 2010 年版。

34．朱信凯、彭超等：《中国反贫困：人类历史的伟大壮举》，中国人民大学出版社 2018 年版。

二、期刊文章

1．习近平：《在解决"两不愁三保障"突出问题座谈会上的讲话》，《求是》2019 年第 16 期。

2．［美］赫伯斯·甘斯：《贫困的正功能》，《美国社会学》1972 年第 78 期。

3．白维军：《精准扶贫的风险识别与治理》，《社会科学辑刊》2018 年第 3 期。

4．曹小琳、向小玉：《农村危房改造的影响因素分析及对策建议》，《重庆大学学报》（社会科学版）2015 年第 5 期。

5．曾小溪、曾福生：《基本公共服务减贫作用机理研究》，《贵州社会科学》2012 年第 12 期。

6．陈楚、潘杰：《健康扶贫机制与政策探讨》，《卫生经济研究》2018 年第 4 期。

7．陈美萍：《共同体（Community）：一个社会学话语的演变》，《南通大学学报》（社会科学版）2009 年第 1 期。

8．陈锐、史宇微、张社梅：《"平武中蜂+"产业扶贫模式制度特征及政策启示》，《云南农业大学学报》（社会科学版）2019 年第 5 期。

9．陈树强：《增权：社会工作理论与实践的新视角》，《社会学研究》2003 年第 5 期。

10．陈雅丽：《分散与整合：社区服务多元主体的互动关系研究》，《求实》2016 年第 3 期。

11．代蕊华、于璇：《教育精准扶贫：困境与治理路径》，《教育发展研究》2017 年第 7 期。

12．戴东昌：《确保打赢交通扶贫脱贫攻坚战》，《行政管理改革》2016 年第 4 期。

13．戴建兵：《农村留守儿童多维风险评估与干预——基于风险的社会放大理论框架》，《西北农林科技大学学报》（社会科学版）2017 年第 6 期。

14．戴向前、刘昌明、李丽娟：《我国农村饮水安全问题探讨与对策》，《地理学报》2007 年第 9 期。

15．方珂、蒋卓余：《生计风险、可行能力与贫困群体的能力建设——基于农业扶贫的三个案例》，《社会保障研究》2019 年第 1 期。

16．方黎明、张秀兰：《中国农村扶贫的政策效应分析——基于能力贫困理论的考察》，《财经研究》2007 年第 12 期。

17．冯希莹：《社会福利政策范式新走向：实施以资产为本的社会福利政策——对谢若登的〈资产与穷人：一项新的美国福利政策〉的解读》，《社会学研究》2009 年第 2 期。

18．高丙中：《社团合作与中国公民社会的有机团结》，《中国社会科学》2006 年第 3 期。

19．高梅书、季甜甜：《优势视角下农村精准扶贫模式创新路径探索》，《理论导刊》2018 年第 3 期。

20．韩冬梅、刘静、金书秦：《中国农业农村环境保护政策四十年回顾与展望》，《环境与可持续发展》2019 年第 2 期。

21．贺雪峰：《中国农村反贫困问题研究：类型、误区及对策》，《社会科学》2017 年第 4 期。

22．洪绂曾：《农村清洁生产与循环经济》，《中国人口·资源与环境》2008 年第 1 期。

23．孟庆国、胡鞍钢：《消除健康贫困应成为农村卫生改革与发展的优先策略》，《中国卫生资源》2000 年第 6 期。

24．胡光辉：《扶贫先扶志　扶贫必扶智——谈谈如何深入推进脱贫攻坚工作》，《今日海南》2017 年第 2 期。

25．胡洪彬：《化解社会风险：新中国成立 70 年来的历程、经验与启示》，《求实》2019 年第 4 期。

26．胡雯等：《社区治理与服务创新：社区培力助力"三社联动"》，《理论探索》2019 年第 4 期。

27．郇庆治：《社会主义生态文明观与"绿水青山就是金山银山"》，《学习论坛》2016 年第 5 期。

28．黄锐、文军：《走出社区的迷思：当前中国社区建设的两难抉择》，《社会科学》2013 年第 2 期。

29．金书秦、韩冬梅：《我国农村环境保护四十年：问题演进、政策应对及机构变迁》，《南京工业大学学报（社会科学版）》2015 年第 2 期。

30．康晓光：《90 年代我国的贫困与反贫困战略》，《中国国情国力》1995

年第 7 期。

31. 乐小芳：《我国农村生活方式对农村环境的影响分析》，《农业环境与发展》2004 年第 4 期。

32. 雷明、袁旋宇、姚昕言：《以产业扶贫促进深度贫困地区扶贫攻坚——基于西藏自治区 L 市调研》，《贵州民族研究》2019 年第 2 期。

33. 李克强：《关于调整经济结构促进持续发展的几个问题》，《求是》2010 年第 11 期。

34. 李鹏、朱成晨、朱德全：《职业教育精准扶贫：作用机理与实践反思》，《教育与经济》2017 年第 12 期。

35. 梁波：《中国社会风险变迁与民生建设的回应》，《探索与争鸣》2019 年第 6 期。

36. 梁伟军、胡世文：《农民理性视角下的农村生态文明建设研究——基于荆门市 X 镇农民的调查》，《华中农业大学学报（社会科学版）》2018 年第 4 期。

37. 林士俊、张薇：《农村社区公共服务合作供给机制创新研究——以西北民族地区为例》，《湖北民族学院学报（哲学社会科学版））》2019 年第 1 期。

38. 刘蕾：《合法性视角下企业参与社区治理战略研究》，《南通大学学报（社会科学版）》2019 年第 2 期。

39. 刘伟、李绍荣：《产业结构与经济增长》，《中国工业经济》2002 年第 5 期。

40. 刘欣：《相对剥夺地位与阶层认知》，《社会学研究》2002 年第 1 期。

41. 刘莹、王凤：《农户生活垃圾处置方式的实证分析》，《中国农村经济》2012 年第 3 期。

42. 卢福营、熊兢：《优势主导——多元共治模式下社区治理体制创新》，《河南社会科学》2017 年第 9 期。

43. 孟洁：《社会工作优势视角理论内涵探究》，《华东理工大学学报（社会科学版）》2019 年第 1 期。

44. 孟照海：《教育扶贫政策的理论依据及实现条件——国际经验与本土思考》，《教育研究》2016 年第 11 期。

45. 潘泽泉、许新：《贫困的社会建构、再生产及应对：中国农村发展 30 年》，《学术研究》2009 年第 11 期。

46. 彭超、张琛：《农村人居环境质量及其影响因素研究》，《宏观质量研究》2019 年第 3 期。

47．彭青云：《多元主体视角下社区居家养老服务路径探索》，《浙江工商大学学报》2019 年第 3 期。

48．沈冠辰、朱显平：《日本社区经济发展探析》，《现代日本经济》2017年第 3 期。

49．沈红：《穷人主体建构与社区性制度创新》，《社会学研究》2002 年第1 期。

50．沈洪成：《教育下乡：一个乡镇的教育治理实践》，《社会学研究》2014年第 2 期。

51．沈峥、刘洪波、张亚雷：《中国"厕所革命"的现状、问题及其对策思考》，《中国环境管理》2018 年第 2 期。

52．史磊、郑珊：《"乡村振兴"战略下的农村人居环境建设机制：欧盟实践经验及启示》，《环境保护》2018 年第 10 期。

53．孙久文：《网络扶贫为农民"拔穷根"》，《人民论坛》2017 年第 2 期。

54．檀学文、李成贵：《贫困的经济脆弱性与减贫战略述评》，《中国农村观察》2010 年第 5 期。

55．汪光焘：《搞好村庄规划和治理　改善农村人居环境》，《求是》2006年第 9 期。

56．王海港、黄少安、李琴、罗凤金：《职业技能培训对农村居民非农收入的影响》，《经济研究》2009 年第 9 期。

57．王嘉毅、封清云、张金：《教育与精准扶贫精准脱贫》，《教育研究》2016 年第 7 期。

58．王谦、文军：《流动性视角下的贫困问题及其治理反思》，《南通大学学报（社会科学版）》2018 年第 6 期。

59．魏娜：《我国城市社区治理模式：发展演变与制度创新》，《中国人民大学学报》2003 年第 1 期。

60．文军：《反思社区建设的几个关键问题》，《清华社会学评论》2017 年第 7 辑。

61．文军、吴晓凯：《乡村振兴过程中农村社区公共服务的错位及其反思——基于重庆市 5 村的调查》，《上海大学学报（社会科学版）》2018年第 6 期。

62．文军、黄锐：《论资产为本的社区发展模式及其对中国的启示》，《湖南师范大学社会科学学报》2008 年第 6 期。

63．文军、吴越菲：《社区为本：灾害社会工作服务及其本土实践——以云南鲁甸地震灾区社会工作服务为例》，《河北学刊》2016 年第 5 期。

64．文军、张赛军：《社会资本与社区脱贫——对社会资本独立性功能的分析》，《西北师大学报（社会科学版）》2006 年第 3 期。

65．吴骏：《发展性社区社会工作实务模式探析》，《社会工作与管理》2016 年第 1 期。

66．吴霓、王学男：《党的十八大以来教育扶贫政策的发展特征》，《教育研究》2017 年第 9 期。

67．吴越菲、文军：《从社区导向到社区为本：重构灾害社会工作服务模式》，《华东师范大学学报（哲学社会科学版）》2016 年第 6 期。

68．吴越菲、文军：《作为"命名政治"的中国社区建设：问题、风险及超越》，《江苏行政学院学报》2015 年第 5 期。

69．吴越菲：《"共同体"的想象与当代中国社区的塑造》，《浙江学刊》2018 年第 6 期。

70．吴越菲：《从"社区问题"到"问题社区"：当代社区研究的理论困境及其反思》，《社会科学》2019 年第 3 期。

71．肖林：《"'社区'研究"与"社区研究"——近年来我国城市社区研究述评》，《社会学研究》2011 年第 4 期。

72．徐文艳等：《"社区为本"的综合社会服务：灾后重建中的社会工作实务》，《西北师大学报（社会科学版）》2009 年第 3 期。

73．徐延辉、黄云凌：《社区能力建设与反贫困实践——以英国"社区复兴运动"为例》，《社会科学战线》2013 年第 4 期。

74．徐永祥：《论社区服务的本质属性与运行机制》，《华东理工大学学报（社会科学版）》2002 年第 4 期。

75．杨团：《推进社区公共服务的经验研究——导入新制度因素的两种方式》，《管理世界》2001 年第 4 期。

76．杨小敏：《精准扶贫：职业教育改革新思考》，《教育研究》2019 年第 3 期。

77．杨宜勇、张强：《我国社会保障制度反贫效应研究——基于全国省际面板数据的分析》，《经济学动态》2016 年第 6 期。

78．易柳、张少玲：《农村基本公共服务均等化：深度贫困治理的机遇与挑战》，《湖北民族学院学报（哲学社会科学版）》2019 年第 4 期。

79．易棉阳：《论习近平的精准扶贫战略思想》，《贵州社会科学》2016 年第 5 期。

80．殷丹丹、孙淼：《新时代社会组织参与农村精准扶贫的研究》，《法制与社会》2019 年第 3 期。

81．于法稳：《农村厕所革命：路在何方?》，《群言》2019 年第 9 期。

82．余佶：《我国农村基础设施：政府、社区与市场供给——基于公共品供给的理论分析》，《农业经济问题》2006 年第 10 期。

83．袁方成：《增能居民：社区参与的主体性逻辑与行动路径》，《行政论坛》2019 年第 1 期。

84．张彩云、傅王倩：《发达国家贫困地区教育支持政策及对我国教育精准扶贫的启示》，《比较教育研究》2016 年第 6 期。

85．张开云等：《党建引领、多元联动与居民为本：社区治理创新的基本向度——基于"赤岗经验"的研究》，《福建论坛（人文社会科学版）》2019 年第 6 期。

86．张彦琛：《当代资本主义的福利治理与多维贫困》，《国外理论动态》2018 年第 5 期。

87．章也微：《从农村垃圾问题谈政府在农村基本公共事务中的职责》，《农村经济》2004 年第 3 期。

88．赵蜜：《儿童贫困表征的年龄与城乡效应》，《社会学研究》2019 年第 5 期。

89．周沛：《"+康复"残疾人精准扶贫模式及其运作路径研究——基于协同治理视角》，《社会科学研究》2017 年第 3 期。

90．周星、周超：《"厕所革命"在中国的缘起、现状与言说》，《中原文化研究》2018 年第 1 期。

91．周怡：《贫困研究：结构解释与文化解释的对垒》，《社会学研究》2002 年第 3 期。

92．周怡：《社会情境理论：贫困现象的另一种解释》，《社会科学》2007 年第 10 期。

三、报纸文章

1．习近平：《在深度贫困地区脱贫攻坚座谈会上的讲话》，《人民日报》2017 年 9 月 1 日。

2．习近平：《决胜全面建成小康社会 夺取新时代中国特色社会主义伟大胜利——在中国共产党第十九次全国代表大会上的报告》，《人民日报》2017 年 10 月 28 日。

3．《习近平李克强张德江俞正声刘云山王岐山张高丽分别参加全国人大会议一些代表团审议》，《人民日报》2015 年 3 月 9 日。

4．《习近平在部分省区市党委主要负责同志座谈会上强调 谋划好"十三五"时期扶贫开发工作 确保农村贫困人口到 2020 年如期脱贫》，《人民日报》2015 年 6 月 20 日。

5．《习近平在中央扶贫开发工作会议上强调 脱贫攻坚战冲锋号已经吹响 全党全国咬定目标苦干实干》，《人民日报》2015 年 11 月 29 日。

6．《习近平在中共中央政治局第三十二次集体学习时强调 党委领导政府主导社会参与全民行动 推动老龄事业全面协调可持续发展》，《人民日报》2016 年 5 月 29 日。

7．《习近平在宁夏考察时强调 解放思想真抓实干奋力前进 确保与全国同步建成全面小康社会》，《人民日报》2016 年 7 月 21 日。

8．《习近平访问世界卫生组织并会见陈冯富珍总干事》，《人民日报》2017 年 1 月 19 日。

9．《习近平李克强栗战书汪阳王沪宁赵乐际韩正分别参加全国人大会议一些代表团审议》，《人民日报》2019 年 3 月 8 日。

10．赫铭、程丽娇：《加强农村生态建设 构筑绿色美丽乡村》，《中国科学报》2019 年 3 月 26 日。

11．王晓毅：《异地搬迁如何实现精准扶贫》，《学习时报》2017 年 1 月 20 日。

12．文军：《大力培育新型职业农民》，《人民日报》2018 年 7 月 23 日。

13．文军：《农民深度转型与主体作用发挥》，《光明日报》2018 年 10 月 23 日。

14．文军、吕洁琼：《探索社区为本的反贫困工作——基于甘肃省平凉市崆峒区脱贫实践的观察》，《中国社会科学报》2019 年 12 月 6 日。

四、英文著作

1．Lister R.，*Poverty*，Cambridge：Polity Press，2004.

2．Banfield Edward C.，*The Moral Basis of a Backward Society*，New York：The Free Press，1958.

3．Lenski G.E.，*Power and Privilege：A Theory of Social Stratification*，New York：McGraw Hill，1966.

4．World Bank，*World Development Report* 2000/2001：Attacking Poverty，*Oxford*

University Press, 2000.

5 . *Murphy John W.*, Community-Based Interventions: Philosophy and Action, *New York: Springer*, 2014.

6 . *Midgley J.*, Professional Imperialism, *London: Heinemann*, 1981.

五、英文文章

1 . *Nalagon*, *D. C. Poverty: Deprivation in Basic Capabilities*, Bowling Green: Bowling Green State University, 2003.

2 . Brady D. , "Theories of the Causes of Poverty", *Annual Review of Sociology*, Vol.45, No.1, (April 2019), p.155.

3 . Feldman G. , "Towards a Relational Approach to Poverty in Social Work: Research and Practice Considerations", *British Journal of Social Work*, Vol.49, No.7, (October 2019), pp.1705–1722.

4 . Gardner D.S. , Tuchman E. & Robert H. , "A Cross-Curricular, Problem-Based Project to Promote Understanding of Poverty in Urban Communities", *Journal of Social Work Education*, Vol.46, No.1, (2010), pp.147–156.

5 . Gray, M. , "Developmental Social Work: A 'Strengths' Praxis for Social Development", *Social Development Issues*, Vol.21, No.1, (2002), pp.4–14.

6 . Hentschel J. , "Rural Poverty in Ecuador: Assessing Local Realities for the Development of Anti-Poverty Programs", *World Development*, Vol. 30, No. 1, (January 2000), pp.233–247.

7 . Kang, J. , "Understanding Non-Governmental Organizations in Community Development: Strengths, Limitations and Suggestions", *International Social Work*, Vol.54, No.2, (March 2011), pp.223–237.

8 . Krumer-Nevo M. , "Poverty-Aware Social Work: A Paradigm for Social Work Practice with People in Poverty", *British Journal of Social Work*, Vol.46, No. 9, (September 2016), pp.1793–1808.

9 . Mauldin L. Rebecca, "Local Currency for Community Development: Policy Barriers and Support", *Journal of Community Practice*, Vol. 23, No. 3–4, (2015), pp.462–476.

10 . Oakley P.& Marsden D. , "Approaches to Participation in Rural Development", *Annals of the Entomological Society of America*, Vol.88, No.88, (1984), pp.

234-239.

11 . Shobe M.A.& Boyd Suzanne A.,"Relationships Between Assets and Perceived Economic Strain:Findings from an Anti-Poverty Policy Demonstration",*Journal of Community Practice*,Vol.13,No.2,(2005),pp.21-44.

12 . Strier R.,"Community Anti-Poverty Strategies:A Conceptual Framework for a Critical Discussion",*British Journal of Social Work*,Vol.39,No.6,(September 2009),pp.1063-1081.

13 . Walker R.,Kyomuhendo G.B.,Chase E.et al.,"Poverty in Global Perspective: Is Shame A Common Denominator?",*Journal of Social Policy*,Vol.42,No.2, (2013),pp.215-233.

六、网络资料

1 .《国务院关于进一步加强农村教育工作的决定》，2008 年 3 月 28 日，见 http://www.gov.cn/zhengce/content/2008-03/28/content_5747.html。

2 .《全国"十三五"易地扶贫搬迁规划》，2016 年 9 月 20 日，见 http://www.ndrc.gov.cn/fzgggz/fzgh/ghwb/gjjgh/201705/t20170516_847590.html。

后　记

　　脱贫攻坚是实现我们党第一个百年奋斗目标的标志性指标，是全面建成小康社会必须完成的硬任务。党的十八大以来，以习近平同志为核心的党中央把脱贫攻坚纳入"五位一体"总体布局和"四个全面"战略布局，摆到治国理政的突出位置，采取一系列具有原创性、独特性的重大举措，组织实施了人类历史上规模空前、力度最大、惠及人口最多的脱贫攻坚战。经过 8 年持续奋斗，现行标准下 9899 万农村贫困人口全部脱贫，832 个贫困县全部摘帽，12.8 万个贫困村全部出列，区域性整体贫困得到解决，完成了消除绝对贫困的艰巨任务，脱贫攻坚目标任务如期完成，困扰中华民族几千年的绝对贫困问题得到历史性解决，取得了令全世界刮目相看的重大胜利。

　　根据国务院扶贫办的安排，全国扶贫宣传教育中心从中西部 22 个省（区、市）和新疆生产建设兵团中选择河北省魏县、山西省岢岚县、内蒙古自治区科尔沁左翼后旗、吉林省镇赉县、黑龙江省望奎县、安徽省泗县、江西省石城县、河南省光山县、湖北省丹江口市、湖南省宜章县、广西壮族自治区百色市田阳区、海南省保亭县、重庆市石柱县、四川省仪陇县、四川省丹巴县、贵州省赤水市、贵州省黔西县、云南省西盟佤族自治县、云南省双江拉祜族佤族布朗族傣族自治县、西藏自治区朗县、陕西省镇安县、甘肃省成县、甘肃省平凉市崆峒区、青海省西宁市湟中区、青海省互助土族自治县、宁夏回族自治区隆德县、新疆维吾尔自治区尼勒克县、新疆维吾尔自治区泽普县、新疆生产建设兵团图木舒克市等 29 个县（市、区、旗），组织中国农业大学、华中科技大学、华中师范大学等高校开展贫困县脱贫摘帽研究，旨在深入总结习近平总书记关于扶贫工作的重要论述在贫困县的实践创新，全面评估脱贫攻坚对县域发展与县域治理产生的综合效应，为巩固拓展脱贫攻坚成果同乡村振兴有效衔接提供决策参考，具有重大的理论和实践意义。

脱贫摘帽不是终点，而是新生活、新奋斗的起点。脱贫攻坚目标任务完成后，"三农"工作重心实现向全面推进乡村振兴的历史性转移。我们要高举习近平新时代中国特色社会主义思想伟大旗帜，紧密团结在以习近平同志为核心的党中央周围，开拓创新，奋发进取，真抓实干，巩固拓展脱贫攻坚成果，全面推进乡村振兴，以优异成绩迎接党的二十大胜利召开。

由于时间仓促，加之编写水平有限，本书难免有不少疏漏之处，敬请广大读者批评指正！

本书编写组

责任编辑：许运娜
封面设计：姚　菲
版式设计：王欢欢
责任校对：周　昕　袁　璐

图书在版编目（CIP）数据

崆峒：社区为本的反贫困模式/全国扶贫宣传教育中心 组织编写. —北京：
人民出版社,2022.9
（新时代中国县域脱贫攻坚案例研究丛书）
ISBN 978－7－01－023211－9

Ⅰ.①崆…　Ⅱ.①全…　Ⅲ.①扶贫模式-研究-中国　Ⅳ.①F126

中国版本图书馆 CIP 数据核字（2021）第 039514 号

崆峒：社区为本的反贫困模式
KONGTONG SHEQU WEIBEN DE FANPINKUN MOSHI

全国扶贫宣传教育中心　组织编写

人 民 出 版 社 出版发行
（100706　北京市东城区隆福寺街 99 号）

北京盛通印刷股份有限公司印刷　新华书店经销

2022 年 9 月第 1 版　2022 年 9 月北京第 1 次印刷
开本：787 毫米×1092 毫米 1/16　印张：21.5
字数：289 千字

ISBN 978－7－01－023211－9　定价：63.00 元

邮购地址 100706　北京市东城区隆福寺街 99 号
人民东方图书销售中心　电话（010）65250042　65289539